BIBLIOTHÈQUE MÉDIATIONS

35

PIERRE FRANCASTEL
avec la collaboration de
Galienne Francastel

HISTOIRE
DE LA PEINTURE
FRANÇAISE
I

*Du Moyen Age
à la fin du XVIIIe siècle*

Notices biographiques par Maurice Bex

ÉDITIONS GONTHIER

Bibliothèque MÉDIATIONS
publiée sous la direction de Jean-Louis FERRIER

ISBN 2-282-30053-X

Couverture de Jean FORTIN

Introduction

Il y a toujours quelque arbitraire à fixer un strict point de départ aux événements. D'autre part, la recherche indéfinie des origines et des causes aboutit à une méconnaissance absolue de leur caractère positif, novateur. On ne cherchera donc pas à justifier entièrement le parti qu'on a choisi pour cet ouvrage. La peinture française commence avant le xive siècle. Et il y a, de toute évidence, quelque artifice à lier son étude à l'apparition du *tableau*. Toutefois, par l'effet de cette fabrication d'objets, il n'est pas douteux que la peinture n'ait vu se poser devant elle des problèmes fort différents de ceux qui avaient été familiers aux artistes des générations précédentes. Même si l'on constate, donc, que les formules en honneur dans la peinture autonome — qui est l'objet propre de cette étude — doivent quelque chose aux anciennes techniques et traditions, il n'en est pas moins vrai que ce détachement du monument pose aux artistes des problèmes nouveaux. Par conséquent, il est légitime de considérer que le xive siècle a vu se déterminer une forme nouvelle de la peinture.

Ce n'est pas seulement par rapport à la peinture monumentale, fresque ou vitrail, que la peinture se définit alors, et pas seulement en France mais dans toute l'Europe, comme un genre novateur. Parallèlement à la tradition monumentale une autre formule avait connu, depuis des générations, une vogue immense en Occident. À l'extrémité opposée de l'échelle des grandeurs, la miniature avait rencontré, depuis les origines de la civilisation occidentale, une fortune égale à celle de la peinture monumentale. Si l'on considère que la peinture répond à un besoin permanent des sociétés humaines ou, si l'on veut, à une fonction de l'esprit, il faut admettre que cette fonction a trouvé suivant les époques, à travers l'histoire, à s'exprimer dans des formes variées.

Ces formes tiennent compte, de toute évidence, non pas du caprice des exécutants choisissant arbitrairement, à priori, de s'exprimer par le moyen de la miniature ou de la fresque, du tableau de chevalet ou de la mosaïque, mais des conditions générales du moment historique, auxquelles contribuent aussi bien des circonstances sociales que des possibilités matérielles. Tel pays, telle époque a *peint* des mosaïques parce qu'il possédait des églises de brique d'un certain type qui appelaient le besoin de représenter, pour un public de fidèles groupés dans certaines conditions de rassemblement et de réunion, les images symboliques d'une croyance à la fois personnelle et collective et parce qu'il disposait de moyens financiers et de matériaux déterminés. Le Moyen Age a eu recours, simultanément, à la décoration monumentale et à la miniature, parce qu'il voulut, d'une part, enseigner la foule et, d'autre part, fournir à la classe, extrêmement restreinte, de ceux qui savaient lire, des textes pour l'usage privé. À dire la vérité, il est probable que l'usage de l'enluminure est venu surtout du fait que les riches lisaient peu et feuilletaient plus volontiers les livres illustrés. Les manuscrits leur offraient une sorte de chapelle portative à leur usage privé, quand ils n'étaient pas destinés à conserver intacts les textes et les usages d'une liturgie extrêmement mobile. Parallèlement, le Moyen Age a créé une forme tout à fait originale de peinture, la peinture sur verre, les vitraux, lorsque le développement de l'architecture eut réduit à peu de chose les surfaces murales à décorer. On dispute, et on disputera longtemps, sur le point de savoir si ce fut l'allègement de l'architecture — ou peut-être des raisons d'économie liées à un perfectionnement rapide des techniques de la taille des pierres — qui entraîna le développement du vitrail ou si ce fut, au contraire, un changement du goût qui, substituant les couleurs transparentes aux teintes mates, poussa les constructeurs à accorder une place de plus en plus grande aux fenêtres colorées. Que le fonctionalisme de l'art gothique ait été déduit d'une économie des matériaux ou d'une spéculation sur les qualités imaginaires de l'espace intérieur des édifices, il est de fait, en tout cas, que, vers le milieu du XIVe siècle, cette fonction, si stable dans son essence, si variable dans ses manifestations, que constitue l'art de peindre se trouvait rattachée à la double tradition de la miniature et de l'art monumental.

Faire partir, par conséquent, une histoire de la peinture française dans les temps modernes du milieu du XIVe siècle, c'est-à-dire du moment où un nouveau traitement, à la fois social et technique, de l'image figurative apparaît, n'est pas une solution entièrement arbitraire. L'époque où se constitue, non seulement en France mais en Europe, une série d'ouvrages indépendants de l'architecture comme du manuscrit, transportables mais destinés pourtant au décor, faits pour le déchiffrement, mais aussi pour le plaisir des yeux, ouvre une période bien déterminée dans l'histoire générale de la peinture.

Son examen possède d'autant plus d'intérêt, qu'il est aujourd'hui légitime de se demander si cette forme de présentation est destinée à survivre au bouleversement général de la société qui résulte, sous nos yeux, du développement d'une nouvelle ère de technicité. Il serait arbitraire de prétendre, déjà, que la peinture, au sens et dans la forme où elle s'est développée en Occident depuis le XIVe jusqu'au XXe siècle, est morte et qu'ainsi le présent ouvrage retrace le développement complet d'une forme désormais historique. Il est, en tout cas, certain que le problème lié de la destination et de la forme du tableau se pose de nouveau aujourd'hui aux historiens comme aux critiques, sans parler des artistes eux-mêmes, qui en sont sans doute les plus conscients. Par conséquent, cet ouvrage possède bien son unité, se proposant de retracer, dans les limites de la France, le développement d'une forme déterminée de la peinture dont le déclin sinon la mort est en tout cas certain.

L'objet de la recherche se trouvant ainsi défini et ses limites chronologiques étant du même coup fixées, la véritable difficulté consiste dans la méthode qu'il convient d'adopter pour remplir ce dessein.

La principale difficulté résulte du découpage de la matière

par siècles et par pays. On s'expliquera dans un moment sur le premier point, qui soulève moins d'objections de principe dès qu'on accepte la possibilité d'isoler l'histoire de l'art français du mouvement général des arts européens. On ne saurait manquer, évidemment, de constater qu'il y a là un certain arbitraire. Et que le fait de rappeler, chemin faisant, les liaisons qui existent entre l'art français et les styles italien ou flamand contemporains ne règle pas la question. Car, il ne s'agit là que de références. Et parler d'un art français, ou d'un art italien, ou d'un art néerlandais est-ce bien, en soi, légitime?

Dans la période qui nous intéresse, la difficulté est d'autan, plus évidente que le bouleversement incessant des frontièret rend le plus souvent arbitraire l'emploi des désignations courantes. Art italien, à la rigueur, bien qu'il s'agisse d'une poussière d'États souvent rivaux ou qui ne subissent pas la même loi politique. Mais art flamand, ou hollandais? Art allemand? Et, surtout, art français? Avec l'épisode d'Avignon, et le fait, frappant, que beaucoup de peintres, jusqu'au xviie siècle, étaient originaires de pays voisins? Que des centres importants, comme la Lorraine, n'ont été réunis à la Couronne de France qu'à la fin de la période considérée? Qu'en revanche, au xviiie siècle, les artistes français essaiment dans toute l'Europe?

Constatons, tout d'abord, que le problème n'est pas particulier à l'art français. L'unité officiellement reconnue de l'art italien n'empêche pas l'emprise des styles venus du Nord, en particulier des styles français et flamand. Il est tout aussi exclu de parler d'art italien dans les limites de l'Italie que d'art français, abstraction faite de leur rayonnement. Par ailleurs, des styles nationaux, comme le style hollandais, sont liés, de toute évidence, à la formation dans le temps de sociétés nouvelles. L'art hollandais exprime la lutte des Pays-Bas du Nord pour leur indépendance au xviie siècle ; il meurt lorsque cet épisode est terminé. Ainsi, tantôt, comme en Italie, on voit des traditions stylistiques très fortes se maintenir à travers tous les bouleversements de la politique et le morcellement même d'un pays, tantôt, au contraire, comme en Hollande, on voit un style naître et mourir avec un épisode assez bref de l'histoire. Il ne semble donc pas qu'on puisse lier le développement de l'art soit au développement des unités politiques, soit à l'existence autonome des nations.

On n'est pas plus heureux lorsqu'on essaie de rattacher le développement des arts à la montée d'une classe sociale déterminée. Certains ont voulu, par exemple, rattacher l'essor de la peinture italienne du Quattrocento à l'avènement au pouvoir d'une classe de bourgeois riches, alors que le rôle des ordres religieux est déterminant vers le dernier tiers du xive siècle et qu'au xve siècle l'évolution décisive est liée à la substitution du Prince aux magnats. Plus naïfs encore, certains ont rattaché l'art du Quattrocento à l'essor des Communes, quand règnent le Condottiere, le Pape et les Tyrans.

Sans vouloir entrer ici dans des détails hors de propos, on se bornera à noter qu'on ne saurait parler d'art français soit dans le sens politique soit dans le sens sociologique vulgaire. En revanche, toute théorie mise à part, il est absolument évident qu'au premier coup d'œil on discerne sans risque d'erreur une œuvre française d'une œuvre italienne ou flamande, hollandaise ou allemande. Par conséquent il ne s'agit pas d'un vain problème qu'on peut supprimer par simple prétérition.

L'existence d'un art français autonome est si évidente qu'elle se concilie même avec la présence très fréquente d'artistes d'origine étrangère parmi les fondateurs de cette tradition. Un simple coup d'œil jeté sur l'œuvre des Limbourg ou des Clouet montre qu'il ne s'agit ni d'arts d'importation, ni d'arts éclectiques formés par une accumulation de traits d'emprunt. On est donc amené à penser qu'à la base d'un art français — comme d'un art italien ou flamand — ce ne sont ni les conditions économiques dominantes, ni les conditions politiques, ni les conditions géographiques, qui sont déterminantes. S'il y a eu un art français dès une très ancienne période et si cet art n'a pas cessé de se manifester à chaque renouveau des conditions générales faites aux hommes par l'évolution des techniques, de l'économie et de la politique, c'est, apparemment, parce qu'il a toujours existé une société française.

J'entends par société non pas, suivant les conceptions
germano-slaves, une répartition des individus suivant des
catégories plus ou moins élevées dans l'échelle du pouvoir, mais,
au contraire, un milieu où se rassemblent des individus de
formation technique, de capacité et de puissance extrêmement
mêlées. L'existence d'une société suppose un jeu d'échanges et
de réactions plutôt qu'une mise en ordre par le haut. Il y a dans
une société vivante autant de résistance que de servilité. Ce qui
compte, c'est la capacité de certains groupes humains à se
maintenir envers et contre tous les événements extérieurs dans
un mode de vie spécifique. Ce qu'exprime l'art par-dessus tous
les avatars de la politique et de l'économie, c'est cette capacité
de certains milieux à se penser comme des groupes et surtout
à se créer des habitudes, des mœurs et des techniques originales
de la vie. Il n'y a pas d'art sans échange. Rien n'est plus faux
que de croire que l'art est, d'abord, le fruit d'une activité solitaire et qu'il ne pénètre dans le social qu'au moment où l'œuvre,
mûrie par le génie individuel, est livrée toute faite aux contemporains. Le monde anglo-saxon, précisément dans la période
qui nous occupe, n'a pas eu d'art et en dépit de l'existence de
personnalités fortes, il a créé seulement une littérature, lorsque
certains individus ont voulu juger de groupes différents de ceux
où ils étaient nés et en présenter l'image à d'autres groupes.
Shakespeare a écrit des pièces historiques, poétiques, pour un
théâtre populaire où se trouvaient mêlées les classes. Chaucer
a peint les différents milieux de son temps. Rien n'est plus faux
que la théorie d'un art fait par et pour une unique classe sociale
qui s'y contemple comme dans un miroir. Plus ou moins, l'art
est toujours spectacle et représentation. Il rend sensible ce qui
sépare et non ce qui classe les hommes. S'il y a eu toujours un
art italien comme un art français, c'est parce que, dans ces
deux nations, quelles qu'aient pu être les vicissitudes de la
politique et de l'économie, il y a eu toujours une société, c'est-
à-dire un système vivant de relations entre les hommes, une
possibilité libre de passage d'une catégorie sociale à une autre,
le goût et le courage de dire tout haut une préférence pour
certaines formes d'activité plutôt que pour telle autre. En der-

nière analyse, on peut donc parler d'un art français parce qu'avec une qualité très inégale parfois dans l'exécution, il y a eu toujours, d'une part, des organismes attachés à des formes de vie matérielle et intellectuelle différenciées, et aussi parce que les Français ont toujours aimé à affirmer extérieurement leurs jugements. Il est des peuples comme le peuple anglais qui, pendant des générations, ont eu leur mode de vie original, mais où, d'une part, le poids du pouvoir a été si lourd — par suite apparemment des traditions de la conquête —, où, d'autre part, le besoin d'extériorisation des sentiments était si limité, qu'il n'y a pas eu de forme d'art originale. Un mode de vie contrasté où s'affrontent des volontés, un très fort attachement à des idées et à des mœurs, ainsi qu'un besoin irrépressible d'affirmer et de visualiser des sentiments, tel est le fond sur lequel repose le développement continu d'un style français.

Il est aisé, alors, de comprendre que les limites de ce style n'aient pas été données par les faits de la politique. On peut croire aux nations sans croire aux races. Le cas de la peinture française illustre justement cette distinction, car elle nous offre longtemps le spectacle d'une école formée par un afflux de techniciens nés hors du domaine où s'exécutent les œuvres. Il est vrai qu'à l'origine la Flandre ressortit à la Couronne de France, mais on voit, justement, qu'aux XVIe et XVIIe siècles, lorsque le détachement politique va s'accentuant, les conditions ne changent pas. Sujets du duc de Bourgogne ou de l'Empereur se fixent à Paris ou à Fontainebleau sans aucune hésitation. De même Poussin, sujet très loyal et obéissant du roi de France, vit à Rome parce qu'il y trouve un meilleur environnement pour son génie. Ce qui domine tout, c'est la commande : les artistes vont là où il y a du travail et, quelle que soit la part de leur talent personnel, il est évident qu'un autre élément joue également un rôle dans la formation et le développement des centres artistiques anciens, c'est le milieu. Dans cette dernière notion, il convient, au surplus, de faire entrer en compte, à la fois l'action des puissants qui fournissent les moyens matériels de l'exécution, mais aussi d'autres éléments plus complexes.

Dès le xiiie siècle, il y a eu à Paris un marché d'art. Ce n'est pas comme un dirigisme artistique qu'a joué, pendant des siècles le milieu français. On verra même qu'à deux reprises le mécénat poussé à ses limites a abouti, après François Ier et après Louis XIV, à un affaiblissement de l'école française. Les périodes de véritable essor sont celles où, comme au siècle de saint Louis et plus tard sous Charles V ou sous Louis XIII, puis de nouveau au xviiie siècle, Paris est le centre d'un grand commerce artistique. Un goût dominateur ne s'impose pas comme une ordonnance ; il est le produit de la volonté souvent contradictoire des riches, des artistes et d'un public divers. L'art ne vit que de variété, comme il ne vit que de hautes capacités techniques et du besoin de s'exprimer.

Il ne s'agit pas, au surplus, de rechercher ici les conditions préalables qui président à la formation d'un grand centre d'art. S'agissant d'une histoire de la peinture française, on a voulu seulement préciser dans quel sens on pouvait parler d'un style français. La méthode qui consiste à rechercher des constantes dans certaines prédispositions de la race est sans valeur. Il n'y a pas, au surplus, une société française immuable. Comme l'art même, la société ne cesse de se faire. On ne saurait considérer que les artistes se bornent à reproduire, avec plus ou moins de fidélité, les éléments fixes d'un univers une fois pour toute donné par le cadre physique et par la structure ethnique d'une population. Tout change à tout moment. Les hommes vont et viennent et ils transforment, par leur industrie, l'usage de leur milieu quand ils ne le modifient pas plus profondément encore par leurs activités. La peinture française ne reflète donc pas, à travers les siècles, sous des apparences changeantes, un spectacle donné. La matière même de l'observation change avec les générations. Les hommes apprennent à voir en même temps qu'à agir. On ne cherchera donc pas à dire dans quelle nuance du sentiment réside, par rapport à un système fondamental de représentation, commun à tous les Français, le *génie* de l'art français. Si quelque unité résulte d'une analyse objective des différentes formes prises, à travers les siècles, par la peinture française, il ne peut s'agir, en tout cas, que d'analogies à posteriori. On ne se demandera donc pas si le génie de la peinture française, c'est le sentiment poétique de la réalité. Jamais un artiste n'a créé en vue de se replacer simplement dans une forme de la tradition, ni dans un dessein de pure contemplation. L'œuvre d'art est, avant tout, un produit de l'activité informatrice de l'homme. Elle est ouvrage et objet. A travers elle, on peut retrouver non pas les attitudes immuables de groupes humains supposés stables quand ils ne sont que mobilité, mais, au contraire, des systèmes éternellement changeants d'intégration des sensations. Un artiste ne donne jamais la somme des connaissances et des curiosités de son temps. Mais il nous montre où se situait pour son époque le double désir, que possède tout individu comme toute société, de découvrir, dans le flot confus de ses sensations, de nouveaux éléments d'identification et de caractérisation par groupes des phénomènes et de proposer aux autres des formules contraignantes de présentation. Exploration du monde et affirmation de soi, l'œuvre d'art est, à la fois, unique et universelle. Mais ce qui vaut en elle, ce n'est pas le degré de ressemblance avec le réel, c'est la solidité et la généralité du système figuratif. On ne saurait, donc, valablement définir, comme on le fait ordinairement, le style de la peinture française par une simple épithète sentimentale, qui laisse finalement en dehors aussi bien la personnalité des artistes que l'aspect créateur de leurs ouvrages.

On s'épuiserait en vain, du reste, à vouloir atteindre à une définition tranchante des rapports entre l'originalité de chaque œuvre créatrice et les constantes du goût d'une nation qui vit en tant que telle depuis des générations. Tout de même qu'on s'épuise en vain à vouloir déterminer la part exacte de l'observation et de la création dans l'œuvre de l'esprit humain. Il y a autant d'artifice à vouloir réduire soit au collectif soit à l'individuel, soit à l'imaginaire soit au réel le ressort de l'invention. Si l'on admet que, du XIVe au XXe siècle, on a vu se développer en Occident une certaine forme de la peinture qui consiste dans la fabrication de tableaux détachés de plus ou moins grandes dimensions et si l'on admet aussi qu'à travers les vicissitudes de l'histoire on a vu, dans le même temps, se perpétuer, dans des frontières mobiles mais avec des centres très précis, une société tantôt conservatrice tantôt progressiste mais possédant toujours la conscience de son originalité, on verra se poser quelques problèmes positifs qui constitueront la trame de l'exposé et aideront à résoudre le difficile problème des coupures chronologiques — qui est celui des moments véritablement distincts dans l'histoire continue de la société.

On mettra donc l'accent, en premier lieu, sur l'importance des centres créateurs. À une époque donnée, leur nombre n'est jamais illimité. Pour un homme du xive siècle désireux de consacrer sa vie à la peinture, le choix se borne à quelques villes : Paris, Sienne, Florence? Viennent ensuite quelques centres secondaires, où l'on peut apprendre la peinture, mais où l'on ne participe pas à un effort d'avant-garde. Au xve siècle on assiste à un soudain foisonnement des écoles originales. Non seulement Florence se renouvelle, mais Venise et Milan, les Pays-Bas, le Rhin et le Danube participent à la création esthétique. Sans être créateurs de formules entièrement originales, d'autres centres, comme Prague ou l'Espagne et le Portugal, participent à la propagande de l'art moderne. Dans cette période la France, qui avait été le centre incontesté de la civilisation romane et gothique du xie au xive siècle, se trouve soudain en retrait. Elle ne possède, sur la Loire et à Avignon, que quelques artistes isolés et dont, fait remarquable, la hardiesse est si différente du mouvement général de l'époque qu'elle demeure, dans une certaine mesure, incomprise et non exploitée. Ni Fouquet, ni le Maître de Moulins, ni Quarton n'ont donné naissance, comme on le verra, à une École capable de balancer le prestige international de Florence et bientôt de Venise et des Pays-Bas.

Cependant, on verra, également, que, sur le plan de l'invention plastique pure, ces artistes n'étaient pas moins créateurs que leurs contemporains flamands ou italiens. De là résulte un problème jusqu'ici mal dégagé. La diffusion d'une forme d'art, d'un style, n'est donc pas liée uniquement à ses origines et à sa qualité. Elle dépend, aussi, de conditions extérieures. La propagande de l'art italien et nordique a profité de l'essor commercial et économique des villes italo-flamandes en voie de monopoliser le commerce de tout l'Occident, tandis que la société française, en proie aux discordes et appauvrie dans son ensemble par la guerre et surtout par un conservatisme social qui produit les désastres d'Azincourt ou de Nicopolis aussi bien que le déclin de l'art, se montre incapable de faire rayonner ses créations. C'est seulement de nos jours, par suite d'une évolution récente de la peinture, que la valeur pour ainsi dire absolue d'œuvres comme celles de ces vieux maîtres de notre xve siècle a pu être découverte. D'où il résultera, peut-être bientôt, une revalorisation historique de notre école de peinture du xve siècle au détriment, par exemple, du xvie siècle romain de Raphaël et du Corrège, — apparemment destinés à nous devenir de plus en plus étrangers. Par où s'accuse un élément différentiel mal étudié dans le problème de la formation des styles internationaux, soulignant le rôle du milieu de réception dans la fortune d'un art. Et aussi bien le fait qu'aucune valeur humaine n'est jamais formellement acquise et classée, mais ne subsiste que dans les esprits capables d'en apprécier la valeur relative par rapport aux besoins sans cesse mobiles des sociétés.

Il est, en tout cas, certain que, sur le moment, le xve siècle a marqué pour la France un recul dans le domaine de l'influence civilisatrice. Le degré même de perfection où elle avait porté, encore au temps des frères Limbourg, un art représentatif des valeurs traditionnelles qu'elle avait, plus que tout autre pays, créées, contribua sans doute moins à tarir, comme on le voit, la veine créatrice que le manque de réceptivité sociale. Le fait est d'autant plus remarquable que, vite rétablie matériellement des guerres anglaises, la France entreprend, avant la fin du siècle, une politique d'expansion militaire qui la conduit aux confins de l'Italie. Il est remarquable, au surplus, de constater que ce n'est pas le style flamand, celui des van Eyck, qui exerce alors sur elle la plus forte attirance, mais le style italien. En dépit de sa perfection technique, il apparaît également en effet, que le style des Pays-Bas est celui d'une société attardée. Les ducs bourguignons ne font que rêver à se substituer aux rois de

France comme premiers féodaux de l'Occident, croisade comprise. Aussi bien n'est-ce pas Rome qui est le centre de la nouvelle culture, mais Florence et Venise ; non pas les villes de l'aristocratie, mais les cités du commerce laïque et de la culture humaine.

Le xvie siècle voit se réduire, soudain, le nombre des centres d'attraction artistique. On assiste alors à une déviation totale de la grande culture du Quattrocento. Les forces religieuses réussissent par la force, à tout prix, moyennant les alliances les plus opposées à la liberté de la nation italienne aussi bien qu'à ses intérêts économiques et sociaux, à mettre de nouveau la main sur l'art comme sur toutes les activités du pays. Livrée pour des générations à des maîtres étrangers, l'Italie devient le centre d'un art international et non plus créateur. Du point de vue français, s'observe parallèlement une éclipse nationale plus accentuée — malgré l'opinion courante — au xvie qu'au xve siècle. Non seulement on voit alors la France se mettre à l'école de l'Italie, mais le nombre des individualités fortes diminue. Il n'y a pas, de la fin du xve siècle au début du xviie, de personnalité de la carrure d'un Fouquet, d'un Quarton ou d'un La Tour. Pourtant l'afflux régulier de la main-d'œuvre flamande ne se ralentit pas. Et il s'y joint la présence en France d'artistes italiens qui comptent parmi les meilleurs : Serlio, Primatice. Il s'en faut que ce qui se crée alors en France soit, du reste, sans mérite. Fontainebleau devient sinon une petite Rome, tout au moins un centre largement égal à Mantoue, à Ferrare ou à Florence. Sur le plan de la qualité pure, certains ouvrages français de ce temps sont admirables. Et la Cour de France devient de nouveau un des centres d'attraction de l'Europe.

On ne saurait, toutefois, donner tort à ceux qui ont proclamé pour cette époque un déclin de l'École française. Et Louis Dimier, si sévère pour les autres peintres, n'a pas réussi à faire des Clouet de grands artistes originaux : l'art du portrait lui-même dépend alors, en France, des courants internationaux. Cependant, cette période est caractérisée par un des mécénats les plus libéraux que l'histoire ait connu. François Ier et Henri II ont été de grands protecteurs des arts.

À dire la vérité, leur effort n'a pas été sans fruits. Mais il s'est exercé avec le plus de bonheur dans d'autres domaines que la peinture, par quoi on aborde un autre problème essentiel, celui de l'autonomie des différentes formes d'art les unes par rapport aux autres. Si l'on considère le bilan du xvie siècle français, on constate que, dans le domaine de la peinture, il fut pauvre ; qu'il fut de second ordre dans celui de la sculpture, mais que dans le domaine de l'architecture il vit s'édifier en France quelques-uns des monuments les plus parfaits et les plus nova-teurs du siècle. On a peine à s'imaginer aujourd'hui ce que fut la hardiesse du Louvre de Lescot ou de l'Anet de Philibert Delorme. On n'a pas encore souligné que c'est dans l'Ancy-le-Franc de Serlio que se détermine un courant capital, français plus qu'international, de l'architecture moderne jusqu'à la fin du xixe siècle. Que les hôtels des parlementaires à Paris, — comme l'hôtel Lamoignon — et leurs châteaux de province, — comme le château de Fleury-en-Bière — ont servi de prototypes à une architecture civile française des xviie et xviiie siècles à travers laquelle s'est formée une des images de la ville moderne dans tous les pays. Seule Rome constitue, pour ces générations, un centre égal à celui de Paris. Ni Vicence, plus décorative, ni le Londres de Jones n'ont été, au début du xviie siècle, aussi avancés que Paris. On peut estimer que le palladianisme inter-national, qui constitue avec le baroque romain l'un des courants fondamentaux de l'art de bâtir pendant trois cents ans, a dû autant au style français de la Renaissance qu'à l'Italie. Il n'est pas question d'établir des ordres de préférence, on peut aimer à la fois Rome et Paris. Ce qui compte c'est qu'en réalité, des deux grandes entreprises de François Ier, Fontainebleau et Paris, il y en eut une qui ne constitue qu'une création limitée, et l'autre qui a orienté pour des siècles les conceptions modernes de l'art.

Le profond désaccord qui apparaît ainsi entre le développe-ment global de l'art français et celui de la peinture du xvie siècle, correspond, sans doute, à l'absence de génies de premier ordre, mais aussi à des circonstances d'ordre général. On assiste, en fait, à une sorte de rupture entre les formes de la civilisation moderne et la masse de la société française. Prôné par les cercles dirigeants, l'italianisme ne séduit pas les masses. On voit ainsi apparaître un double courant qui aura les plus grandes répercussions sur l'avenir de l'art français. D'une part, un mécénat s'organise, qui tend à un dirigisme artistique et intellectuel impérieux. D'autre part, une société laïque et quasi populaire tend à se constituer, qui accepte bien d'avoir recours aux sources nouvelles de la culture, mais qui entend les élaborer à sa manière. En réalité, le xvie siècle pictural français est inintelligible si on le considère comme un tout ; mais il prend, au contraire, une signification très claire si on le considère comme le début d'une période de l'histoire de la société française qui s'étend au moins jusqu'à la fin du xviiie siècle.

En bref, si l'on veut, ce premier volume d'une histoire de la peinture française comprend, réparties sur cinq siècles, deux périodes organiques de l'histoire de l'Art et de la Société.

Durant la première, on assiste à la constitution d'un nouveau genre : le tableau, grand ou petit, se détache du bâtiment ; il cesse de constituer un des éléments du cadre où vivent les hommes. La double destination qui avait orienté pendant des siècles l'histoire de la peinture et qui la liait soit au monument soit à l'enseignement de l'Église, ne correspond plus aux conditions intellectuelles et humaines de la nouvelle époque. Au xive et au xve siècles on voit la peinture se donner comme un art complet, non seulement par l'effet de son détachement du cadre monumental mais par suite de sa nouvelle vocation, qui n'est plus de fournir un élément accessoire à la constitution d'un ensemble monumental mais de concentrer, dans les limites d'un panneau mobile et plus encore indépendant, une figuration totale de l'univers. La naissance du tableau correspond moins encore, en effet, à l'isolement du support qu'à une nouvelle conception de la peinture elle-même. Désormais plus de séries étalées sur les murs. Chaque toile est conçue comme rassemblant une somme d'expériences. Même lorsqu'il existe encore des séries, la concentration fondamentale se manifeste dans l'ordonnance et la conception figurative de chaque morceau.

Et, principalement, à travers le développement — mal étudié —
de ce qu'on appelle la perspective et qui ne correspond aucune-
ment à une recette en vertu de laquelle les peintres, désormais,
seraient devenus capables de représenter l'univers *comme il est*.
Le sytème figuratif de la Renaissance est, autant qu'une méthode technique de fixation sur une toile des lignes de fuite, un
mode d'intégration des sensations et une nouvelle évaluation
des valeurs. Le nouveau mode figuratif ne repose pas sur une
recette d'atelier dictée par un progrès objectif de la science qui
enregistre un spectacle donné. Il repose sur une activité informatrice de l'esprit.

On cesse de considérer que tous les spectacles de l'univers
sont les reflets d'une unique essence. Ce qui intéresse, désormais, ce ne sont plus les rapports stables de valeur entre des
objets conçus comme des symboles fixes de la pensée et iden-
tifiant le plan humain au plan divin de la Nature, ce sont les
relations éphémères de position qui existent entre les hommes
et les choses qu'ils créent et transforment au lieu de les trouver,
miraculeusement présentes, dans l'univers. La notion d'*objet
plastique* se transpose. On cesse de considérer, par exemple,
qu'un rocher désigne le monde plus ou moins sauvage de la
solitude, que l'ouverture d'une grotte indique une communication entre le monde des vivants et celui des morts, que, d'une
manière générale, Dieu a mis entre les mains de l'homme un
certain nombre de choses créées avec une échelle stable de
valeurs qu'il s'agit pour lui de reconnaître et de figurer sans
considération de leur aspect pittoresque et de leurs rapports
de position éphémères. On découvre l'intérêt que présentent,
pour interpréter les données fournies par nos sens, les systèmes
plus ou moins fragiles qui naissent de l'observation empirique
des configurations mobiles des choses et de la situation réciproque des hommes à travers l'espace. À une science des signes
symboliques, se substitue une science des lieux et des positions.

Il résulte de là que ce n'est pas tant les dimensions et la
présentation du tableau que sa conception qui varie. Cha que
œuvre aspirant à fournir non certes l'équivalent de quelqu e
spectacle fragmentaire, mais, bien au contraire, un ordonnan-

cement figuratif où, à travers le pittoresque d'une situation qui n'est plus forcément calquée sur un petit nombre de paradigmes, se détermine une certaine évaluation des possibilités d'action de l'homme sur un univers dont il ne possède pas miraculeusement la clef mais qu'il déchiffre en le transformant. Il est incontestable que, dans cette transformation radicale de la peinture, la part de l'Italie fut prépondérante. On verra, toutefois, qu'à la fin du xive siècle le rôle de la France fut aussi considérable et, comme on l'a dit déjà, qu'au xve siècle elle a donné naissance à quelques artistes qui se sont avancés, aussi loin que quiconque, dans la voie des spéculations figuratives.

Le problème du xvie siècle est, lui, finalement dominé, dans tous les pays, par le problème religieux. La découverte d'une conception de l'homme, maître de sa fortune et créateur de son destin, l'enivrement qui résulte chaque jour d'une vérification du pouvoir de l'homme sur la nature, l'effondrement surtout de l'ancienne logique des essences et des valeurs par suite des progrès de la connaissance mathématique, — qui substituait à une évaluation par les valeurs révélées une estimation optique et mesurable de l'environnement naturel de l'homme, — aboutit nécessairement au rejet des explications traditionnelles et à un vaste effort spéculatif et figuratif contre lequel l'Église réagit avec la dernière vigueur.

En Italie, au xvie siècle, les forces traditionnelles l'emportèrent totalement en apparence, moyennant, en réalité, des compromis, grâce auxquels l'Église put conserver son action sur les masses, plus avides de merveilleux que de raison et de certitude. Renonçant très vite à l'ascèse pour s'opposer aux progrès des hérésies, elle affirma, une fois pour toutes, la conciliation possible entre les progrès de la connaissance et les dogmes anciens et elle favorisa tous les déploiements de la technique — sous réserve d'une stricte observance des termes de son enseignement dans les sujets.

En France, les choses se présentèrent tout autrement. En premier lieu ce n'est pas l'Église qui régnait en France, mais le roi. Il avait beau être Très Chrétien, il n'en était pas moins le représentant de forces difficilement équilibrées dans un ordre économique et social purement humain. Il semble donc bien qu'en réalité la longue éclipse de l'art figuratif créateur dans notre pays, résulte de la durée du conflit qui fut ouvert au début du xvie siècle, à la fois sur le plan politique et sur le plan intellectuel, par la crise religieuse internationale. On ne peut pas ne pas être frappé par le retour, pendant trois siècles, de certains aspects extérieurs de la politique artistique du pouvoir. La politique artistique de François Ier, celle de Richelieu, celle de Louis XIV et de Colbert, celle de la Monarchie blessée du xviiie siècle, — surtout dans sa dernière phase lorsqu'elle s'efforce, vers 1760, de réagir contre le courant progressiste, — est identique dans ses procédés et dans sa doctrine. Non seulement c'est la politique de la commande ou du mécénat, mais elle opère par des moyens inchangés. Tandis que l'Italie, politiquement morcelée plus que la France, était, au contraire, socialement et intellectuellement plus unifiée, chez nous la royauté fut en balance jusqu'à la fin du xviie siècle et indifférente au xviiie, puis naïvement réactionnaire à la veille de sa disparition. Malgré les apparences, l'absolutisme monarchique français fut moins pesant que l'absolutisme religieux de l'Église. Et la remarque vaut aussi bien pour les Pays-Bas que pour l'Espagne. Sans vouloir méconnaître la valeur des courants hétérodoxes, particulièrement en Italie au xvie siècle, on peut constater que ces courants y ont peu de répercussion dans le public ; ils restent le fait de rares intellectuels. En France, au contraire, ils ne cessent de créer des troubles, aussi bien dans le domaine de la politique que dans ceux de l'art et de la pensée. On ne saurait, du reste, en conclure rapidement que l'existence d'une unanimité et d'un dirigisme fournissent de bonnes conditions pour les arts. Ceux-ci dépendent davantage, en définitive, de conditions techniques et, comme on l'a déjà dit, de la vocation d'une société à extérioriser sa pensée. Or si, au xvie siècle, en France, les conditions ont été favorables sur le plan technique, il est évident que c'est une des rares époques de notre histoire où a régné un certain conformisme — ou plus encore une certaine indifférence à l'égard des modes d'expression collectifs, d'où résulte peut-être, en définitive, la raison profonde d'une éclipse relative de la création figurative.

Le premier objet de la politique royale fut d'ouvrir des chantiers et de distribuer des commandes. François Ier fixa, en outre, ce qui devait être le but constant de ses successeurs : rassembler, soit à Fontainebleau soit à Paris, des collections d'œuvres d'art — anciennes ou modernes — susceptibles de servir d'initiatrices aux jeunes talents. En même temps, on s'efforçait de favoriser en France les industries de luxe capables de fixer dans le royaume le plus d'artisans possible. Puis vint une politique qui favorisa le développement des ateliers de gravure. Cependant, Paris ne posséda que tardivement, dans ce dernier domaine, l'importance de centres comme Rome ou Anvers, voire comme Nancy ou Cologne. En dépit de cette politique, le xvie siècle a vu baisser, à la fois, le nombre et la qualité des œuvres. C'est qu'en dépit du succès indiscutable de l'italianisme — qui finit par pénétrer jusqu'au fond des provinces françaises — la base sociale de l'art nouveau était étroite. Ce n'est pas tant par suite du partage de la société en deux camps déterminés par la religion que par l'effet du bouleversement plus profond qui résultait d'une adaptation difficile à des conditions économiques troublées. L'ancienne noblesse avait péri dans les aventures absurdes de la guerre de Cent Ans ; en outre elle n'avait pas réussi à maintenir sa fortune. Décimée et ruinée elle abandonne lentement son rôle et s'efface au profit, d'une part, des marchands enrichis, d'autre part, d'une nouvelle classe, celle de la noblesse de robe et d'office. Or, celle-ci, justement, est entièrement dans la main du roi qui lui assure, moyennant des honneurs, le droit de s'enrichir par l'exercice des fonctions publiques à la condition de le servir exactement. Il en résulte un compartimentage de la société et des résistances très vives qui ne cesseront de se manifester pendant trois siècles : résistances religieuses comme celles qui aboutiront aux grandes crises du protestantisme et du jansénisme, résistances politiques comme celles qui donneront les Frondes, résistances intellectuelles comme celles qui donneront le libertinage puis l'Encyclopédie, résistances sociales comme celles qui donneront la Révolution.

Sans prétendre rattacher l'apparition des œuvres d'art à l'existence de classes sociales conscientes de leur existence en tant que telles, on peut penser que cette absence d'unanimité et d'intérêt pour les mêmes problèmes a créé des conditions immédiates médiocres pour la peinture, en même temps d'ailleurs qu'une source ultérieure de renouveau. Au xvie siècle encore, on ne concevait pas vraiment l'art comme un moyen d'expression individuel. L'artiste n'était pas l'égal de l'écrivain ou du poète, satisfait de traduire sa passion ou ses idées personnelles face au monde. Il dépendait de possibilités matérielles impérieuses autant pour sa formation que pour les débouchés. On ne vendait pas de peinture et donc on n'en faisait pas sur le plan de la spéculation sentimentale et du public privé. Et c'est, justement, le désaccord profond entre la masse de la société et le pouvoir qui s'est traduit par cette éclipse de la peinture en France au xive siècle, en attendant le jour où ce sera, justement, la France des xviie et xviiie siècles qui assurera la promotion définitive de l'art de peindre au rang des fonctions supérieures de l'esprit. Au xvie et au xviie siècles la grande peinture, le grand art, est un art officiel. Il réussit en France moins qu'ailleurs par suite de l'anticonformisme radical de la nation.

Il ne s'agit pas de dire que tous les grands peintres italiens furent des conformistes, mais il est de fait que le mode de vie italien, — où les rites chrétiens conservaient une place prépondérante, — a permis le développement d'une peinture fondée sur le prestige du spectacle et sur le divertissement. En France aussi, certes, les pompes de la liturgie ont continué de jouer un rôle immense dans la vie publique et privée des individus, mais une sorte de séparation s'est établie entre le domaine des traditions et celui de la recherche spéculative. Tandis qu'ailleurs les plus grands talents acceptaient comme un cadre les activités conformistes et s'ingéniaient à les transfigurer en les vivifiant par la fantaisie, les Français ont rapidement opposé, irréductiblement, la foi et la pensée.

Il serait, au surplus, très arbitraire de vouloir rattacher le développement de la peinture aux seuls mouvements de la pensée. Qu'on ne s'y méprenne pas. On serait plutôt tenté de

rapprocher davantage qu'on n'a l'habitude de le faire peinture
et technique que peinture et philosophie ou littérature. Cependant, le point où la technique cesse d'être seulement technique,
où l'art — qui est toujours une volonté d'art en tant que telle,
— apparaît, introduit un rapport entre les activités supérieures
d'une société, — sans aboutir pour autant à les confondre.
C'est ainsi que s'expliquent les destins de la peinture française
aux siècles classiques.

La politique royale a abouti aux plus splendides résultats dans
tous les domaines de l'organisation et de la technique au sens
le plus large du terme. Elle a assuré la création des demeures
royales de Fontainebleau, du Louvre, de Versailles, de Marly ;
elle a permis le développement de manufactures comme les
Gobelins ; elle a même abouti à rassembler à Paris, vers le
début du XVIIe siècle, un nombre suffisant d'artisans et d'amateurs pour qu'un marché de l'art se développe et supplante en
Europe les autres centres traditionnels de la production picturale. Il est certain que, grâce à cette politique qui a rallié
successivement des couches de plus en plus étendues de la
nation, la pénétration des formules nouvelles de l'art international a été assurée dans le courant du XVIIe siècle jusque
dans les provinces. On peut ajouter encore que la politique
officielle a marqué de grands succès dans tous les domaines de
l'art appliqué. En revanche, on doit constater son échec partout
où il s'est agi de création véritable. Même dans le domaine de
l'architecture, où la réussite de la politique royale a été la plus
précoce et la plus totale, c'est dans la mesure où les Français se
sont affranchis des lois impératives de l'art international qu'ils
ont marqué leur place dans l'histoire générale des arts. L'hôtel
français s'oppose au palais italien, comme la vie française ou la
littérature française se caractérise par ce qui la sépare et non
par ce qui l'apparente aux mouvements internationaux.

L'opposition fondamentale qui existe entre un art dirigé et
l'art vivant, expression des modes de vie et de pensée de la
société française, se traduit de mille façons. Elle aboutit, à
travers tout le XVIIe et le XVIIIe siècle, au conflit de la grande et
de la petite manière. Chaque fois que c'est le thème, le sujet,

qui l'emporte, la peinture française reflète l'art international. Chaque fois, au contraire, qu'apparaît une œuvre valable — Le Nain, La Tour, Poussin, Lorrain, Watteau, Chardin, Fragonard, Boucher — on constate que cette œuvre est venue manifester un écart du goût par rapport à la grande tradition européenne. Et on constate, en même temps, que cette affirmation d'une personnalité créatrice vient souligner une forme de sensibilité ou une attitude devant la vie qui traduit les aspirations d'un groupe important d'individus. Parfois, comme lorsqu'il s'agit de Poussin, la peinture fournit l'équivalent de ce qu'on découvre en analysant d'autres activités intellectuelles contemporaines ; parfois, comme c'est le cas de Chardin, elle exprime, mieux que toute autre activité supérieure d'un autre ordre, les aspirations et les formes de sensibilité d'une partie importante de la société française de tous les temps. Un Chardin fait pour la France ce qu'un Goldoni vers le même temps fait pour l'Italie, ou un Vermeer pour la Hollande, et un peu plus tard un Gœthe pour l'Allemagne.

Ainsi, observe-t-on un double développement de la peinture française du xvie à la fin du xviiie siècle, par quoi finalement l'époque possède son unité. À travers les vicissitudes et les réactions, on voit peu à peu se définir une École, un style. À vouloir morceler le développement de cette histoire on aboutirait à fausser les perspectives. Toutefois, pour la commodité de l'exposé, il a paru souhaitable de conserver la division classique, réserve faite de la régularité des découpages.

Le xvie siècle, commencé avec les guerres d'Italie, se prolonge jusque vers 1630 et l'apparition, tant en province qu'à Paris, de centres organisés qui attestent le succès grandissant des idées nouvelles, — ou plus exactement le détachement définitif des formes de la vie gothique, dont la construction du Pont-Neuf est également un frappant témoignage.

Le xviie siècle se partage en deux parties à peu près égales du fait de l'action toute-puissante du Roi qui contraint les ateliers parisiens à travailler pour sa maison privée de Versailles. Cependant, dès le règne de Louis XIV, les jeunes artistes bénéficiaires à Paris des commandes, à Rome de l'enseignement officiel, trahissent la cause de l'art international pour cultiver des genres originaux et enfreindre les préceptes de l'Académie.

Le xviiie siècle, tolérant sous un roi sceptique comme le fut Louis XV, se raidit avec un roi faible qui se confie aux partisans d'une réaction sociale attachée à des privilèges plus que représentative de forces réelles dans la nation. On verra, dans la seconde partie de cette histoire, les développements de ce long conflit entre l'école et la libre inspiration.

Avant de clore cette Introduction, qui trouve sa justification dans le détail des événements tels qu'ils seront plus loin présentés, il paraît nécessaire de préciser encore quelques problèmes.

Il y a, d'abord, une question de principe. Certains s'élèveront certainement avec vigueur contre la liaison étroite qui est faite ici entre la création originale et les considérations sociales. On protestera contre une attitude qui paraît subordonner la connaissance de l'œuvre à l'étude du milieu. On dira que ce qui compte, en définitive, c'est seulement ce qu'il y a d'irréductible dans un grand ouvrage. Les uns croiront trouver leur meilleur argument dans le fait que les grandes œuvres sont de tous les temps, directement accessibles à ceux qui possèdent une sensibilité artistique. Les autres insisteront, plus philosophiquement, sur le fait qu'une œuvre d'art ne saurait être conçue comme la somme d'efforts fragmentaires, mais uniquement comme un acte unique dans sa source et dans son développement.

Je suis, pour ma part, fort éloigné de ceux qui conçoivent l'œuvre d'art comme étant l'expression de concepts préalablement établis par un groupe social donné, quel qu'il soit. L'artiste ne trouve pas dans la société qui l'environne la matière de ce qu'il doit exprimer. Et toutes les théories qui aboutissent à prôner une histoire de l'esprit me semblent également fausses. Dans la création on ne saurait isoler le moment technique de l'exécution de la recherche d'un idéal. Il n'y a pas d'êtres de raison circulant dans le monde et que les artistes doivent saisir au passage pour les matérialiser. Les groupes humains n'ont pas d'idées latentes, en dehors de ceux qui les découvrent en les exprimant. Toutefois je ne suis pas moins éloigné de ceux qui pensent que l'œuvre d'art est le produit d'une activité solitaire, une sorte de don arbitraire et gratuit fait au monde par un artiste en communication plus ou moins mystérieuse avec les secrets suprêmes de la nature. En réalité, d'ailleurs, ceux qui croient dans l'artiste interprète de forces latentes dans les groupes sociaux et ceux qui croient dans l'artiste interprète des forces immuables de l'univers sont très près les uns des autres. Ils mettent également en dehors de l'acte créateur l'absolu de la création. C'est eux qui, en réalité, minimisent la personnalité de l'artiste. Ce n'est ici, au fond, entre partisans de l'artiste interprète des forces collectives de la société et partisans de l'artiste médium des réalités invisibles que la querelle de Bossuet et de Fénelon, de ceux qui voyaient jadis Dieu présent dans l'histoire et de ceux qui le voyaient présent dans la tranquillité de leur conscience. Je ne suis ni un quiétiste de l'esthétique ni un partisan de l'ordre préétabli — qu'il soit humain ou divin. Ni Fénelon, ni Bossuet ! Croirait-on pourtant qu'il y a encore aujourd'hui des gens pour se battre pour eux !

La seule chose qui soit véritablement importante c'est de bien préciser que ce qui compte dans l'appréciation de l'œuvre d'art ce n'est ni la fidélité de l'artiste à certains aspects extérieurs de la vie sociale ou intellectuelle de la société contemporaine, ni davantage une certaine capacité à traduire à travers une conscience solitaire, certains aspects d'une vérité éternelle et immuable. On se trompe, en tout cas, si l'on imagine que l'artiste ne fait que transcrire des formes présentes en dehors de son esprit, qu'elles soient dans la nature ou dans la société.

L'erreur fondamentale commune est incluse dans le commentaire donné par un de ses disciples à un mot célèbre de Wölfflin : « L'œil ne fait que saisir la forme, il ne construit jamais. » Il est faux que la forme soit donnée du dehors, il est faux qu'il existe une catégorie de la vision distincte des activités générales de l'esprit, il est faux que l'artiste ne fasse que traduire et déchiffrer une réalité extérieure, qu'elle soit naturelle ou sociale. L'artiste, au contraire, construit simultanément la matière et la forme de son expérience dans un acte indivisible qui est de pure création.

L'acte créateur n'est pas gratuit mais il n'est pas déterminé.
Il consiste avant tout dans un pouvoir ordonnateur. Par-là il
s'apparente à toutes les autres catégories de signes à travers
lesquelles l'humanité explicite et développe son intelligence. Il
en est d'un style comme d'un système mathématique. Les mathématiques d'Euclide ont été longtemps considérées comme
fondées sur une hypothèse indémontrable mais conforme à
l'ordre probable de l'univers. Depuis qu'on s'est avisé de sa
relativité essentielle et qu'on a conçu au moins la possibilité
d'autres systèmes fondés sur d'autres postulats provisoires, on
n'en continue pas moins à considérer le système euclidien
comme une admirable construction intellectuelle et on le regarde même encore comme la solution la plus commode qui
soit par rapport aux formes habituelles de notre action. Ainsi
un système figuratif quelconque peut être considéré comme arbitraire, mais cependant comme représentatif à la fois d'une
certaine attitude générale de l'homme à l'égard de la nature et
d'une certaine époque de son histoire. Un système artistique
ou physique, qui a été celui d'une société qui a fait l'histoire,
témoigne d'un mode spécifique d'approche de l'homme à
l'égard des phénomènes qui l'entourent — physique et sociaux
conjointement. Il reste dans la mémoire des générations comme
un système intelligible et partiellement valable, car il explique
toujours certains comportements. Ce qui compte pour guider
notre admiration, ce n'est pas le degré de vérité mais le degré
de cohésion et de généralité du système. Il y a longtemps que
nous ne croyons plus aux dieux de la Grèce, cependant elle
nous a légué un système figuratif encore émouvant parce qu'on
y prend directement contact avec une modalité rationnelle de
la pensée spéculant sur l'espace et le nombre. La vérité d'une
œuvre ne s'exprime pas seulement à travers des valeurs indi-
viduelles mais à travers la validité globale d'un système représentatif d'une époque. Les grands artistes ne nous ont pas légué
des univers capricieux et fantaisistes, mais au contraire des
mondes imaginaires où se sont projetées les expériences con-
crètes de leurs prédécesseurs et de leur entourage, en même
temps que se préfiguraient celles de l'avenir. Ils sont, essentielle-

ment, les interprètes d'un réel humain. Nous ne sommes profondément émus par leurs créations que parce qu'elles constituent un message plus large que celui d'un individu et non une certitude mais une expérience. Les artistes nous apportent une familiarité élargie avec les générations passées. Ils nous aident à situer les relations d'intelligence et de sensibilité qui ont uni entre elles les générations. Ils nous aident à comprendre le sens d'usages et de systèmes de pensée, même périmés. Leurs œuvres sont figuration, à la fois du monde extérieur et des systèmes intellectuels ou moraux du passé. Ainsi l'œuvre d'art est le produit d'une action informatrice unifiante qui fusionne des éléments réalistes et imaginaires, individuels et collectifs dans une figuration ordonnatrice d'éléments épars à tous les degrés de la réalité physique et de la conscience humaine qui la perçoit. On ne doit donc jamais oublier que nos jugements ne peuvent se fonder que sur une échelle de valeurs.

C'est de ce point de vue qu'il convient d'expliquer le dessein général du présent ouvrage. Reconnaissant à l'art le sens d'un système figuratif de valeurs, on doit constater que ces valeurs peuvent être appréciées de points de vue fort divers. Par rapport à la qualité interne du système, à la technique ou à la signification, par rapport à l'époque et au créateur, ou par rapport à nous qui jugeons le legs global du passé. Il va de soi que la notion de Beauté est infiniment mobile, relative aux époques et aux milieux. Toutefois on a récemment abusé de ce relativisme, soudain découvert, de la beauté. L'habitude et la répétition seules n'engendrent pas la beauté. Il existe sinon une échelle absolue des valeurs, du moins la possibilité d'une appréciation réfléchie de la signification opportuniste des œuvres et, même, d'une certaine échelle en quelque manière absolue, — compte tenu, ainsi qu'il a été déjà dit, du degré de cohésion interne du système figuratif et du degré de généralité humaine des significations. Si donc nous voulons essayer de prendre une vue d'ensemble du développement de la peinture française, nous devons essayer de mesurer, à la fois, dans quelle mesure elle a créé des systèmes figuratifs équilibrés en soi et capables de porter loin des messages d'une large signification humaine.

On ne cherchera plus, alors, à dégager les constantes d'un génie national, mais à fixer la valeur relative, par rapport à d'autres systèmes analogues, d'un certain nombre de formules ordonnatrices d'une expérience individuelle et collective à différents moments de l'histoire. Il va de soi, au surplus, qu'une telle évaluation est infiniment mobile et variable. Notre point de vue varie de génération en génération. On ne saurait prétendre établir à titre définitif un classement des valeurs. Mais il est légitime de nous efforcer à une évaluation qui tienne compte à la fois des problèmes anciens et actuels de la vie et de l'art.

Il semble bien que le moment soit venu d'une réestimation générale de l'art des temps modernes, analogue à celle qui, dans le courant du xixe siècle, a produit le mouvement des préraphaélites et celui du primitivisme. Les spéculations récentes sur les données fondamentales du langage figuratif — espace, couleur, mouvement, sujet — ont transformé notre conception des problèmes techniques de la peinture comme on le verra dans le second volume de cette histoire. Et ces spéculations sont en relations étroites autant avec les transformations de la technique dans la vie moderne qu'avec le bouleversement de nos conceptions philosophiques et sociales. Dans cette perspective on voit changer les relations traditionnellement établies entre la peinture française et les autres écoles modernes.

Le problème de la Renaissance s'oriente, de plus en plus, vers une réévaluation générale tant en ce qui concerne la chronologie que les attributions de valeur. De primitifs en primitifs, on en est venu à situer parfois les débuts de ce mouvement en plein Moyen Âge. On tend surtout à renoncer, de plus en plus, à une perspective qui envisageait la Renaissance comme le début des formes modernes de la civilisation. Les principes sur lesquels elle a fondé son prodigieux essor se trouvent remis en cause par la marche des événements. Il n'est pas possible qu'au moment où l'ensemble des civilisations qui ont constitué la plus haute expérience humaine pendant cinq siècles entre dans le passé, une réévaluation générale des valeurs n'ait pas lieu.

En ce qui concerne la peinture française on verra, en particulier, se dessiner quelques hypothèses. Si l'on abandonne l'idée que le siècle de Raphaël, le siècle d'or romain, réduit d'ailleurs au premier tiers du xvie siècle, constitue l'apogée de l'art et de la pensée humaine dans les temps modernes et si l'on étudie la formation, dès le milieu du xive siècle, du grand courant à la fois spéculatif, social et artistique qui a donné naissance aux sociétés modernes, on est amené à constater que la peinture française ne le cède en rien à aucune autre.

L'école flamande n'est pas encore née, ni les écoles rhénanes et les styles florentins et siennois sont loin de représenter des formes progressives par rapport aux œuvres parisiennes. Qu'il s'agisse de l'art du portrait ou du raffinement de l'arabesque, on compte dans le milieu français, sans parler même de la miniature, des ouvrages inégalés. La primauté artistique et intellectuelle de Paris était reconnue des contemporains; nul doute qu'une étude plus poussée, — et qui fasse abstraction de l'hypothèse à priori d'une maîtrise italienne déjà acquise, — ne démontre, bien davantage encore que dans les pages qui vont suivre, la haute qualité et surtout le *modernisme* du style français. On verra, en effet, que certains des principes alors mis en honneur dans la technique française ont donné naissance au xve siècle chez Fouquet, chez Enguerrand Quarton, chez le Maître de Moulins, à des formules plastiques très différentes des italiennes et des flamandes, mais en soi tout aussi raffinées et toutes proches des préoccupations modernes.

On doit, cependant, reconnaître que si, dans le domaine des spéculations sur les volumes colorés et dans celui de l'intégration pittoresque des spectacles et des paysages — qui fut celui du maître de Boucicaut et des Limbourg — la France du xve siècle devança au fond plastiquement l'Italie et la Flandre, ce furent cependant les solutions italo-flamandes qui triomphèrent par la suite et qui ruinèrent même pour longtemps la vigueur de l'école française. Mais il importe de constater qu'il s'agit là non pas d'un fléchissement génital de la puissance créatrice française dans le domaine des arts et de la pensée, ni même d'un fléchissement absolu de la force de cohésion d'une

société, mais de circonstances peu favorables aux arts proprement figuratifs. Socialement conservatrice, la France féodale a
pris, au xve siècle, un certain retard sur ses voisines, surtout
l'italienne. D'autre part, le caractère civil de la création originale française a favorisé, dans une époque où la religion a joué un
rôle inouï, le succès préférentiel des formules italiennes. Dès
la fin du xve siècle, l'Italie a ainsi fourni à l'Europe le style
d'un humanisme dévot dont le succès a été dû à la fois à son
caractère littéraire et à l'appui conservateur de toutes les
puissances. L'art français s'orientait, lui, davantage vers une
emprise figurative sur le concret, qui ne se retrouve que dans
l'époque toute moderne.

Entre temps l'art français s'est aligné souvent sur l'art international. Toutefois, à de nombreuses reprises, la puissance des
artistes à résoudre, en dehors de toute espèce de programme
imaginatif, des problèmes techniques marque encore de grands
moments dans l'histoire autonome de l'art. C'est le cas de
Louis Le Nain, de Lorrain et de Poussin, c'est aussi le sens du
xviiie siècle de Watteau, de Chardin, de Fragonard et d'Hubert
Robert où éclate, à travers les formules, l'immense optimisme
d'un siècle qui, rejetant toutes entraves imaginatives, a eu,
avant le romantisme, l'amour de la vie et la puissance de
l'exprimer.

En bref on peut considérer qu'un conflit éclate, vers la fin du
xive siècle, au moment où se renouvellent les conditions sociales
et techniques de la société occidentale, entre une manière
française et une manière italienne de peindre. Il existe aussi,
dans toute l'Europe centrale, un courant réaliste qui est, au
fond, expressionniste et qui n'aboutit ni à se dégager du joug
du sujet ni à créer un système proprement plastique. Ce conflit
se résume en dernière analyse dans le conflit permanent de la
technique — au sens large du terme — et du sujet. C'est, pour
des raisons de commande et d'ordre public, le sujet qui l'emporte. Mais on peut estimer que la manière française représentait au milieu du xve siècle le véritable progrès par rapport
aux développements d'ensemble des temps modernes qui
s'achèvent enfin sous nos yeux par le triomphe de l'esprit d'ana-

lyse. Elle constituait, en tout cas, la tentative la plus authentique pour exprimer, par l'utilisation calculée de la couleur et des volumes, le monde des formes détachées, objectives.

Il existe, au surplus, entre Fouquet et Piero della Francesca, — autre grand oublié des derniers siècles, — plus que des affinités générales. Ils ont tous les deux, ainsi que Quarton et le Maître de Moulins, voulu résoudre le problème des rapports entre la représentation de l'espace et celle des volumes sur le plan vertical du panneau ou de la paroi peinte. Notre époque qui voit se développer toute une spéculation sur les relations de la forme et de la couleur, sur le maniement du plan figuratif, et qui voit aussi reparaître le conflit de la peinture et du sujet, ne peut pas ne pas se reposer, dans des termes neufs, l'appréciation des origines et de la valeur de l'internationalisme des siècles classiques.

Et comme, finalement, les hommes demeurent moins proches des idées que des choses créées, parce qu'ils peuvent plus aisément réintégrer les choses dans leurs propres systèmes, il est probable qu'une vaste révision des idées courantes sur le développement historique de la peinture s'ébauche, au terme de laquelle la peinture française prendra une place en rapport direct avec le rôle qui sera dévolu dans l'avenir moins aux idéologies qu'à la figuration plus strictement plastique de l'univers.

Première Partie

LE MOYEN ÂGE

I. ORIGINES ET NAISSANCE DU TABLEAU

Lorsqu'on s'efforce de formuler une appréciation objective sur la peinture française du Moyen Âge, on se heurte à une difficulté insurmontable si l'on essaye de présenter cette peinture comme un art autonome et indépendant, tel que le conçoit notre temps.

La réalité, c'est que l'art de peindre constitue, durant tout le Moyen Âge, un vaste complexe d'activités unies par les modalités d'un style commun qui s'exprime à travers des techniques diverses: vitrail, miniature, fresque, tapisserie. Ce n'est qu'au XIVe siècle qu'un courant s'ébauchera, déterminant une nouvelle évolution de toutes ces branches, qui aboutira à la naissance du tableau de chevalet, du panneau libre, de la peinture autonome qui est l'objet de cette étude.

Aussi longtemps que cette évolution n'est pas terminée — c'est-à-dire tout au long du XIVe et presque jusqu'à la fin du XVe siècle —, toute tentative de considérer le tableau séparément du contexte général dont il fait partie serait entièrement artificielle. Ce qu'il faut donc considérer comme étant peinture en France à cette époque, ce n'est pas — comme en Italie — essentiellement la fresque, ce n'est pas — comme plus tard en Flandre — la peinture des retables, c'est à la fois l'une et l'autre, avec en plus la miniature, le vitrail, la tapisserie, qui se partagent l'art de peindre suivant la répartition des usages.

Comment en effet se passent les choses dans leur application pratique? L'art de peindre ne s'exerce jamais au Moyen Âge pour lui-même, il est toujours pratiqué en vue de constituer le décor d'un objet *déjà fait*. Que cet objet soit un coffret ou une cathédrale, une page manuscrite ou le mur d'une salle de château, il préexiste au décor peint qui viendra s'y appliquer

ultérieurement et il est conçu non pas en fonction de ce décor —
comme le sera plus tard une toile ou un panneau — mais en
fonction de l'usage qu'on attend de lui. On n'y peint ainsi que
le vide, laissé en blanc, si l'on peut dire, par les éléments
structuraux et l'objet impose ainsi automatiquement son cadre
à l'image. Ce vide, par ailleurs, a sa fonction propre: dans le
cas de l'architecture il sert à laisser passer la lumière et l'on
peint sur verre, créant ainsi le vitrail; les murs d'une salle de
château doivent garder la chaleur, et leur décor se fait au moyen
de la tapisserie; la page d'un manuscrit se sert de l'image pour
faciliter la compréhension du texte, elle combine donc dans un
ensemble harmonieux les éléments peints et écrits.

En vertu de la même logique d'adaptation à l'usage, la
peinture murale, à l'origine essentiellement anecdotique, voit
se réduire la place qui lui était d'abord largement dévolue.
Après le magnifique essor de la fresque romane qui s'étalait sur
de vastes surfaces de murs et sur des voûtes en berceau lisses
et nues, l'adoption de la voûte en ogive vient réduire l'importance des murs, qui ne jouent plus leur rôle de soutien. Dans
cette cage de pierre que finit par devenir une église gothique, le
mur rendu presque inutile cède sa place au vitrail qui, lui, laisse
passer la lumière. La voûte elle-même, creusée, arquée, par-
courue de part en part d'ogives, divisée dans sa longueur en
compartiments qui correspondent aux travées de l'élévation, ne
se prête plus guère au déploiement des vastes fresques anecdotiques et tire son effet plastique de l'arabesque ogivale. La
peinture anecdotique des églises françaises en est réduite, au
XIVe siècle, à chercher refuge dans le vitrail et l'on constate là
un des points de divergence les plus essentiels entre l'évolution
de l'art de peindre en France et en Italie. Car si l'Italie a donné
à la fresque l'essor que l'on sait, c'est qu'elle n'a jamais poussé
jusqu'à ses limites extrêmes l'architecture ogivale et n'a que
très peu pratiqué le vitrail.

Pour ce qui est de la France, la réduction progressive de la
surface murale à peindre entraîne les peintres verriers, les enlumineurs et les tapissiers à rechercher une ouverture toujours
plus importante à l'intérieur même des cadres que leur assi-

gnent leurs techniques respectives. Un esprit commun préside dans toutes ces branches de la peinture à cette conquête de l'espace, dont en fin de course surgira le tableau.

Si, en effet, on suit leur évolution deux fois centenaire, on constate qu'elle prend une direction strictement parallèle : aux XIIe et XIIIe siècles, la simple soumission au cadre ne satisfait pas pleinement les artistes ; ils retaillent ce cadre en multipliant les compartiments à l'intérieur du vide qu'on leur assigne et un épais cerne noir entourant chaque élément de forme peinte vient renforcer le squelette de base. La couleur se borne à remplir les surfaces et à constituer des harmonies laissant toute fonction de suggestion des formes au dessin, lui-même soumis à une stylisation géométrique. Le vitrail tire ses effets de sa charpente de fer, l'enluminure et la tapisserie s'inventent des cadres imaginaires en forme d'éléments d'architecture, le coffret se présente sous celle d'un édifice en miniature. L'architecture règne en maîtresse absolue et impose sa règle à tout ce qui est décor.

Vers le milieu du XIVe siècle pour le vitrail, une trentaine d'années plus tard pour la miniature, le courant se renverse : l'évolution se fait désormais dans le sens de la conquête de l'espace libre à l'intérieur du cadre réel donné par l'objet. Les compartiments s'élargissent ou disparaissent, ou bien, si, comme dans le cas du vitrail, ils restent indispensables pour maintenir la solidité de la charpente de fer, ils cessent de jouer un rôle plastique, de séparer et d'épouser les formes, mais les traversent franchement, comme à Évreux, en essayant de se faire oublier. En même temps les formes s'assouplissent, le cerne noir devient un trait, le dessin, sans abandonner son rôle de suggestion, s'aide de la couleur qui se nuance et, sans qu'on puisse encore parler de valeurs, vient recouvrir en transparence les ombres jusque là uniquement grises et noires. On voit, vers la fin du XIVe siècle, dans les vitraux de Bourges, de Rouen ou d'Évreux, se détacher une image toujours encore encadrée, mais qui se lit d'un coup comme un tout et non plus à travers un grillage. Parallèlement, l'image se détachant de plus en plus du texte manuscrit s'achemine vers la conquête de la pleine page.

Une miniature des Grandes Chroniques de France (avant
1379), représentant l'*Entrée à Paris du roi Charles V*, est déjà en
possession d'un espace propre. Il ne lui manque que l'esprit
qui fait déborder cet espace au-delà de son cadre pour devenir
un petit tableau. Un vitrail en médaillon de la Mailleraye
(1350), provenant probablement de Jumièges, où une admirable silhouette de *Montreur d'ours* s'inscrit avec aisance dans
un cercle libre de tout compartimentage, ne diffère du tableau
que par la transparence.

La place, pourtant, conquise à l'anecdote dans les manuscrits,
les vitraux et les tapisseries, n'est point suffisante. Il faut, dans
les églises, mettre sous les yeux des fidèles des épisodes détaillés
de l'histoire sainte, montrer la douceur de la Vierge, les
souffrances du Christ, rendre familière la vie des saints. Le
vitrail placé haut n'est pas toujours d'une lecture facile et on y
distingue mal la figure du donateur qui a payé l'œuvre et qui
veut avoir son portrait placé en évidence. C'est là que le retable
apporte une solution.

Le retable peint est une invention du XIVe siècle. Sous les
formes les plus diverses il a vite connu une grande vogue dans
tous les pays de l'Occident chrétien. Simple dessus d'autel ou
retable à volets, diptyque, triptyque ou polyptyque, de dimensions variables, il s'adapte à tous les besoins. Il existe un
traité d'un père dominicain, la *Regola del Governo di cura
familiare* (1400) de Giovanni Dominici qui recommande l'usage
des petits retables de chevet dans toutes les maisons, afin que
les rites et les fêtes domestiques se déroulent sous le patronage
des saints et que les enfants se familiarisent avec eux de bonne
heure. La qualité essentielle du retable est d'être transportable
ou du moins de ne pas être étroitement lié à l'architecture. C'est
un *objet*. Certes, il adoptera longtemps un cadre de structure
qui imite les éléments d'architecture; il n'en restera pas moins
indépendant et il se composera essentiellement de *panneaux*
dont le but est de recevoir la peinture. Le tableau vivra longtemps sous la forme du panneau peint de retable avant de
devenir le tableau de chevalet, libre de toute entrave.

Miniature, dessins de toutes sortes pour l'exécution des vitraux ou des tapisseries, peinture décorative, ont, au XIVe siècle, pour centre incontesté, Paris. Les artistes — peintres, sculpteurs, enlumineurs, décorateurs — y venaient de toutes parts entreprendre ou parachever leur formation dans les ateliers réputés des maîtres parisiens. En 1323, Jean de Gaudun écrivait: « Là, à Paris, tu trouveras à la vérité de très subtils faiseurs d'images de toute sorte, soit en sculpture, soit en peinture... » Vingt et un peintres parisiens étaient à cette époque inscrits à la taille. On en distinguait plusieurs catégories, des peintres « selliers », des « imagers », des « enlumineurs », des « peintres » tout court qui étaient probablement des peintres sur murs.

Leur condition n'était pas toujours facile et ils étaient parfois en peine pour payer les diverses taxes, assez lourdes en général, qui leur incombaient; aussi cherchaient-ils autant que possible à se faire engager au service d'un grand seigneur, prince ou duc de préférence. En plus des commandes qui leur permettaient de développer leur talent, ils y trouvaient le gîte et la table et, surtout, le bénéfice de la franchise des impositions. Toute une hiérarchie s'est ainsi établie dans le métier, depuis le simple apprenti, et les divers degrés corporatifs auxquels il s'élevait, jusqu'à l'aristocratie du métier, comprenant les valets ou « varlets » des princes ou du roi et couronnée elle-même par le « premier peintre du roi », charge qui s'est maintenue à travers les siècles jusqu'à la Révolution de 1789. Paris, où les apprentis se formaient dans des ateliers dont la réputation s'était affirmée durant tout le XIIIe siècle à travers le monde entier, est demeuré au XIVe siècle encore, une espèce de foire aux artistes. C'est là que princes et seigneurs venaient s'enquérir des réputations, voir les œuvres et, leur choix fait, emmener l'artiste pour un temps plus ou moins long dans leurs terres et châteaux. Les ducs de Bourgogne eux-mêmes, tant qu'il s'est agi du moins de Philippe le Hardi ou de Jean Sans Peur, ne procédèrent pas autrement.

Tous les témoignages concordent pour donner de Paris l'image d'une ville en pleine prospérité et en plein éclat artistique tout au long du xive siècle. Pourtant, dès avant son milieu, la guerre avec l'Angleterre, qui devait amener la ruine de la France entière, était commencée, la chevalerie française se faisait écraser à Crécy en 1347, Calais était pris, la France envahie à la fois par le Nord et par le Sud-Ouest et la bataille de Poitiers — où Jean le Bon se laissait faire prisonnier — achevait de précipiter le désastre. Mais ce désastre était avant tout celui de la féodalité seigneuriale et tel était l'écart qui séparait le monde des seigneurs de celui des villes — élément le plus avancé de l'époque — que celles-ci n'en ressentirent le contre-coup que beaucoup plus tard. Paris, en particulier, semble tirer même un avantage momentané de la politique aventureuse de Jean le Bon à son retour de captivité. Celui-ci ne s'occupa, en effet, qu'à mener une vie joyeuse et à constituer de riches apanages à ses fils: Louis reçut l'Anjou, Philippe - la Bourgogne, Jean - le Berry. Et, dès qu'après le soulèvement suscité par Étienne Marcel, l'ancien ordre fut rétabli, l'argent afflua sur le marché de Paris, où les nouveaux ducs, forts de leur richesse et pressés d'aménager et d'embellir leurs domaines, venaient faire des dépenses somptuaires, en quête d'artistes, d'objets d'art et de luxe. À l'avènement de Charles V, la situation générale se rétablit, elle aussi, dans une grande mesure. L'Angleterre, pour sa part, épuisée par une longue guerre à l'étranger, en proie à une crise économique et aux dissensions intérieures, est hors d'état de continuer les hostilités. Une longue ère de paix qui ira jusqu'en 1415 s'ouvre alors pour Paris, lui permettant de garder et d'intensifier son éclat.

Du temps de Jean le Bon, il nous est parvenu peu de témoignages artistiques parisiens. En miniature, l'école de Paris avait déjà atteint son triomphe en s'élevant avec Jean Pucelle et ses imitateurs au sommet du raffinement et de l'élégance tant pour la mise en page que pour le dessin des figures mariant la souplesse à la précision, et pour l'encadrement, où, sans jamais se départir de la plus fine sobriété, oiseaux, insectes et petits animaux se mêlent à l'arabesque végétale. Mesure, finesse, élégance, perfection du dessin — la miniature parisienne était entrée, dès 1320-1340, dans une phase d'accomplissement où elle ne pouvait que rester conservatrice et stationnaire pendant un certain temps. Elle ne franchira le pas vers une évolution nouvelle qu'à la fin de ce siècle qui vit son apogée.

En revanche, nous possédons un document unique, mais d'une importance capitale, de peinture sur bois. C'est le portrait du roi Jean le Bon lui-même. Exécuté en camaïeu blond, sur un panneau d'assez grandes dimensions (0,60 m sur 0,40 m) il est le plus ancien portrait qu'on connaisse au nord des Alpes.

L'idée de reproduire la figure véridique d'une personnalité marquante est, certes, une idée ancienne. Donateurs, parfaitement reconnaissables pour les contemporains, saints empruntant les traits de visage d'un prince ou d'un grand seigneur apparaissent fréquemment dans les vitraux et les miniatures, hommages stipulés presque toujours d'ailleurs par le contrat de commande. De là à isoler la figure, à ne plus la mêler aux protagonistes d'une scène de l'histoire sainte, à en faire, en un mot, un tableau qui n'a d'autre but que de perpétuer les traits d'une personne laïque, il n'y a qu'un pas à franchir mais dont l'importance ne saurait être sous-estimée. L'apparition du portrait est un signe du temps. Elle nous apprend le changement de goût du public — public princier tout au moins — qui ne s'intéresse plus uniquement à l'œuvre pieuse mais aussi à l'*homme*, à son caractère, à sa personnalité. On voit, en effet, dans le buste monumental du roi, traité à grands coups de brosse et à plans larges, l'homme tel qu'on se l'imagine d'après ce que l'on sait de sa conduite dans la vie : figure de bon vivant, bel homme où un mélange de veulerie et de hardiesse s'allie à l'insouciance. Il a tenu à se faire représenter tout seul sur un panneau mobile et l'artiste sut tirer parti de cette donnée toute nouvelle, sacrifiant délibérément la représentation en pied, pour donner toute son importance à la tête soigneusement étudiée, ainsi qu'à la puissance de la carrure. Le portrait en buste est ainsi né pour connaître dans l'avenir une vogue sans cesse croissante qui ne subira un déclin, à peine perceptible, que de nos jours. Nous savons, par ailleurs qu'il

y eut en France d'autres portraits vers la même époque, que le
duc de Berry en possédait une collection dans son château de
Bicêtre, détruit par le feu en 1411, mais la chaîne est rompue
pour nous durant toute la fin du siècle et nous n'en retrouvons
un maillon qu'en 1415 avec la copie du portrait du dauphin
Louis, fils de Charles V, d'une part et de l'autre le beau portrait
de Louis II, prince d'Anjou, confirmant, tous les deux, l'authen-
ticité du courant.

En revanche, un document très intéressant nous permet
d'établir le passage de la représentation traditionnelle des
personnages dans les miniatures et les vitraux au portrait-
tableau. C'est un relevé, fait au XVIIIe siècle, pour Gaignières,
de deux panneaux de bois peints où l'on voit, d'une part, le roi
Jean II présenté par saint Denis et de l'autre, *Jeanne de France
et Blanche de Navarre présentées par saint Louis*. On peut les
situer aux environs de 1350. Ce n'est pas encore une représentation purement laïque d'un personnage pour lui-même,
puisque le patronage d'un saint fut jugé indispensable et sert
pour ainsi dire de justification à l'entreprise. Mais il ne s'agit
là, non plus, ni de scène sainte, ni d'acte ou de légende pieuse
rattachés au nom de la personne représentée — comme c'était
le cas, vers 1315-1320 encore, dans cette peinture murale, par
exemple, où l'on voit saint Louis donner à manger à un religieux lépreux (Sainte-Chapelle). Ici, tout l'intérêt se concentre
sur les figures elles-mêmes dont on se borne à transmettre
l'aspect physique et moral. Des rideaux écartés — comme plus
tard, ceux du *Portrait de Charles V* de Fouquet — signifient
que les personnes représentées se trouvent dans un intérieur —
indifférent d'ailleurs — et accusent le caractère neutre, libre de
tout élément anecdotique de cette « présentation », formule
transitoire qui, durant tout le Moyen Age finissant, alternera
avec celle du portrait proprement dit.

Nous sommes plus riches en matière au fur et à mesure que
nous avançons dans le siècle. Charles V, tout absorbé qu'il fût
par la conduite de la guerre, ne dédaignait par les arts. Il était
amateur de manuscrits et aimait construire. Lui aussi attachait
de l'importance à se faire représenter. À défaut de portrait

peint, on a de lui la célèbre statue des Quinze-Vingts du Louvre.
Il y a également son portrait, avec celui de la reine Jeanne de
Bourbon, dans la tenture en soie, peinte en grisaille, destinée à
être sans doute un parement d'autel et appelée communément
le *Parement de Narbonne* du nom de la ville où elle fut retrouvée
(1373-1378). Qu'elle ait été faite pour le roi, les deux portraits
nous en donnent le témoignage. Les grisailles étaient alors très
répandues dans les milieux parisiens qu'il s'agisse des ateliers
de peintres sur verre ou sur parchemin. Elles abondent en Normandie, dans les vitraux d'Évreux qui passent pour être les plus
« parisiens » de tous, de même qu'à Saint-Ouen de Rouen. À la
Cour royale, la mode était aux soieries en camaïeu dont un
autre exemple nous est parvenu avec la *Mitre d'évêque* du
Musée de Cluny.

Le dessin des figures et des ornements qui constituent l'ensemble du *Parement de Narbonne* continue la tradition de
l'école de Pucelle. Sa clarté, son élégance, sa lisibilité sont
parfaites, avec ce rien de froideur qui marque un style parvenu
au sommet de ses possibilités et qui n'évolue plus. Seuls, les
deux portraits du roi et de la reine s'y inscrivent comme une
parenthèse vivante: véridiques jusqu'à la laideur, raidis dans
une attitude à la fois digne et naïve, les deux orants parviennent
à nous toucher directement. Le sujet, par sa nouveauté et son
côté humain, a sans doute été le seul dans cet ensemble très
officiel à réveiller l'intérêt de l'artiste.

Les documents nous apprennent que le roi fit faire des
travaux au Louvre et à l'Hôtel Saint-Pol à Paris, dont nous
connaissons les plans mais dont il ne reste plus aucun vestige à
l'heure actuelle. Nous savons aussi qu'il avait à son service des
peintres, en particulier Jean d'Orléans, qui figure dès 1361 dans
les actes comme « peintre du roi », et Jean Bandol, dit Hennequin de Bruges. Tous ces renseignements sont maigres et in-
suffisants mais, même dans l'état actuel de l'information, il
paraît certain que les finances royales étant sérieusement
ébranlées par l'effort du redressement militaire, la part de la
commande royale ne tient dans l'ensemble de l'époque qu'une
place bien modeste. Le gros de la commande émane des frères

du roi qui, eux, étaient en possession de riches apanages réduisant d'autant les revenus de la couronne.

On a déjà vu qu'ils venaient chercher les artistes à Paris. C'est
ainsi qu'Hennequin de Bruges, tout en restant aux ordres du
roi, travailla essentiellement pour le duc d'Anjou à qui il fournit
les cartons de la célèbre tapisserie de l'*Apocalypse* dite d'Angers
d'après un manuscrit prêté d'ailleurs par le roi et très probablement sans quitter Paris. La tenture elle-même fut exécutée dans
l'atelier parisien de Nicolas Bataille entre les années 1375 et
1384. C'est un très grand ensemble composé à l'origine de sept
pièces divisées chacune en petits tableaux au nombre total de
98 ou de 105 — le chiffre est discuté — réduit aujourd'hui à 72.
Elles racontent, par épisodes, l'Apocalypse de saint Jean. Six
ou sept grands personnages — dont il reste quatre — qui sont
peut-être les évêques ou les gardiens des sept églises d'Asie,
placés en bordure des grandes pièces, contemplent le déroulement du récit en suivant le texte dans un livre ouvert devant
eux. Un petit saint Jean apparaît, en outre, dans la plupart des
tableaux. Témoin passif de la scène qui se joue devant lui, il se
tient à l'intérieur ou à côté d'un petit édicule dont la fantaisie
de l'artiste s'est ingéniée à varier chaque fois la forme, de sorte
qu'il apparaît tantôt comme une niche ou une arcade romane,
tantôt comme une guérite flamboyante, tantôt comme un dais
ou un petit temple qui nous fait penser aux fameux *tempiettos*
italiens. L'alternance rigoureuse des fonds bleus et rouges —
qui sont tantôt unis, tantôt ornés de losanges, d'initiales entre-
croisées, de semis de fleurs ou de rinceaux — ordonne en
damier la composition de chacune des sept pièces. L'exécution
des scènes est à tous égards remarquable. Les personnages
somptueusement drapés se meuvent avec une aisance et une
ampleur de gestes qui font penser aux attitudes des acteurs de
l'opéra italien; les mouvements précipités des anges — dans la
scène de saint Michel terrassant le dragon — n'ont rien à
envier aux envols baroques. On a beaucoup insisté sur les
affinités de ces scènes avec celles des miniatures dont elles sont
inspirées, et certes ces affinités existent autant par les sujets que
par le style général, mais le dessin des tableaux d'Angers est

infiniment plus libre, leur composition plus aérée et s'il est incontestable qu'ils sortent de la miniature, il est certain aussi
qu'ils la dépassent. Seuls, les grands personnages hiératique-
ment trônant sous leur baldaquin flamboyant gardent intacte
la stylisation de l'enluminure. À la différence des petites scènes,
ils semblent se rattacher même à la miniature officielle, du
genre de celle que pratique un André Beauneveu qui ne cherche
pas non plus à sortir d'une tradition établie depuis les manuscrits carolingiens. La question de savoir s'il y a eu là un changement de main peut se poser très sérieusement.

Œuvre parisienne encore, à peu près certainement, que le
Diptyque dit de *Wilton House*, conservé à la National Gallery
de Londres. S'agirait-il, comme le suppose M. Panofsky, d'un
peintre parisien d'origine flamande travaillant en Angleterre?
L'hypothèse ne paraît pas invraisemblable. Le style de ce petit
chef-d'œuvre porte tous les traits de l'école de Paris, alors que
le sujet indique clairement la commande anglaise; il s'agit, en
effet, du jeune roi Richard II présenté par trois saints à la
Vierge. En 1377, date probable du diptyque et qui fut aussi
celle de l'avènement du jeune Richard II, petit-fils d'Édouard
III, la guerre entre les dynasties française et anglaise s'étiolait
et les échanges artistiques qui, d'ailleurs, grâce au commerce
anglo-flamand, n'avaient jamais tout à fait cessé entre les deux
Cours, étaient certainement possibles. La Cour des Planta-
genets a toujours nourri une sorte d'« amour malheureux »
pour celle de Paris et il n'y aurait rien eu d'étonnant à ce que,
à l'exemple des ducs français, elle ait envoyé chercher un
peintre à la « foire aux artistes » pour commémorer l'avènement du fils du Prince Noir, dont l'apanage était cette Guyenne
qu'on était en train de perdre et à laquelle on attachait d'autant
plus de prix.

Parisiennes, sans doute aussi, deux autres œuvres conservées
à l'étranger, qui datent du début du règne de Charles VI. Deux
diptyques, l'un à volets droits et rectangulaires représentant
une *Crucifixion* à droite et une *Adoration des Mages* à gauche,
l'autre, plus grand, entouré d'un cadre gothique, qu'on désigne
sous le nom de *Diptyque Carrand*. On peut les situer, l'un et

l'autre, aux environs de 1390 et ils se trouvent, tous les deux, au Musée du Bargello à Florence. On y retrouve tous les traits de l'école de Paris en cette fin du siècle : dessin raffiné, attitudes compliquées, mains allongées, visages fins, groupement serré et compact des personnages, fonds neutres dorés ou ornés d'arabesques, emploi fréquent de l'association du bleu et du rouge. Une certaine influence siennoise marque l'iconographie du petit diptyque du Bargello, sensible peut-être aussi dans l'inclinaison de la tête de la Vierge ; une pointe d'influence flamande se laisse discerner dans le diptyque Carrand, mais les deux œuvres, quel qu'en soit l'auteur, sont passées par les ateliers parisiens qui leur ont imprimé leur caractère comme une signature. Ce même caractère se retrouve dans un dessin sur vélin légèrement postérieur, représentant *La Mort, l'Assomption et le Couronnement de la Vierge* qui se trouve au Louvre, ainsi que dans une *Annonciation*, qu'on peut dater également de 1390 environ, dite l'*Annonciation Sachs* du nom du collectionneur qui la détient.

Grâce aux riches mécènes qu'étaient les frères du roi Charles V, oncles du jeune Charles VI qui succéda à son père en 1380, ce style parisien pénétra en province. Le duc de Bourgogne, en particulier, chercha à faire de Dijon, capitale d'un domaine qui gagnait rapidement en puissance et en étendue, un centre artistique digne des ambitions de son prince. Tout ce qui constituait la gloire de Paris, tout ce qu'entreprenaient ses frères, — le roi Charles V et le duc de Berry, — devait se retrouver également à Dijon. Philippe le Hardi y fonda une bibliothèque qui à sa mort comptait déjà soixante ouvrages ; il commanda, à l'exemple du duc de Berry, une Bible aux frères Limbourg ; il s'entoura de peintres et de sculpteurs mais surtout il entreprit tambour battant de grands travaux de construction où devait éclater la puissance de la maison de Bourgogne qu'il n'entendait point limiter à la mesure de simple vassale de la Couronne. Dès 1377, les travaux commencèrent sur les terrains de Champmol — « environ à portée de deux flèches de Dijon » — en vue de la fondation d'un grand couvent de Chartreux qui devait être en même temps un Saint-Denis bourguignon. En 1385 le couvent fut fondé et en 1388 l'église consacrée. Son architecte fut celui même de Charles V, Drouet de Dammartin, qu'on avait fait chercher à Paris et qui avait déjà travaillé également pour le duc de Berry. Lorsqu'il quitta Dijon, pour retourner, dès avant la consécration, auprès de ce dernier, la direction générale des travaux passa à Sluter. Celui-ci venait de Hollande en passant par Bruxelles. On l'envoya avec un peintre, Jean de Beaumetz — emprunté au roi celui-là — auprès du duc de Berry, suprême autorité en matière d'art dans la famille royale, pour voir les travaux de Mehun-sur-Yèvre que dirigeait alors André Beauneveu, sculpteur célèbre et enlumineur à ses heures. Jean de Beaumetz, originaire de l'Artois et établi à Paris depuis 1371 au service du roi, avait suivi Philippe le Hardi à Dijon déjà en 1375. Un an plus tard, il portait le titre de peintre et de valet de chambre de Monseigneur et l'on sait qu'avant le voyage de Mehun il avait travaillé à la décoration de la voûte de la Chartreuse. On sait aussi qu'il avait fait vingt-quatre tableaux pour les cellules des chartreux et plusieurs retables. Aucun de ses travaux n'a pu être identifié jusqu'à présent et tout au plus peut-on juger de son influence en tant que chef d'atelier d'après quelques ouvrages qui ont subsisté dans la région et qui d'après certains critiques seraient de l'école de Dijon et du temps correspondant à peu près à celui du séjour de Beaumetz dans cette ville. Ce sont la *Pitié*, de la collection Berstl de Londres, la *Mise au Tombeau* et la *Petite Pitié Ronde* — que certains attribuent à Jean Malouel — du Louvre, le *Couronnement de la Vierge* du Musée de Berlin. Aucune attribution sérieuse n'a pu être faite de ces tableaux mais toutes les études stylistiques de cette production dijonnaise du temps des premiers ducs de Bourgogne nous amènent à conclure qu'elle était un reflet, marqué de quelques caractères locaux et provinciaux, du milieu international parisien.

Le cas des volets de retable de Melchior Broederlam, seule œuvre identifiée de la période qui nous intéresse n'infirme pas ces conclusions. Originaire d'Ypres, flamand sans conteste,

Broederlam fit, de 1390 à 1392, un séjour à Paris. C'est là que
Philippe le Hardi le rencontra et qu'il lui commanda la peinture
des volets pour un retable de la Chartreuse. Les *Quatre scènes
de la vie de la Vierge* qu'il exécuta à la suite de cette commande
entre 1394 et 1399 présentent un mélange extrêmement savoureux de style courtois français, de rondeur flamande et
de spéculations sur des effets de profondeur obtenus par un
agencement savant des architectures ou encore par les étage-
ments de fonds des paysages qui montrent que la technique
florentine ne lui était pas inconnue. L'ensemble constitue une
belle œuvre où règne un certain flou qui contraste avec quelques
détails réalistes et très étudiés, soigneusement noyés d'ailleurs
dans l'ordonnance un peu compliquée des panneaux. Pour une
fois l'on trouve réunis tous les éléments nécessaires pour situer
une œuvre d'art — l'auteur, ses origines, la date. Et l'on ne
pourrait rêver de mieux choisir l'exemple de ce style international qui, nourri de peintres venus du Nord, imprégné de
la grande tradition française, enrichi de quelques procédés d'au
delà des Alpes, rayonnait de Paris à travers l'Occident.

Des travaux de peinture qui se poursuivirent à la Chartreuse
et dans la région dijonnaise après la mort de Jean de Beaumetz,
il nous reste deux noms et quelques œuvres : Jean Maelwel ou
Malouel de Gueldre, qui, comme tant d'autres, avait travaillé
à Paris avant de venir à Dijon, fut occupé à la Chartreuse de
1398 à 1415. Ensuite la direction des travaux fut reprise par
Henri Bellechose du Brabant. Une œuvre assez médiocre, aux
figures lourdes, aux fonds neutres, nous renseigne sur l'activité
de ce groupe : la *Dernière Communion et le Martyre de saint
Denis*, terminée vers 1416 pour la Chartreuse de Champmol.
Les uns y voient une œuvre de Malouel, d'autres de Bellechose, d'autres encore une collaboration des deux. Autour de
ce tableau aux caractères provinciaux, se groupent quelques
autres ouvrages étroitement liés par le style : la *Grande Pitié
Ronde* du Louvre, une *Pitié* du Musée de Troyes et un *Calvaire*
avec un moine chartreux orant. Enfin, tout à fait hors de série,
une ravissante *Vierge à l'Enfant*, datée des environs de 1390-
1400, dite la Vierge Aynard, et provenant sans doute de Bour-

gogne, donne à penser que nous sommes loin de pouvoir reconstituer tous les courants qui se croisaient alors dans le domaine artistique français. Très italianisante et pourtant bien différente, avec ses joues rebondies, du type de la Madone siennoise, la Vierge berce tendrement, avec des mains allongées suivant les meilleures traditions parisiennes, un charmant Enfant tout frisé aux yeux grands ouverts et légèrement effrayés. La pose, les types, le côté à la fois enfantin et gauchement solennel de l'Enfant bénissant, indiquent un artiste sensible et spontanément doué mais peu rompu aux techniques en cours. Le fond neutre confirme cette impression d'une œuvre provinciale inspirée par l'observation directe de la nature autant que par la vue sommaire de quelques maîtres italiens et français Son charme exquis nous fait espérer qu'un jour il se fera autour de ce tableau un peu plus de lumière.

L'influence italienne faiblit lorsqu'il s'agit des provinces qui sont les fiefs directs de la Couronne de France, tel l'Artois et le Hainaut. On possède un charmant polyptyque qui semble provenir d'un atelier du Hainaut vers les années 1390-1400. Une forte influence parisienne, qui se traduit dans le dessin et les types des personnages, ne masque pas pour autant la saveur provinciale, un peu gauche, chaude et naïve, du petit monde où ces personnages se meuvent. Une délicieuse *Nativité*, où une fine petite Vierge repose sur un riche manteau étalé sur des brins de paille symboliques, avec comme fond des éléments de paysage qui ressemblent à des jouets découpés en carton; un *saint Christophe* pataugeant dans l'eau pleine de poissons pour aller vers un enfant agenouillé sur une rive ronde, garnie d'arbustes, d'arbres et d'une petite ferme gentille comme le reste; une *Résurrection* où le Christ est surpris en train de sortir du tombeau qui s'ouvre; un *Calvaire*, plus banal; une *Annonciation* et un *Baptême du Christ* composent cet ensemble dont les trois premières pièces se trouvent au Musée Mayer-Van den Bergh à Anvers et les trois autres à New York.

Si l'entreprise du duc de Bourgogne semble se solder, en

somme, par des résultats dont la grandeur n'est pas toujours
indiscutable, celle du duc de Berry porte, en revanche, si
fragmentaires qu'en soient les vestiges, la griffe d'un grand
mécène authentique.

Toute la première partie du règne de Charles VI est dominée
par le pouvoir de ses oncles et celui de son frère, le duc d'Orléans. Le duc de Bourgogne, cependant, songeait avant tout à
son État naissant; Louis d'Anjou était fort occupé des affaires
italiennes; Berry, en revanche, faisait de Paris et de son apanage
français son domaine propre. En matière d'art et de plaisirs,
c'est lui qui donnait le ton. Cet homme gros et laid possédait
un goût fin et une culture étendue. Il savait avec une sûreté
surprenante distinguer les hommes de vrai talent et cueillir
l'œuvre la plus belle. C'est lui qui était le grand chef dans la
chasse aux artistes, consentant d'ailleurs généreusement à les
« prêter » tantôt à l'un, tantôt à l'autre de ses frères. On voit à
son service des Van Eyck, des Beauneveu, des Jacquemart de
Hesdin, des Limbourg. Il a, à Paris, l'hôtel de Nesle, à ses
portes, le château de Bicêtre. Il aménage en villes princières
Bourges et Poitiers et il essaime des châteaux à Mehun-sur-
Yèvre, à Riom, à Lusignan, à Nouette, à Gien, à Étampes, à
Dourdan, à Boulogne, entreprenant des travaux partout,
collectionnant tableaux, sculptures et manuscrits richement
enluminés.

La destruction de la plus grande partie de ses collections est
pour l'histoire de l'art une perte irréparable; le peu qui a pu
en être sauvé donne cependant une idée de l'envergure de ses
entreprises artistiques et de l'esprit qui les a animées. En
matière de peinture nous possédons surtout des manuscrits.
Des Livres d'Heures: *Les Petites Heures* et les *Grandes Heures*,
décorées par Jaquemart de Hesdin vers la fin du siècle, un
Psautier de la même époque, orné par André Beauneveu, les
Très Riches Heures, chef-d'œuvre de Pol de Limbourg, des
environs de 1416, malheureusement mutilé.

Beauneveu, sculpteur avant tout, que le duc avait fait travailler à son château de Mehun-sur-Yèvre et Charles V aux
tombeaux de la crypte de Saint-Denis, manqua d'imagination

en matière d'enluminure. Jacquemart de Hesdin, charmant miniaturiste, nous enchante par la finesse de ses petites figures amoureusement placées dans des encadrements aux courbes voluptueuses. Si ravissantes pourtant que soient ses arabesques, si loin que soit poussé le raffinement de son dessin, Jacquemart ne fait pas non plus éclater le cadre traditionnel dévolu à l'art de la miniature.

Ce rôle sera celui des Limbourg, avec qui on sent passer un souffle nouveau. Ce n'est pas matériellement parlant que les Limbourg font sauter le cadre: chaque image des *Très Riches Heures* de Berry est surmontée d'une demi-lune historiée qui rappelle les traditionnels Zodiaques. Mais le carré réservé à la représentation du mois — une partie de l'illustration figurant les douze mois de l'année — s'ouvre comme une fenêtre sur un monde illimité qui continue — on le sent — au delà de ce qu'il nous est permis de voir. Ce n'est plus une miniature, c'est un tableau.

Ce n'est pas que le paysage apparaisse ici pour la première fois dans la peinture internationale ou même française. On en voit des ébauches chez les Florentins et les Siennois, chez Giotto et les giottesques, chez Ambrogio Lorenzetti et Gentile da Fabriano, on y est préparé par les tentatives du Maître des Heures de Boucicaut, pour ce qui est de la miniature française ; chez Broederlam — très en avance sur son époque, dans ce domaine — nous avons observé un fond de paysage dans la *Fuite en Égypte* et l'on vient de mentionner ici même les arbres et les arbustes du Saint-Christophe dans le polyptyque du Hainaut. Mais, jusqu'aux Limbourg, le paysage n'a jamais été autre chose qu'une indication, une sorte d'objet figuratif. Comme un rideau signifiait : intérieur, un ou plusieurs arbres sommairement dessinés, un rocher ou une faille découpés en arabesques décoratives signifiaient : paysage. Pour la première fois, chez les Limbourg, un paysage est une sorte de portrait de la nature, idéalisé certes et stylisé, mais reconnaissable, identifiable et possédant ce que les techniciens appellent un « rendu ». L'architecture en fait partie intégrante; non pas une architecture imaginaire, une savante disposition d'arcades à la

romaine, fragmentaire et placée au premier plan en vue d'en-
cadrer et de séparer les scènes, mais une architecture « vue » —
on reconnaît du premier coup d'œil la Sainte-Chapelle ou le
château de Dourdan — placée dans un fond, entourée de
champs ou de jardins, et surtout découverte de loin, en profondeur et présentée avec le souci de l'*effet* même qu'elle
produit sur un spectateur placé à un point de vue déterminé.
Le mot « effet » est prononcé, — en langage pictural, — et il
aura par la suite une fortune qui est loin de s'éclipser. Pour la
première fois aussi un élément nouveau s'introduit dans une
représentation picturale : l'air libre, un ciel à coloration nuan-
cée, un espace non fermé sur lui-même. Dans ce paysage se
meuvent des personnages en action. Certes, on a connu dans la
miniature des représentations du Zodiaque ou des calendriers
illustrés, des herbiers reliés au cycle des saisons, mais c'était
toujours sous la forme d'une astrologie, d'une astronomie ou
d'une botanique expliquées et illustrées qu'elles s'offraient au
lecteur. Ici, il s'agit de l'homme, de ses travaux et de tous les
plaisirs qu'il peut tirer de ses propres activités. Pour en retrouver l'esprit — réduit à un seul geste, il est vrai — il faut remonter
aux médaillons des façades de Notre-Dame de Paris ou d'A-
miens. Ici pourtant l'accent porte sur le côté plaisant de toutes
choses. Les paysans fauchent en dansant, d'autres prennent des
bains dans la rivière, de belles dames se penchent avec grâce
pour cueillir une fleur des champs ou bien, montées en croupe
de chevaux richement harnachés, derrière de beaux cavaliers
qui se penchent courtoisement vers elles, elles prennent part à
la chasse au faucon. La « fête galante » vient de faire son
apparition dans l'art de peindre et les cortèges de Gozzoli, les
printemps de Botticelli, les cavalcades de Fouquet, les châteaux
splendides des tapisseries de Louis XIV ne feront que renouer
un des fils multiples qui partent des *Très Riches Heures* du duc
de Berry.

   Pour composer ces visions si nouvelles d'un monde fait à
l'usage de l'homme et pour son plaisir, plusieurs éléments se
sont réunis. Originaires de Gueldre, les Limbourg connaissaient
l'Italie, son ciel bleu, son soleil et l'attention que ses peintres

portaient déjà à tout ce qui était architecture. Ils ont emporté de leur pays natal l'amour du petit détail amoureusement étudié et dont, par bonheur, ils n'abusent pas. Mais ils ont surtout été conquis par la grâce du paysage parisien et la douceur de l'Ile-de-France; ils ont été sensibles à l'élégance des gestes qu'on leur a appris à voir dans les ateliers des peintres habitués à les exalter depuis un siècle et dans l'entourage du duc Jean lui-même, dont Pol de Limbourg, en particulier, était devenu l'un des familiers, l'accompagnant souvent dans ses déplacements. Cette intimité d'un grand seigneur raffiné est sans doute pour beaucoup dans la naissance d'une vision plaisante et galante du monde chez le peintre de condition modeste venu des climats rudes. Elle l'aida à voir la vie en rose, sinon à la voir tout court. Car l'art des Limbourg est le mélange très séduisant d'un naturalisme, extrêmement précoce pour l'époque, qui dénote un sens d'observation à la fois aigu et synthétique, et d'un idéalisme qui, dans sa fraîcheur, n'a encore rien de conventionnel.

La mode, instituée par les Limbourg, de peindre les mœurs et les plaisirs mondains se répandra vite en Europe, mais il faudra attendre — par-dessus Masaccio — les fastes d'un Ghirlandajo ou la puissance majestueuse d'un Piero della Francesca pour égaler les Limbourg. Pour ce qui est de leurs contemporains, en Italie, les Limbourg dépassent en grâce, en élégance, en pureté de conception homogène les Florentins qui s'aventurent parfois dans la même voie — on pense au célèbre tableau des *Miracles de saint Pierre* de la chapelle Brancacci — mais qui restent attachés au symbole et à l'anecdote sacrée. L'immense nouveauté des Limbourg est d'avoir fait table rase de tous les vieux thèmes, de toutes les métaphores et de s'être attachés à la peinture exclusive de l'homme et de son entourage. Leur art est l'aboutissement d'une longue suite d'efforts qui, à travers tout le xive siècle, cherchèrent à ébranler les catégories impérieuses qui avaient dominé les deux siècles précédents : l'anonymat, l'emprise religieuse, la soumission aux cadres matériels et moraux, sources de grandeur et de beauté tant qu'elles étaient senties comme nécessaires, causes de rigidité con-

ventionnelle et académique, une fois tari leur principe vivant.
Les portraitistes qui s'étaient attachés à l'étude de l'individu
dans un sens humain, les enlumineurs qui observèrent la nature
pour orner leurs manuscrits d'images fidèles de plantes, d'insectes, d'oiseaux et d'animaux, les peintres-verriers qui cherchèrent à déborder l'ordonnance imposée par la structure du
vitrail frayèrent la voie à l'œuvre des Limbourg. Mais il a fallu
que l'artiste l'anime par une vision personnelle du monde pour
que l'esprit nouveau — humain, laïc, naturiste, rebelle aux
contraintes anciennes et tout prêt à en recevoir d'autres —
éclate dans toute sa netteté.

L'art des Limbourg est, en définitive, le couronnement de la
production parisienne devenue, depuis un siècle et demi, le
centre de l'Occident. On a l'habitude de parler à son propos
d'art franco-flamand. Comme toutes les formules trop brèves
qu'on utilise en pareil cas, le terme contient à la fois une part
de vérité et d'erreur. Il est certain que la plupart des noms
d'artistes qu'on rencontre dans les milieux parisiens de l'époque
sont des noms du Nord, pas nécessairement flamands d'ailleurs,
puisque ni l'Artois d'où vient Beaumetz, ni le Hainaut, ni
Valenciennes, patrie d'André Beauneveu, pays de langue
française, ne peuvent être considérés comme flamands. En
Flandre même, pépinière incontestée de peintres et de sculpteurs, la formation artistique était entièrement dominée par la
France jusqu'au jour où les ducs de Bourgogne se trans-
portèrent de Dijon dans le Brabant. C'est le Parlement de Paris
qui servait d'instance suprême au Comté de Flandre et des liens
de commerce multiples, un va-et-vient incessant étaient établis
de façon permanente entre les cités industrielles flamandes et
Paris, qui était un de leurs grands débouchés commerciaux. On
a pu dire avec raison qu'un Flamand débarqué sur le pavé de
Paris ne s'y sentait pas plus étranger qu'un Poitevin ou un
Provençal.

Dans les ateliers des Flandres on enseignait les méthodes
françaises et peintres et sculpteurs venaient à Paris après leur
premier apprentissage non seulement pour y parachever leur
formation, mais aussi pour y trouver des commandes ou entrer

au service d'un grand seigneur. Jusqu'à Van Eyck, il n'y pas
de peinture flamande, ni en Flandre ni ailleurs, parce qu'il
n'existe pas de style flamand. Il y a des peintres d'origine
flamande mais de formation française qui pratiquent le style
parisien, en y apportant parfois suivant le tempérament de
chacun, certains traits nordiques, comme l'amour du détail,
tout naturel chez des gens qui passent la plupart de leur temps
dans les intérieurs, ou une tendance aux formes rebondies,
souvenir de la forte race qu'ils avaient eue sous les yeux dans
leur jeunesse. Le terme d'art franco-flamand peut donc parfaitement se justifier si l'on y apporte les restrictions nécessaires,
mais quiconque l'interprèterait comme une synthèse des styles
français et flamand commettrait une lourde erreur.

Ce style pictural, qu'on a appelé aussi le style international
de 1400, s'est imposé, avec le reste de la civilisation gothique
française à l'ensemble du monde occidental. L'Italie elle-
même, rebelle à l'esprit gothique en architecture, en subit
l'ascendant dans la miniature et la peinture, avec Pisanello et
Gentile da Fabriano, avec Fra Angelico lui-même, pour ce qui
est des fresques du couvent de Saint-Marc tout au moins, qui
sont peut-être l'exaltation la plus parfaite de l'idéal qui, à
travers de multiples expériences, s'était dégagé de l'école de
Paris.

Ce rayonnement allait subir, au début du xve siècle une
éclipse durable par suite des événements politiques et militaires
dont Paris devait être la principale victime.

3. LE XVe SIÈCLE

Le meurtre, en 1419, de Jean sans Peur consacra définitivement le divorce entre la monarchie française et la nouvelle
dynastie bourguignonne. Cette date marque un tournant décisif
dans le sort de Paris, dans les destinées de la France et dans
l'évolution de l'Europe tout entière. En effet, le successeur de
Jean sans Peur, Philippe le Bon, cessera désormais de se considérer comme un prince français. Par esprit de vengeance, il

s'alliera au roi d'Angleterre contre la monarchie et, mû par une
ambition grandissante, il ne pensera plus qu'à créer un État
bourguignon centré sur ses possessions flamandes et brabançon-
nes, état qui constituera une barrière à l'expansion de la France
vers le nord et de l'Empire vers l'ouest. Au xvie siècle, il per-
mettra la réunion sous le sceptre de Charles-Quint, de l'Allemagne et de l'Espagne. Dans l'avenir immédiat, Paris se trouva
pour de longues années sous la domination conjointe anglo-
bourguignonne; le dauphin isolé signa tout ce qu'on voulut et
alla se réfugier au sud de la Loire, laissant sa capitale aux mains
de l'ennemi et le pays en proie à la guerre civile.

Durant l'occupation Paris végéta. Le duc de Bedford, frère
de Henri V, mort peu après sa victoire, s'y installa pour exercer,
au nom du jeune successeur de son frère, la régence de la
France. Il se proclamait bien protecteur des arts et des lettres,
mais il était surtout avide de biens plus matériels et considérait
sa mission en France comme une excellente occasion de
rapines. Paris, pressuré d'impôts et de taxes écrasantes, se
dépeupla vite de tout ce qui était de nature un peu vagabonde,
donc en premier lieu des artistes qui allèrent chercher fortune
ailleurs, à la Cour de Bourgogne ou dans la Provence que la
guerre épargnait. À Paris, il ne resta que quelques ateliers de
miniaturistes au service du duc anglais amateur de manuscrits,
mais l'ambiance artistique n'y étant plus, leur production se
figea dans des conventions monotones. Elle eut du moins le
mérite de maintenir intactes des traditions techniques qui, la
tourmente passée, se transmirent aux générations à venir. On
verra, en effet, un Fouquet, dont l'activité ne se manifestera
que trente ans plus tard, posséder une formation parisienne.
Cela seul prouve que, dans ce Paris entré en sommeil, il a pu
se trouver encore des maîtres, des initiateurs, un milieu, qui le
rattachèrent à l'art des Limbourg.

Dans la France démembrée, ruinée, luttant pour la vie, par-
courue de part en part de bandes armées qui, amis ou ennemis,
pillaient tout sur leur passage, le dauphin errant de château en
château sans résidence fixe, nulle activité artistique suivie ne se
manifeste durant une trentaine d'années, soit qu'il n'y ait eu

effectivement aucune place pour elle dans le pays en guerre, soit que ses vestiges se soient définitivement perdus dans la tourmente.

Quelques œuvres isolées subsistent sans que l'on puisse établir entre elles des liens qui permettraient des déductions sur une activité cohérente. La seule vraiment belle, au milieu d'un désert où apparaissent à peine quelques ouvrages médiocres, est le manuscrit des *Grandes Heures de Rohan*. Sa puissance dramatique incite certains critiques à attribuer à son maître inconnu des origines flamandes bien que sa formation parisienne semble également évidente. On croit que le maître des *Heures de Rohan* a surtout travaillé pour les seigneurs bretons, mais la qualité exceptionnelle de son faire exclut bien entendu toute hypothèse d'origines locales.

Un document de 1437 témoigne que, par ailleurs, Amiens avait gardé une certaine clientèle : c'est un « puy », c'est-à-dire un de ces tableaux que les maîtres de la Confrérie du Puy de Notre-Dame avaient coutume de commander à Amiens ou à Abbeville chaque année. Il représente, peint sur un bois d'assez grandes dimensions, un *Sacerdoce de la Vierge*. Œuvre modeste il ne porte aucune trace de l'influence des Van Eyck qui pourtant commençait à s'exercer à cette époque. Il continue les traditions de l'art provincial franco-flamand tout en révélant quelque connaissance des recherches internationales en matière de perspective : la nef de la cathédrale d'Amiens où la scène se passe est représentée en profondeur, avec des lignes de fuite convergentes et le parquet se divise en petits carreaux suivant un schéma destiné à donner l'illusion de l'éloignement. Mais ce procédé technique n'arrive pas à affecter le caractère archaïsant de l'ensemble.

La région dijonnaise, d'autre part, n'a pas complètement arrêté ses travaux après le départ des ducs, mais on n'y trouve aucun maître de tempérament tant soit peu personnel; à la recherche de modèles, ou bien elle imite les Flamands — comme dans cette *Présentation au Temple* peinte à Dijon en 1432 et entièrement inspirée par le maître de Flémalle — ou bien, se tournant vers le réservoir de formes demeuré sur place qu'est

Champmol, elle s'inspire de la sculpture de Sluter — comme dans ce panneau de retable, non dénué de charme, représentant un *Calvaire avec un donateur chartreux*, qui est peut-être antérieur à l'année 1450.

Pour retrouver une certaine continuité de travail artistique à travers cette espèce de trou qui se creuse de 1420 au milieu du siècle, il nous faut descendre jusqu'en Provence.

Du temps de la Papauté, Avignon était devenu une province d'art siennois sous l'influence de Simone Martini que le pape Benoît XII fit venir pour décorer le Palais des Papes. Ses élèves perpétuèrent ses méthodes jusqu'au départ de la Papauté au début du xve siècle.

On a beaucoup parlé de l'influence siennoise qui, d'Avignon, aurait rayonné à travers la France tout entière, marquant de son emprise aussi bien la Cour des ducs de Bourgogne que celle des rois de France. Mais à l'examen attentif des œuvres, cette influence apparaît beaucoup moins évidente que certains savants, comme Van Marle, ne l'ont prétendu. C'est anticiper d'un siècle et plus que de vouloir à tout prix soumettre la peinture française du xive et du xve siècle à l'influence italienne et ce n'est pas parce que le fait est patent pour le xvie qu'il doive l'être pour la fin du Moyen Âge. Les Siennois d'Avignon ont, certes, fourni à la peinture française certains thèmes iconographiques, ce genre d'influence — de nature idéologique et littéraire — étant de ceux qui se répandent le plus facilement. Mais la facture des œuvres, leur esprit, le langage d'objets figuratifs échappent entièrement à l'emprise italienne. La célèbre *grâce* siennoise, à laquelle les critiques limitent volontiers les mérites de l'art siennois — et qui est cependant loin de les épuiser — est d'une tout autre essence que la grâce parisienne qui sert de prétexte pour établir une liaison générale entres les deux tendances. Une source commune, qui est la miniature française, justifie évidemment certaines ressemblances entre les deux arts. Mais alors que le siennois s'engage, en se développant, dans la voie de la généralisation, du mysticisme et de la stylisation sensuelle et voluptueuse, l'art parisien prend le chemin opposé de l'individualisation, du rationalisme, de la stylisation qui affectionne la synthèse et ne dédaigne pas les attraits de la beauté abstraite.

Entièrement dominé par la Cour papale, Avignon connut, jusqu'au début du xve siècle, des conditions de vie très particulières. Les querelles de l'Église y trouvaient un écho très vif et se répercutaient dans les arts. C'est ainsi qu'un saint de l'époque, le bienheureux Pierre de Luxembourg, ayant pris parti dans le Grand Schisme pour Clément VII, pape avignonnais, devint un saint favori de la peinture régionale. Nous le voyons, peint à l'italienne, sur un panneau de 1395-1400, dans une présentation à la Vierge (*Le Bienheureux Pierre de Luxembourg*, du Musée de Worcester, É.-U.) et nous le retrouvons encore un demi-siècle plus tard, en 1440, dans la *Vision du Bienheureux Pierre de Luxembourg* au Musée Calvet d'Avignon. Le thème persiste mais la facture change. Le style siennois est remplacé par un style éclectique français : fond doré à arabesques, connu dans toute la France, mais que la Provence affectionne particulièrement, personnage du saint présenté dans une attitude d'orant à grand manteau dont les plis tombent droit et s'étalent largement sur le sol, tel que l'ont institué pour plusieurs siècles les sculpteurs bourguignons. C'est l'image même de l'évolution que subit la peinture provençale durant la période qui sépare ces deux tableaux, car le départ des papes amène un changement de la commande et du goût.

Très vite, en effet, contrairement à ce que l'on pourrait penser, la vie reprend dans la ville désertée par la Cour papale. Son éloignement contribue plutôt à alléger le lourd fardeau des exactions ecclésiastiques et, dès 1430, le commerce devient florissant dans toute la Provence, d'autant plus qu'elle se trouve parmi les régions le moins exposées aux tribulations de la guerre. Nombre de peintres du Nord viennent y chercher fortune, apportant avec eux leur technique. Un art composite patronné par les bourgeois et les ordres religieux — les bénédictins en particulier — s'y installe, mêlant les éléments flamands, bourguignons, parisiens et même catalans à la tra-

dition italienne établie antérieurement. Jusque vers 1450-1460,
époque où, avec Enguerrand Quarton, un style provençal
authentique s'affirmera dans le Midi, on y trouve côte à côte
des œuvres hétérogènes : à côté des italianisants purs dont le
Bienheureux Pierre de Luxembourg de Worcester est un des
derniers vestiges, il y a le *retable de Thouzon*, de la même époque
à peu près (1380-1390), visiblement marqué par l'influence
parisienne, et la charmante détrempe sur vélin du Louvre, le
Portement de Croix de 1390, où la technique parisienne se
remodèle sous l'effet de la clarté du soleil méridional. Un peu
plus tard, à côté d'un Jacques Yverni qui mêle dans sa *Vierge
avec Saint Étienne et Sainte Lucie* (1425) les éléments français
et italiens, on trouve une Vierge dodue, très bourguignonne
(1415-1420), sur un fond doré à arabesques, et un *Christ de
pitié avec Saint Jérôme et Sainte Madeleine* qui semble venir
des Flandres pour se poser sur un fond doré provençal (vers
1430). Dix ans plus tard, un très beau diptyque bénédictin, où
l'on retrouve dans une composition harmonieusement ordon-
née les souvenirs de l'art de Dijon et de Paris, voisine avec un
Calvaire d'inspiration espagnole (1440-1450, Musée Arbaud,
à Aix).

L'œuvre saillante de cette période est le *Triptyque de l'Annonciation d'Aix*. Exécuté en 1443, à Aix, c'est une des peintures
les plus puissantes qu'on ait vues au nord des Alpes dans la
première moitié du xve siècle. Nous ne connaissons pas d'autres
œuvres du Maître d'Aix et nous ignorons tout de ses origines.
On voit en lui l'inspirateur d'Antonello de Messine, le propa-
gateur à l'échelle européenne de l'esthétique de Van Eyck et du
Maître de Flémalle. Il est certain que l'artiste vient du Nord :
le panneau central de l'*Annonciation*, avec une nef de cathédrale représentée en profondeur, une Vierge nu-tête enveloppée
d'un manteau somptueusement brodé, un petit vase fleuri au
premier plan qui à lui seul constitue une signature nordique, ne
laisse aucun doute sur ce sujet. Mais une fois le Nord admis,
des caractéristiques particulières nous semblent parler beaucoup
plus en faveur d'une origine bourguignonne que flamande. Ce
coin de chapelle où la scène se passe est un monde fermé sans

aucune de ces percées sur le monde extérieur qu'on trouve toujours dans les œuvres eyckiennes et même dans la plus archaïsante des œuvres flémalliennes qui est l'*Annonciation* de Mérode. Ici, la seule échappée se fait sur le monde supra-terrestre et — subtilité étonnante qui ne peut être due qu'au génie latin — le rayon de lumière, qui émane de la main bénissante de Dieu le Père, traverse la lucarne comme un simple rayon de soleil et, parallèle aux autres rayons venant des baies, vient se poser sur la tête de la Vierge, n'étant plus alors qu'un des éléments de la source de lumière naturelle qui éclaire la scène et ordonne la disposition des ombres. On chercherait en vain dans toute l'école flamande pareil exemple de formule mystique qui se cache derrière des aspects rationalistes ; ce sera en revanche, plus tard, le trait dominant d'une certaine peinture italienne, représentée en particulier par le Baroche et Caravage. En outre, l'architecture de l'église, à l'ornementation parfaitement lisible, semble être le souvenir d'une chose vue. Or, son atmosphère n'est point celle des églises flamandes aux murs plus épais et aux éléments de structure plus massifs. Serait-elle le souvenir de l'église de Champmol ? De toute façon, le prophète qui surplombe le pilier du premier plan ne peut être inspiré que par Sluter. D'ailleurs, les plis froissés du manteau de l'ange viennent, eux aussi, en droite ligne de Sluter, la draperie de Van Eyck étant plus souple et celle du maître de Flémalle à la fois plus cassante et plus plate.

La vraie beauté du triptyque est constituée par les deux volets intérieurs où deux figures de prophètes se dressent sur des socles surmontés, chacun, d'une tablette avec des objets divers savamment disposés, véritables natures mortes dans le sens moderne du mot. La conception monumentale et sculpturale de ces figures ne les empêche pas d'être vivantes et extrêmement expressives. *Jérémie* est assurément un portrait et *Isaïe* semble fixer quelque vision dramatique qui l'entraîne dans une médi-tation angoissée. Virils, amples, puissants, les deux prophètes, dont les figures témoignent du sens de la nature et de la volonté de synthèse de l'artiste, sont dus à un grand pinceau. Est-ce le même qui traça la figure de la *Madeleine* sur le volet extérieur

de gauche? La question peut se poser. Aussi puissante et
robuste que les figures des prophètes, celle de la Madeleine a
quelque chose de lourd et de plus gauche dans sa facture; les
plis de son manteau tombent plus mollement et n'accrochent
pas la lumière comme ceux de l'ange du panneau central. Le
fond enfin, est fait d'un paysage qui se détache, à son tour, sur
un fond doré à arabesques — formule que l'on retrouvera dans
la *Pietà* de Villeneuve. Ses lignes courbes, ses rondeurs, un
certain flou « impressionniste » s'accordent mal avec l'esprit
des tableaux de l'intérieur du retable. M. Sterling y voit la
contribution d'un aide provençal, mais tout en admettant que
son hypothèse a des chances de se justifier, on ne peut évidemment trancher la question jusqu'à plus ample informé.

Tout en étant le chef-d'œuvre de la première période provençale, le triptyque de l'*Annonciation* d'Aix n'en est ni la
résultante ni l'aboutissement. Il est le produit, remarquable
d'ailleurs par sa précocité, des courants internationaux qui
commençaient à se faire jour un peu partout et, quoique
rattaché à Aix du fait de son exécution dans ce lieu, il prend sa
place dans l'histoire de la peinture à une échelle plus vaste.

En dehors de la Provence, il faudra attendre, comme on l'a
dit, le milieu du siècle et la victoire nationale pour voir se
reconstituer de nouveaux centres artistiques sur plusieurs point
du territoire.

4. L'ÉCOLE DE LA LOIRE ET FOUQUET

Le groupe principal se fixa hors de Paris, sur les bords de la
Loire, où Charles VII et Louis XI établirent leurs résidences,
On remarque à Bourges, à la Cour de Charles VII, vers les
années 1448-1449, quelques noms de peintres conservés dans
les comptes : Bertrand de la Barre, Henri d'Autresque, Jacques
de Litemont et Conrad de Vulcop qui porte le titre de peintre
du roi. On trouve aussi, de la même époque, deux œuvres
peintes, l'une sur verre — le vitrail de l'*Annonciation* dans la
chapelle de Jacques Cœur à la cathédrale de Bourges, — l'autre,

peinture murale, chef-d'œuvre du genre, la voûte peinte de la
chapelle de l'hôtel Jacques Cœur à Poitiers. On rencontre enfin,
en 1448, le nom de Jean Fouquet, apparu pour la première fois
dans les archives de Tours.

Avec Fouquet — dit M. Klaus G. Perls, auteur d'un excellent
livre sur l'artiste — l'école de Paris se transporte tout simplement à Tours, pour une cinquantaine d'années. Comment un
tel saut fut-il possible après une rupture aussi radicale que celle
qu'on vient de constater? De la jeunesse de Fouquet nous ne
savons presque rien, sauf qu'il est né à Tours, d'un prêtre et
d'une femme non mariée. Nous n'avons pas de preuves matérielles de son passage à Paris, mais le style de ses œuvres, de
ses miniatures en particulier, dont la parenté avec les Limbourg
est frappante, la présence dans plusieurs d'entre elles de représentations fidèles des monuments parisiens ne laissent aucun
doute sur sa connaissance de la capitale, ainsi que de ses traditions artistiques. M. Perls pense que Fouquet put se former
dans l'atelier du « Maître du duc de Bedford » — qui était le
grand atelier resté à Paris du temps de l'occupation, et cette
hypothèse paraît vraisemblable.

Il semble, en tout cas, qu'en 1445, lors d'un voyage qu'il fit
en Italie, il devait déjà jouir d'une réputation considérable
puisque le pape Eugène IV lui commanda un portrait et lorsqu'en 1448 on le retrouve à Tours, c'est en peintre de renommée
internationale qu'il s'y établit définitivement.

Du temps de Charles VII, on ne trouve pas dans les archives,
attaché à son nom, le titre de « Peintre du roi » qui n'apparaît,
à son propos, que sous le règne de Louis XI. Pourtant, c'est le
portrait du roi lui-même qui ouvre la série de ses œuvres
connues. Que ce portrait soit antérieur ou postérieur au voyage
en Italie, de 1444 ou de 1449, ce qui compte nous semble-t-il,
c'est que, toute question de qualité mise à part, nous avons,
dans *Charles VII*, le premier portrait français vu de trois-quarts
et non de profil, innovation introduite par Van Eyck et ignorée
des Italiens. Le succès de cette formule, dont vivra tout le XVIᵉ
siècle, ouvre au portrait des possibilités nouvelles. Les difficultés
qu'elle comporte du fait même de sa nouveauté peuvent expli-

quer ce qui dans le *Charles VII* apparaît encore de raideur et
de gaucherie: sous cet angle nouveau, l'artiste ne parvint
pas à accorder la ligne des épaules à la position du visage. Dix
ans plus tard, dans son *Juvénal des Ursins,* il saura vaincre
l'obstacle et planter son personnage avec aisance et ampleur.
Sa maîtrise grandissante s'affirme dans quelques magnifiques
portraits au crayon et Fouquet prend place, à côté de Van Eyck,
parmi les fondateurs du portrait moderne.

L'activité de Fouquet à Tours, les commandes venant de la
Cour et de la ville, fut multiple. Elle s'exerçait aussi bien dans
la miniature, le vitrail et la fresque que dans la peinture sur bois
ou même sur émail. Par cette diversité des techniques, pratiquée
avec une égale maîtrise, Fouquet reste un homme du Moyen
Âge. Mais il fut, en même temps, le grand organisateur des
fêtes et des entrées solennelles et c'est, sans doute, ce côté de
son activité qui lui ouvrit des horizons sur un aspect *moderne*
de l'art. N'oublions pas qu'en Italie, par exemple, les fêtes et
les spectacles de la rue constituaient la source vive de l'art
révolutionnaire du Quattrocento florentin. Et si l'on essaie de
suivre l'élaboration lente mais sûre d'une vision qui, à partir de
l'enseignement reçu, ne consent plus à s'enrichir que par
l'expérience du métier et de la vie — en dehors de toute influence extérieure — on comprendra quel rôle ont dû jouer,
dans l'évolution de Fouquet, le déroulement des cortèges dans
les rues étroites de Tours et l'agencement des tableaux vivants.

Car si Fouquet rapporte de son voyage en Italie quelques
procédés techniques, ils sont superficiels et surtout vite délaissés.
Pratiquement, après ses premières miniatures, faites à son retour, pour les *Heures d'Étienne Chevalier* (1450), on ne trouve
plus trace dans son œuvre ultérieure d'enlumineur ni de la
« costruzione legittima » d'Alberti ni d'architectures à l'italienne. Aussitôt replongé dans la vie française, l'artiste retrouve
par-delà les impressions d'Outre-monts, les enseignements de
l'école de Paris, avec l'architecture gothique. Il construit sur la
vue des cortèges une conception de l'espace qui lui est personnelle et où la contradiction s'efface entre le monde gothique et
le monde nouveau.

Tour à tour, il expérimente les solutions les plus diverses de la mise en scène. Dans les *Heures d'Étienne Chevalier*, un grand nombre de miniatures se divisent en deux sections : la scène principale se déroule sur une sorte d'estrade, un tertre, une levée de terre, coupée abruptement au premier plan par un fossé ou une sorte de chambre basse. Dans ce « sous-sol », des scènes de genre d'un réalisme saisissant ou, au contraire, quelque emblème symbolique, constituent le complément narratif de la scène haute. Le tertre-estrade est tantôt rond — comme dans le *Portement de Croix*, tantôt droit — comme dans la *Charité de Saint Martin*, tantôt prolongé d'une avancée rectangulaire — comme dans le *Sacre de Saint Nicolas*. Le fossé n'est pas moins variable ; tantôt il occupe le tiers de la page, tantôt il se réduit à une étroite bande décorative comme dans cette magnifique *Descente de Croix* où les corps se meuvent en plein air, plus « Renaissance » que les Masaccio et les Masolino les plus hardis. Parfois, il disparaît et la grande scène s'étale alors en pleine page, telle cette étonnante *Crucifixion* qui déborde du cadre et inscrit ses croix, en annonçant Mantegna, dans le grand vide du ciel. C'est vers cette dernière solution que l'artiste s'achemine dans la suite de son œuvre de miniaturiste : le *Boccace* de Munich (1458), les *Grandes Chroniques de France* (1458) et les *Antiquités Judaïques* (1461-1476). Abandonnant la division médiévale en deux parties et le procédé du tertre qui a pour effet d'établir une barrière entre le spectateur et le monde représenté, il place désormais ses scènes soit dans des rues de ville, soit dans de vastes paysages dont l'ampleur synthétique dépasse celle des Flamands. Un mélange savoureux de la chose vue et de l'imaginaire leur confère un charme inattendu. Ce sont là de véritables tableaux à espace libre qui se continue au delà du cadre.

Il est impossible, dans les limites de cette étude, d'examiner en détail toutes les recherches d'ordre spatial auxquelles se livra Fouquet. Disons seulement qu'il a cherché des rapports inédits entre l'extérieur et l'intérieur d'un édifice représentés simultanément, qu'il a étudié, parallèlement à Pisanello, les attitudes des chevaux vus en raccourci ou en mouvement, et rappelons l'excellent article de M. John White, dans le « Journal de l'Institut Warburg », qui note la manière dont Fouquet utilisait plusieurs systèmes de perspective, parfois deux ou trois dans la même composition.

Si absorbante qu'elle soit, la préoccupation spatiale n'est pas la seule à témoigner de curiosités modernes, chez cet artiste dont, par ailleurs, les racines plongent dans le Moyen Âge.

Intérêt humain d'abord. Le volet d'*Étienne Chevalier* — un des deux grands volets du retable dit de Melun (1450) — est une « présentation », à mi-chemin entre le thème du donateur et le portrait. De sa source médiévale, le tableau garde une ambiance d'austérité et de recueillement, — tel le geste protecteur du saint qui entoure de son bras le donateur en prière. Pour le reste il porte l'empreinte des temps nouveaux : les deux personnages, l'homme et le saint, sont traités suivant la même échelle de grandeur et c'est le saint qui est ramené aux caractères de l'homme. Son visage, son attitude, ses mains sont étudiés avec le même souci du naturel que ceux de son protégé. Il ne lui reste rien de l'impassibilité sereine des bienheureux médiévaux. Ce saint humanisé est — psychologiquement parlant — de la même famille que les prophètes du Maître d'Aix.

Si le volet d'Étienne Chevalier présente, dans son habillement extérieur, quelques réminiscences florentines — une architecture à l'italienne, des bandes décoratives sur les costumes, un plancher divisé en carreaux aux lignes fuyantes — l'autre volet du retable, où se dresse une *Vierge entourée d'anges* en est entièrement exempt. Il est au contraire, une tentative d'expression inédite par la composition et par la couleur. La Vierge aux anges, que la légende affirme être peinte sous les traits d'Agnès Sorel, maîtresse de Charles VII, a toutes les chances d'être le souvenir d'un tableau vivant. Les anges rouges et bleus qui entourent le trône décoratif de la Vierge sont des *objets*, des figurines en bois ou en carton modelé et peint, un de ces accessoires de spectacle qu'on montait soit à la Cour, soit sur les places publiques ou dans les églises. La composition d' panneau, à tous égards remarquable, ses extraordinaires accords de couleurs vives et de couleurs pâles procèdent d'un esprit décoratif dont l'œil du spectateur d'aujourd'hui, las de quatre siècles de Renaissance, peut seul mesurer la puissance d'évocation.

Si Fouquet fut, pendant des siècles, un peintre oublié, ses contemporains savaient l'apprécier à sa juste mesure.

Voici en quels termes s'exprime à propos de ses peintures murales de Notre-Dame-la-Riche à Tours, aujourd'hui disparues, un homme d'église florentin, Francesco Florio, venu s'installer à Tours : « Là, je compare les images des saints des temps anciens avec les modernes et je réfléchis combien Jean Fouquet l'emporte par son art sur les autres peintres de tous les siècles. Ce Fouquet dont je parle est un homme de Tours qui, plus habile de beaucoup pour la peinture, a surpassé non seulement les peintres de son temps mais tous les anciens que l'antiquité vante... » Ceci était dit en 1477. Jean van Eyck, Masaccio, Masolino, Angelico étaient morts, Roger van der Weyden était au faîte de sa gloire, les œuvres de Pisanello, de Gozzoli, de Piero della Francesca, de Ghirlandajo commençaient à être connues et les points de comparaison — des plus valables — ne manquaient pas à un Florio. S'il fut à ce degré sensible à la peinture du maître de Tours c'est que, peut-être, y avait-il entrevu les promesses d'un art inédit, plus puissant, plus complexe aussi que celui de ses contemporains et qui ouvrait une voie à des solutions autrement orientées?

Ces promesses n'ont pas été tenues dans la suite des temps, car si Fouquet eut des imitateurs, il n'eut pas de vrais disciples et le cours de l'histoire prit, au tournant du XVIe siècle, une direction qui n'était pas la sienne. Son œuvre sombra dans le silence le plus absolu et il a fallu les études archéologiques du XIXe siècle pour le tirer de l'oubli. Mais même remis à l'honneur, Fouquet reste encore à redécouvrir d'un double point de vue, le plus proche de nos propres préoccupations: l'organisation de l'espace et l'expression par la couleur.

Venu du diocèse de Laon, établi en Avignon dès 1444, Enguerrand Quarton, marque pour la Provence la fin du style cosmopolite et hétérogène. On ne connaît de lui que deux œuvres: la *Vierge de Miséricorde* de 1452, exécutée en collaboration avec Pierre Villate, bon tableau de série, et de 1453, dû à lui seul, l'étonnant *Couronnement de la Vierge*, un des chefs-d'œuvre de la peinture du xve siècle.

C'est la composition de ce grand panneau de l'Hospice de Villeneuve-lès-Avignon qui nous est aujourd'hui particulièrement sensible: les deux manteaux rouges du Père et du Fils encadrant la figure délicieusement stylisée de la Vierge forment, dans la partie haute du panneau, une grande tache de couleur et dessinent une arabesque qui délimite le centre d'intérêt. Les bleus qui s'y opposent et les blancs qui soulignent l'arabesque semblent être là dictés uniquement par un souci d'ordre pictural. Grâce à cette force du coloris, à sa rigueur de délimitation, la scène du couronnement, tout en étant en haut de la composition, s'avance au premier plan et c'est la partie basse qui donne l'effet de l'éloignement, renversement particulièrement heureux des formules habituelles tant du point de vue plastique qu'iconographique. Le paysage qui s'étale en bande étroite dans la partie basse est relié à la scène principale par un étagement des nuages où se tiennent en rangs superposés des adorateurs et des anges, sans empiéter sur l'effet saillant du centre, auquel, par ailleurs, le bleu du ciel, découpé lui aussi en arabesque et bordé de blanc, fournit une assise d'une vigueur de ton équivalente.

Ainsi conçu, le tableau impose au spectateur un examen en trois étapes: à la première vue, entièrement subjugué par la puissance de la composition centrale assise sur son socle de ciel, l'œil n'embrasse guère que cette partie-là; puis il glisse irrésistiblement vers l'exquis paysage qui, malgré l'étroitesse de la place qui lui est allouée, s'étale à perte de vue dans le bas du tableau; il a son ciel à lui, d'un gris perle à peine bleuté contrastant avec le bleu intense du ciel du paradis et se rattache à ce dernier par quelques touches de pinceau d'un raffinement incomparable, esquissant de fines silhouettes d'anges et des volutes de nuages, les unes se confondant avec les autres, suivant cette subtilité, déjà observée chez le Maître d'Aix, qui aime faire deviner le mystérieux sous les aspects du réel. Baigné de l'ardent soleil méridional, ce paysage ne doit rien aux Flamands : il n'en a ni les brumes, ni les lointains estompés, ni les détails minutieux, ni l'inévitable cours d'eau qui rend si facile la suggestion de la profondeur. Brossé à grands coups de pinceau, les détails et les silhouettes humaines indiqués par quelques touches rapides, il évoque la plaine provençale avec ses rares collines nettement découpées sur le ciel pâle, les murailles d'Avignon, l'enduit rose de ce pays où l'ocre affleure partout le sol. Il est étayé par un sous-sol où, présidé par un ange gracieux, s'effectue le tri des bons et des méchants, — et ceci ramène la curiosité vers l'élément anecdotique du tableau. On se reporte alors vers la troisième partie constituée par les côtés, où se presse une foule multicolore et animée : angelots, donateurs, saints et saintes, moines et évêques, papes et cardinaux, aux costumes variés, aux couleurs aussi bigarrées que l'étaient peu celles du paysage.

Trois systèmes de coloration se côtoient ainsi sans se nuire : la grande tache presque plane du centre, la gamme pâle et lumineuse du paysage, la mosaïque des couleurs vives des côtés. Trois principes d'ordonnancement voisinent également sans préjudice les uns pour les autres : la projection décorative et monumentale, au centre, le déroulement en perspective et en profondeur dans le paysage, l'étagement médiéval sur les côtés. Si l'harmonie de l'ensemble sort intacte de cette prodigieuse expérience de juxtaposition, c'est que l'artiste a pris soin de ménager partout des liaisons, à la fois idéologiques et plastiques. On en a déjà mentionné quelques-unes, mais il faut noter, en outre, le rocher qui relie la terre et le royaume des morts, la Croix qui relie la terre et le ciel, le demi-cercle des têtes d'anges nimbés qui relient les deux côtés à la scène centrale, les grands anges aux ailes ouvertes qui couronnent l'ensemble et ferment la composition en fer à cheval retourné. Le balancement et l'équilibre

ainsi obtenus, l'artiste ne semble nullement soucieux, en revanche, d'innover dans le domaine des formes particulières :
on a pu dire que ses plis étaient gothiques, le canon de ses mains
franco-flamand et que ses visages relevaient de la sculpture
picarde. Certes, on trouve de tout cela dans Quarton et bien
d'autres choses encore, car, comme Fouquet, il puise dans le
réservoir des formes traditionnelles. Mais il les refond en une
création picturale de toute pièce avec une hardiesse qui découle
d'un instinct profond de la chose peinte.

Ce serait trop s'avancer que de soutenir qu'Enguerrand
Quarton fonda une école. Néanmoins, depuis son apparition,
il y a quelque chose de changé en Provence : un certain cachet
régional marque désormais les œuvres où l'on retrouve, parfois,
quelques bribes de la leçon du grand maître. M. Sterling a
essayé de suggérer que la célèbre *Pietà* de l'Hospice de Villeneuve-lès-Avignon (1460) pourrait être due soit à Quarton lui-
même, soit à son collaborateur le plus proche Pierre Villate. La
Pietà est un très beau tableau, mais ses mérites vont dans le sens
opposé à ceux d'Enguerrand : ils sont d'ordre affectif et senti-
mental plutôt que pictural et révèlent un tempérament artistique
très différent, qui nous semble infirmer cette hypothèse. La
Maître de la *Pietà* cherche — et réussit — à créer une ambiance.
Un sentiment profond de douceur mélancolique, de résignation
sereine se dégage du groupe sobre. Aucune violence, aucun
heurt ne compromet l'équilibre savant des volumes et des plans.
L'artiste s'attache en outre à l'élégance de la ligne et sauve-
gardant là aussi la mesure qui le préserve de la mièvrerie, il
pousse jusqu'au maniérisme les silhouettes traitées en arabesques de la Madeleine, du Saint Jean et du corps du Christ lui-
même, tout en maintenant la simplicité et la sincérité absolue
des figures du donateur et de la Vierge. Chacune de ces figures
s'entoure d'un climat psychologique qui lui est particulier. Or,
ce souci est entièrement étranger aussi bien à Quarton qu'à
Villate.

La *Pietà* de Villeneuve semble faire partie d'un courant régional. Des œuvres locales d'importance moindre, comme le *Retable de Boulbon* du Louvre, où la figure du donateur offre une ressemblance frappante avec celui de la *Pietà* ; la *Pietà de Tarascon* du Musée de Cluny qui affecte une tendance au maniérisme ; le *Saint Jérôme en oraison* du Louvre, belle figure illuminée par une rêverie intérieure ; la petite *Vierge de douleur* du Musée Jacquemart-André, s'apparentent toutes à elle par des liens suffisants pour qu'on puisse parler d'un groupe. Sauf la *Vierge de douleur* qui semble un peu postérieure, toutes ces œuvres se situent aux environs de 1460. Mais si, de par sa qualité, la *Pietà* de Villeneuve se place en tête du groupe, il est difficile, en revanche, d'établir des rapports d'antériorité et d'influence, la question des dates n'étant pas élucidée avec assez de précision.

Le suiveur le plus proche d'Enguerrand Quarton est Nicolas Froment. Il lui emprunte l'idée de peindre le paysage provençal et il s'essaie, dans son *Buisson Ardent* (1476), à l'effet d'une grande composition planant au-dessus d'une autre. Mais Froment est un éclectique qui boit à toutes les sources faute de génie personnel. Ses paysages très véridiquement provençaux sont parsemés de petits buissons à la manière flamande et parcourus de mille sinuosités qui leur enlèvent toute grandeur (*Buisson Ardent, Marthe aux pieds du Sauveur* — volet du triptyque de la *Résurrection de Lazare*, aux Offices), ses personnages grimaçants et contournés semblent venir en droite ligne des retables de bois sculpté que la mode venue du Nord commençait à répandre ; son effet du *Buisson* qui plane est manqué faute d'équilibre des parties.

Son art facile, composite et conventionnel suscita des imitateurs. À tel point qu'entre le *Triptyque de l'Ascension* (1480), le *Retable des Pérussis* (1490) d'Amsterdam, le *Miracle de Saint Mitre* (vers 1480) de la Cathédrale d'Aix, le *Saint Siffrein* du Musée Calvet à Avignon, la *Résurrection de Lazare* du Louvre on hésite sur l'attribution entre le maître lui-même et des disciples.

Une sorte de style s'établit ainsi à force de modifier toujours dans le même sens les données flamandes et nordiques : éclairage cru, air limpide, modelé sec, attitudes tourmentées, visages à la limite de la grimace. Il finit par envahir non seulement la Provence mais toutes les régions où, à la suite des échanges, l'influence méridionale s'attaque à un fond autochtone. L'École d'Amiens elle-même, en est touchée, témoin la *Messe de Saint Grégoire*, et la Bourgogne restée jusqu'en 1460 fidèle au style sculptural de Sluter (voir la jolie *Mise au Tombeau* en grisaille de la collection Wildenstein à New York) s'en laisse pénétrer avec le Maître dit de Saint-Jean-de-Luz, auteur de deux portraits provenant du Château d'Épiry à Saint-Émiland (autrefois Saint-Jean-de-Luz) entre Châlon-sur-Saône et Autun. Portraits à la flamande, mais avec le faire méridional qui les marque d'un sceau particulier; toutes les traditions s'y mêlent : importance donnée au costume, — suivant les Flamands —, modelé sec provençal, attitude des priants à la manière des « donateurs » ou des personnages des « présentations », et jusqu'à la présence — très bourguignonne — de figurines sculptées de la Vierge et d'un saint qui assument, chacun, le patronage de l'homme et de la femme.

Plus libre, plus séduisant, est le groupe de tableaux que d'après les déductions très satisfaisantes de M. Sterling, on croit pouvoir inscrire à l'actif de la Provence à l'extrême fin du XVe siècle. Il se compose d'un panneau du Musée Calvet d'Avignon portant sur la face une *Annonciation* et au dos un *Saint Michel*, de quatre panneaux de retable représentant des *Scènes de la vie de Saint Sébastien* (collection Johnson, Philadelphie), d'une *Pietà* (anciennement coll. Hulin de Loo, à Gand), d'un *Mariage de la Vierge* (Musée de Bruxelles) et d'une *Adoration de l'Enfant* (Louvre).

Le maître de Saint-Sébastien — qui s'appelait sans doute Josse Liefrinxe — a des connaissances étendues et les utilise volontiers. On trouve, dans ses œuvres, des souvenirs des Flamands et des Italiens, des monuments de Rome et des intérieurs bourguignons, l'art de transposer la sculpture en peinture et celui de varier les costumes, le tout agencé avec aisance et clarté en tableaux agréables à regarder, pourvus de grâce et d'une certaine pointe d'humour. Cet art plaisant, mais point falot, révèle un esprit curieux des aspects divers de la vie, cultivé même peut-être, et qui, sans en atteindre la grandeur, présage le siècle des grands humanistes.

À l'actif de la Provence aussi, à cette fin du siècle, ce très intéressant fragment de retable qui figura à l'Exposition des Chefs-d'œuvre de l'Art français à Paris, en 1937 : la *Rencontre de Joachim et de Sainte Anne à la Porte Dorée*, due à Nicolas Dipre. Il est regrettable que, de toutes les nombreuses œuvres que, d'après les contrats connus, il a dû exécuter, on ne connaisse que ce fragment d'un retable de Carpentras, car cet échantillon témoigne d'une personnalité artistique très au-dessus de la moyenne. La vigueur, la pesanteur sculpturale des deux personnages réunis en accolade forme un contraste saisissant avec l'envolée de l'ange vu dans un raccourci extrêmement hardi. Ce morceau remarquable par sa composition est digne de figurer, sur le plan de la recherche, à côté de Quarton et classe son auteur parmi les grands peintres.

Il est possible que si l'on connaissait la totalité des œuvres de Nicolas Dipre, on serait amené à reviser le jugement actuel sur la production provençale de la fin du xve siècle. Telle qu'elle se présente aujourd'hui à nos yeux, il faut bien admettre qu'après Quarton et la *Pietà* de Villeneuve, la Provence n'a plus créé d'œuvres qui permettent de la considérer comme le vrai centre d'intérêt de la peinture française.

Aussi bien ce centre est-il ailleurs. Dans la région de la Loire et du Centre un courant est né, suffisamment original et assez étendu pour qu'on puisse le qualifier d'école et de style. On le désigne sous le nom d'*art de la détente* et jamais définition courte appliquée à un courant artistique n'eut autant de chances d'être juste. Les origines de cet art sont lointaines : elles plongent dans les paysages des Limbourg et ceux de Fouquet, dans l'ambiance dont s'entourent les peintres du roi René — ce « *Cœur d'Amour épris* » qui est tout rêve et toute mélancolie, ces hommes du *Livre des Tournois* qui se « déhanchent » en attitudes molles. Elles s'affirment surtout dans la sculpture parisienne qui, la première, fait connaître ces Vierges aux traits idéalisés et sereins, aux corps souples et frêles qui ploient facilement, au port de tête doucement incliné, d'où sortira, à l'aube du XVIᵉ siècle, l'art de Michel Colombe et le sépulcre de Solesme.

En peinture ce style se cristallise, dans le dernier quart du siècle, autour d'un peintre qu'on désigne sous le nom du Maître de Moulins parce que c'est à la cathédrale de Moulins que se trouve son chef-d'œuvre, le *Triptyque de la Vierge à l'Enfant*.

On a voulu identifier le Maître de Moulins — qui était au service des ducs de Bourbon depuis 1480 — avec Jean Perréal. Cette identification paraît contestable. Perréal est mort en 1530 et aucune œuvre du Maître de Moulins ne peut être considérée comme aussi tardive. En plus, les œuvres des environs de 1515, généralement attribuées à Perréal ne confirment nullement le style du Maître de Moulins. Depuis la *Nativité* d'Autun (1480) — première œuvre connue de ce dernier — jusqu'au *Triptyque de la Vierge* (1498), le décor de ses compositions ne se départit jamais d'une sobriété du goût le plus parfait (qu'il s'agisse de l'étable rustique de la *Nativité*, des fonds de paysage qui s'étalent derrière ses portraits, du fond neutre de la *Vierge aux quatre anges* ou de la belle construction abstraite de la *Vierge* de Moulins), alors que, vers 1515, le *Mariage mystique de Sainte Catherine*, la *Vierge aux donateurs* de Perréal déploient un goût de faste et de surcharge qui est en absolue contradiction avec les œuvres précédentes. Brocarts, tentures brodées, colonnes sculptées, tapis, riches architectures avec des échappées sur des paysages touffus, attitudes précieuses des personnages — tout accuse un maniérisme qui est à l'opposé de la grâce naturelle, un peu molle, du Maître de Moulins. L'enfant de la *Nativité* ou du triptyque de Moulins, bébé au geste incertain, au crâne bombé et lisse, devient, chez Perréal, un petit homme trop svelte, aux boucles frisées, le geste et le regard cherchant à séduire dans une grâce factice.

Il nous paraît donc préférable de classer Perréal parmi les nombreux suiveurs du Maître de Moulins, dont le style s'imposa très vite dans toutes les provinces françaises. Le climat de

ce style est la sérénité et une douceur un peu grave. Tout
élément dramatique en est banni, les gestes s'apaisent, les
paysages se voilent d'une brume légère, les corps se penchent
dans des attitudes de souplesse molle. L'héroïne favorite des
scènes religieuses est la Vierge à l'Enfant, symbole de maternité.
Dans le portrait, les femmes prédominent, participant toutes
au même canon de beauté idéalisée. Tel le *Couronnement de la
Vierge* bourguignon (Musée de Lyon), tel le *Chanoine présenté
par Saint Jérôme* (Musée d'Oxford) de la région d'Amiens, telle
une *Adoration de l'Enfant* provençale (Musée Calvet, Avignonet
telle la *Pietà* parisienne (Louvre), montrant qu'entre 1480),
1500, ce style, qui correspondait, sans doute, à un besoin réel
de détente et d'apaisement, triomphe partout, réduisant à des
différences de détail et d'exécution les particularités régionales,
comme l'avait fait, un siècle plus tôt l'École de Paris.

Vers 1500, après un siècle de dispersion, la France était de
nouveau en train de rétablir son unité artistique avec une rapi-
dité qui comportait le risque d'un académisme. L'*art de la
détente* est en quelque sorte un prolongement de l'École de
Paris. Par-delà la tourmente de la guerre, ses cadres se sont
élargis mais non rompus. Les recherches si neuves d'un Fouquet, d'un Enguerrand Quarton, les hardiesses du Maître de
Moulins lui-même, dont on a retenu la manière, mais non les
innovations plastiques, restèrent sans suite pour de longs siècles.
Il a fallu que la Renaissance se passe, que la vision du monde
qui en découle épuise ses possibilités au cours des XVIIe et
XVIIIe siècles, que le désir du renouveau fasse faire aux peintres
du XIXe des expériences sans cesse recommencées, pour que le
même instinct qui dicta les entreprises de la *Vierge aux Anges
Rouges*, du *Couronnement* de Villeneuve-lès-Avignon et des
cercles concentriques aux couleurs de l'arc-en-ciel du *Triptyque
de Moulins*, perce à jour de nouveau. Il a fallu un Matisse pour
reprendre les spéculations de Quarton sur la tache de couleur,
un Robert Delaunay pour faire du disque de Moulins le sujet
principal d'un tableau, un Gischia pour comprendre Fouquet.

À l'époque où ces artistes travaillaient, et nonobstant leur renommée, ces leçons d'avenir ne furent pas entendues. En dépit

de l'introduction du paysage, de la conquête de l'espace, de l'assouplissement du dessin, la peinture française reste, à la fin du xve siècle, une peinture gothique. Cela tient, sans doute, au fait qu'elle demeure au service d'un petit nombre. Les commandes viennent d'une Cour qui n'associe point encore l'idée de l'art à l'idée de l'État, ou de quelques rares mécènes attachés à l'idéal d'un monde chevaleresque périmé. Alors qu'en Italie, on voit les idées du siècle faire irruption dans l'art et dicter des thèmes nouveaux, en France, exception faite des Limbourg et de certains Fouquet (toujours Fouquet!) on rencontre partout le même cercle restreint de thèmes empruntés à la vie du Christ et de la Vierge. À lui seul, le manque de variété des thèmes pourrait n'être pas déterminant. Un Ghirlandajo arrive bien à transformer la traditionnelle « Naissance de la Vierge » en un charmant tableau de genre où se traduit un mode de vie populaire, où des personnages, conçus en dehors de l'iconographie habituelle, apportent un souffle de vie et de fraîcheur. Mais en France, le thème iconographique reste nu. Vidé le plus souvent de l'ardeur religieuse, il puise sa ressource dans l'étude de l'homme. Il fait ressortir les nuances intimes, sentimentales, affectives ou idéologiques par la seule expression des figures ou par le climat qui les entoure. C'est à quoi s'attachent tous les artistes doués de quelque génie. Loin de nous l'idée de nier la valeur d'un tel art, fin et difficile. Mais il ne s'adresse pas aux vastes publics. Et lorsqu'au xvie siècle, une monarchie moderne entendra se servir de l'art pour amener à ses idées des couches de population plus larges, c'est en Italie qu'elle ira chercher ses modèles.

Deuxième partie

LA RENAISSANCE

On a tant pris l'habitude, depuis des générations, de considérer la Renaissance comme le début d'une ère nouvelle de l'histoire, qu'on est accoutumé à établir une séparation très nette entre la peinture française du Moyen Âge — finissant avec le xve siècle — et celle du xvie. Les guerres d'Italie fournissent, traditionnellement, la date de la coupure. Exception faite pour l'art du portrait — représenté par les Clouets — il est entendu que la France se met brusquement à l'école de l'Italie. Les uns y voient un reniement du génie national sanctionné par une décadence séculaire ; les autres, au contraire, y découvrent le moment où la peinture française jette les fondements de sa grandeur classique.

Comme on l'a montré dans le chapitre précédent, la peinture française de la fin du Moyen Âge est l'objet, depuis une génération, d'une étude attentive qui permet, en définitive, suivant notre appréciation, de la considérer dans une plus juste perspective si on la rattache à l'universalité des techniques et du rayonnement de la peinture gothique et si on cesse de considérer les développements de la peinture italienne du xive siècle comme sans relations avec l'évolution des arts au nord des Alpes. L'internationalisme parisien de 1400 est un des aspects essentiels du mouvement qui, à travers les styles toscans et siennois, prépare à la fois une transformation du goût et de la notion de support figuratif — c'est-à-dire de la chose peinte. Toutefois, on ne saurait dissimuler que, mises à part quelques œuvres de tout premier ordre comme celles des Limbourg, de Fouquet ou d'Enguerrand Quarton, il n'existe pas, au xve siècle d'école française comparable aux ateliers de l'Italie du Nord. Pas plus qu'on ne saurait nier l'envoûtement que l'art italien a exercé sur les Français à partir du moment où les

chevauchées italiennes ont familiarisé nos ancêtres avec la vie
et les mœurs de la péninsule, on ne saurait donc égaler l'école
française du xve siècle aux écoles d'outre-monts. Mais on ne
saurait davantage parler d'une brusque révélation d'un monde
nouveau à un monde arriéré. La France a participé, très largement au xive siècle, plus épisodiquement au xve, à l'élaboration
du nouveau style international qui triomphe partout en Europe
au xvie siècle. Son ralliement aux formules plus qu'aux
principes d'un nouveau style international, dans les premières
années du xvie siècle, n'est pas plus accentué que celui des
Pays-Bas ou de l'Espagne s'il n'est pas aussi fécond. Finalement, si l'on s'efforce de replacer dans leur juste perspective les
travaux qui marquent l'activité, à vrai dire assez réduite, des
ateliers nationaux pendant un peu plus d'un siècle, on verra
que, dans une telle perspective, ni la notion d'une école de
portraits — celle des Clouets — ne conserve sa valeur traditionnelle, ni, en revanche, la notion d'un italianisme servile,
déduit principalement de l'admiration aveugle pour quelques
canons officiels de la peinture — principalement Raphaël et
Michel-Ange — ne se soutient, mais qu'en définitive les ateliers
italo-français ont écrit une page importante de l'histoire de la
peinture européenne.

Ce que l'on a appelé la détente — et qui a été décrit au chapitre précédent — se prolonge durant les premières années du
siècle jusqu'à l'avènement de François Ier, et remonte au delà
des guerres d'Italie. Le fait est d'importance, parce qu'il prouve
que ce ne sont pas seulement les contacts directs avec l'Italie
qui ont défini l'orientation nouvelle, mais une prise de position
à la fois esthétique et sociale. En réalité, le fait essentiel est non
pas la découverte de l'Italie par les artistes mais la découverte
par un prince, François Ier, d'une nouvelle politique dont les
répercussions modifient définitivement la société française et,
par répercussion, l'équilibre de l'Europe. Pour les artistes, en
effet, les contacts avec l'Italie étaient loin d'être nouveaux. Ils
n'avaient jamais cessé d'être étroits aussi bien à travers l'aventure italienne d'Avignon que par les voyages des Fouquet et
des Limbourg, par la circulation des œuvres d'art, notamment

siennoises, par l'étroitesse des liens intellectuels, en général, qui rattachaient, on l'oublie trop, à l'Université de Paris tout ce qui pensait alors en Occident. Et ils n'avaient jamais été, du reste, à sens unique. La vraie cause du ralentissement des arts en France au xve siècle, ce n'est pas non plus les seules guerres nationales. Mise à part la terrible crise des années 1417-1437, la France n'aurait pas manqué de mécènes puisqu'elle a eu des hommes riches, comme Jacques Cœur, dont l'influence sur l'architecture civile n'a pas été méprisable. Mais, qu'il s'agisse des Bourbons ou des bourgeois d'Avignon, on est en présence de mécènes qui sont prêts à payer des peintres mais qui ne leur offrent aucune occasion d'exprimer quelque chose d'inédit et d'une répercussion directe sur les sentiments publics. Louis XI est indifférent aux arts, trop coûteux. Le Roi René et les Bretons qui dominent la fin du siècle pensent en hommes médiévaux. Charles VIII et Louis XII sont encore les héritiers de Louis d'Anjou, rêvant d'apanages et de confirmation d'un système médiéval. Avec François Ier et sa noblesse, tout change. L'avènement du jeune roi amène celui d'une équipe, celle que Clouet peindra en médaillons, comme dans les *Neuf Preux*, vers 1515. Cette équipe découvre avec le roi deux choses. La première vient d'Italie, c'est la valeur des expériences d'outremonts pour une transformation de la conduite de la vie; mais la seconde vient d'eux-mêmes, c'est la nécessité d'une vie de Cour pour l'accomplissement des nouveaux desseins politiques du royaume. L'évolution de l'art français au début du xvie siècle se rattache ainsi d'abord à la politique. On cesse de demander à l'Italie seulement des suggestions de technique ou de décor, on comprend qu'elle offre les premières tentatives d'un art moderne, exprimant les légendes antiques ou récentes qui cadrent avec les développements de la société civile, nourrie d'une culture neuve, celle des marchands et des banquiers qui ont fait la puissance des cités; en ce sens, la Florence éphémère de Laurent le Magnifique, constitue le modèle des jeunes compagnons de François Ier et du roi lui-même. Toutefois, venant après la chute de Florence, au moment où montent Rome et Venise, le roi se rend compte que l'heure des principautés est close et il rêve, pour le royaume de France, d'une situation en quelque sorte impériale qui exige l'unité. C'est avec lui la conception de l'État qui apparaît comme vraiment lucide et par quoi il surpasse, en tant qu'homme moderne, et le Téméraire et même Charles-Quint, plus attaché au concept de fédération.

Ainsi le jeune roi inaugure-t-il, dès son avènement, une politique artistique qui est une conséquence de sa politique générale. Il appelle personnellement à sa Cour des Italiens dans le dessein de transplanter d'Italie en France les atelier dirigeants. Il incite ses amis à installer dans leurs terres provinciales d'autres ateliers d'inspiration également moderne: Ancy-le-Franc en Bourgogne, Bournazel en Rouergue, sans oublier Gaillon en Normandie, où le cardinal d'Amboise s'est révélé le précurseur à la fois politique et mécénal de François Ier. Ce n'est pas la peinture italienne avec son programme religieux et sa technique de grandes surfaces murales qui s'implante en France, c'est une tentative — qui sera d'ailleurs réussie — de transfert du centre humaniste et laïque de l'Italie en France, parallèlement à l'instauration d'une grande politique international destinée à surclasser les conflits limités à des possessions territoriales de médiocre étendue.

La première tentative du roi de France eut lieu dès le lendemain de son avènement, en 1516. Vainqueur à Marignan, maître du Milanais, le roi invite à sa Cour de la Loire Léonard de Vinci. Il l'installe royalement et, dans les trois dernières années de sa vie, le vieux maître peint, avec la *Sainte Anne*, le *Saint Jean-Baptiste*, la *Joconde*, la *Belle Ferronière*, plus un *Enlèvement de Proserpine* et une *Léda* disparus. Avec lui, André del Sarto vient en France. Il peint la *Charité* du Louvre, une *Sainte Élisabeth*, le portrait du *Dauphin*, il travaille à Tours pour Semblançay, puis, au bout d'un an, s'enfuit à la suite d'une affaire d'argent. Cette première tentative pour transplanter des artistes italiens en France s'achève sur un échec qu'on ne saurait exagérer puisque, dans le même temps, des jalons plus solides sont plantés dans le domaine de l'architecture.

En 1528, après l'aventure de Pavie, le roi reprend son dessein d'ouvrir à sa Cour de grands ateliers de décoration. Cette fois il n'est plus installé sur la Loire, mais à Fontainebleau dont il désire faire le centre de sa Cour, avec Paris sa capitale, restaurée dans sa dignité longtemps déchue. Il s'adresse, donc, aux deux grands peintres du temps : Michel-Ange et, à défaut de Raphaël, Jules Romain son élève, alors occupé à la décoration de Mantoue. Ils lui envoient respectivement Rosso et Primatice. Le premier est âgé de 35 ans, le second en a seulement 28. Mais ils sont vraiment, l'un et l'autre, les espoirs des deux maîtres qui les ont envoyés au roi de France.

On n'a pas assez dit qu'avec Rosso et Primatice le roi de France inaugure une tentative pour déplacer géographiquement le centre créateur de la Renaissance plutôt que pour faire exécuter des répliques d'un art dont le centre demeurerait outre-monts. La décision de François Ier a eu des répercussions sur plusieurs générations. On peut dire qu'en fait son accomplissement n'apparaît que sous Louis XIV, lorsque les ateliers parisiens sont uniquement peuplés de nationaux et peuvent se flatter de donner un exemple à l'Italie même.

A longue échéance la politique artistique de François Ier aboutit à donner à l'Europe deux capitales intellectuelles : Rome et Paris.

On ne saurait donc en sous-estimer la signification et, dans une certaine mesure, toute la suite de cette histoire résulte du propos pris, au début du règne, de créer des ateliers nourris de l'esprit moderne, de ce qui correspondait alors à l'avant-garde. Ceci dit, il va de soi que cet esprit d'avant-garde appartient davantage alors aux Italiens qu'aux Français. Cependant, il ne serait juste ni de nier l'existence d'un italianisme triomphant au début du XVIe siècle, ni non plus de contester le fait que, dans le milieu français, l'italianisme d'origine a pris une forme si particulière que les Italiens de la Cour de France se sont séparés de ceux de leurs compatriotes restés en Italie.

Il y a eu, au XVIe siècle, une peinture italienne de France, le fait est absolument incontestable et il constitue une étape qu'on ne peut sauter dans une histoire de la peinture française, parce

que l'existence de ces ateliers italo-français ne s'explique que
par les caractères originaux d'une société en contact, simultanément, avec d'autres centres d'art comme les Flandres et qui,
imposant dès l'origine ses programmes et son goût très particuliers, commence à engendrer simultanément des personnalités qui préfigurent déjà les formes de sensibilité par lesquelles,
un jour, au xviii⁰ siècle, ce seront les Français qui imposeront
durablement leur style au monde entier.

On passera rapidement, dans cette perspective, sur l'œuvre
de Rosso et de Primatice bien qu'elle ait été réalisée en France
et, qu'à tout prendre, leur cas puisse se comparer à celui d'un
Greco en Espagne, d'un Van Dyck en Angleterre, ou à celui
d'un Picasso. La simple énumération de ces noms suffit à
montrer que les cas sont divers et que la mesure d'une assimi-
lation est strictement liée à la personnalité de l'artiste trans-
planté d'un pays dans l'autre. La question est de savoir quel
fut le plus fort de la personnalité de l'artiste ou du goût du
milieu?

Dans le cas de Primatice et de Rosso le problème a même
trois faces. Car l'un et l'autre ont possédé une personnalité
assez forte pour qu'il soit impossible de les considérer seulement comme les importateurs d'un italianisme figé. Il serait
pourtant tout à fait vain de vouloir imaginer la place que ces
deux artistes auraient tenue s'ils étaient restés en Italie. Ce qui
nous importe c'est de déterminer en quoi le milieu français a
infléchi leur talent.

Pour Rosso, la question est plus simple. Venu le premier à
la Cour de France, déjà considéré comme un artiste arrivé,
Rosso se vit confier d'emblée une très grande commande: la
décoration d'une galerie pour les assemblées de Cour, c'est la
célèbre Galerie François Ier et il n'est ni anormal ni injuste que
cette Galerie porte le nom du prince. Car les témoignages
concordent pour nous avertir que c'est le roi qui a manifesté
son désir de voir la décoration partagée entre plusieurs zones
décoratives. Dans sa partie basse, la Galerie comporte un
lambris de bois sculpté, qui s'arrête à hauteur de bras levé.
Au-dessus de l'admirable menuiserie — due à un Italien,

Scibec de Carpi — une vaste frise se déroule, due au talent de
Rosso, mi-partie stucs et peinture. Tout est neuf et original
dans ce dessein. Le parti d'abord. On oublie à plaisir que c'est
le roi de France qui a créé la première Galerie des Temps
Modernes pour les besoins inédits de sa Cour. Autour d'un
Médicis ou d'un prince d'Este ou de Gonzague, on trouvait, sans
doute, des assemblées de familiers, mais rien de semblable au
faste représentatif de la nouvelle Cour. La maison des Médicis
restait un emporium. C'est ici que, pour la première fois, les
formules de vie de la Renaissance se sont matérialisées dans
un véritable rituel social. En outre, comme on l'a vu, c'est le
goût personnel du roi qui a imposé l'alliance des techniques,
bois, stucs et peinture à fresque. Il suffit de considérer les
solutions retenues, par exemple, à Mantoue chez les Gonzague,
soit au château de ville, soit au Palais du Té, pour constater
l'originalité de la solution française. Le trompe-l'œil cède le
pas à la véritable alliance des techniques du relief et des
techniques illusionnistes. Le caractère non pas décoratif mais
monumental et architectural du goût français s'affirme, hérité
de la tradition médiévale, informateur déjà du meilleur goût
des siècles classiques. Tandis qu'outre-monts le sens décoratif
a toujours été lié à des valeurs éphémères, la France a su conci-
lier les raffinements des techniques avec le sens de la grandeur.
Les œuvres sont faites pour l'usage et non pour la figuration.
Il ne s'agit pas d'un cadre pour une société imaginaire, mais
d'un environnement réel pour la vie. Après cela, il est évident
que les Français reçoivent de l'Italie l'allégorie nouvelle des
Temps Modernes. Les thèmes mythologiques qui entrent dans
les panneaux de la galerie de Fontainebleau montrent que la
société française apprend à parler le nouveau langage païen, on
dit alors humaniste. Le plus original c'est la profusion incroyable de motifs décoratifs répandus, suivant l'heureuse
expression de Louis Dimier, en averse dans toutes les parties
de l'œuvre. Pendant cent ans la Renaissance française et les
Pays-Bas trouveront ici des modèles qui orienteront définitivement non pas certes un goût exceptionnellement mobile, mais
un intérêt général pour le problème du style ornemental. En

bref, c'est dans la Galerie de François Ier qu'on voit en germe l'alliance si féconde des arts du dessin et des métiers d'art, gloire incontestée de la France classique.

Ainsi, mises à part les qualités proprement picturales de Rosso, qui en font, sans plus, un des maniéristes de l'école toscane influencés par Michel-Ange, la première grande entreprise de la Renaissance porte l'empreinte d'un goût personnel du roi dans le sens des traditions nationales. Si la peinture n'est pas française, c'est son emploi, sa signification parmi les activités techniques et figuratives du temps, qu'on peut considérer comme français.

Après l'exécution de la galerie, Rosso entreprit encore d'autres travaux pour Fontainebleau; mais le meilleur de son talent se trouve là. L'œuvre proprement picturale de Rosso est difficile à juger. Elle a été ravagée au xixe siècle par les restaurateurs de Louis-Philippe et pratiquement ruinée. Pour s'en faire une idée, il convient de se reporter à quelques dessins du Louvre et de l'École des Beaux-Arts et, surtout, à une tenture retrouvée au garde-meuble de Vienne en 1918. Ce qui reste surtout d'admirable, c'est l'invention, comme on disait jadis. Rosso a fait pour la peinture ce que Ronsard a fait pour la poésie. Il a rédigé le premier code allégorique et figuratif d'une société moderne, où la fable antique se substitue entièrement aux livres sacrés. Le *Siège de Troie* préfigure la *Franciade* et les cartouches de *Cérès* et de *Proserpine* annoncent les allégories de Versailles où les qualités prisées dans les princes et dans la société sont incarnées dans des divinités. Ici encore, on sous-estime ordinairement le rôle de la France. Elle a substitué à l'exaltation des vertus d'une famille ou d'un prince un langage plus adapté à la notion moderne du bien public, de l'État, de la collectivité nationale et des vertus communes. La louange du prince est, à Fontainebleau, plus discrète, en définitive, que chez les Gonzague à Mantoue. Plus puissant qu'un petit duc, le roi de France s'incarne déjà dans la nation. Il en résulte l'ébauche d'une pédagogie plus largement ouverte. On peut dire que les formules françaises ont ouvert la voie aux compromis de Trente au moins autant que les fresques des palais des Farnèse ou des Médicis, avec la qualité et l'antériorité en plus. La peinture de Fontainebleau est une étape négligée dans l'élaboration du compromis culturel qui aboutit au *ratio studiorum*.

Rosso ne vécut pas longtemps. Dix ans après son arrivée en France il se suicida à la suite d'un incident assez trouble survenu entre lui et un de ses disciples, François Pellegrin.

C'est Primatice qui remplit le siècle de son œuvre. À son arrivée en France, on l'avait envoyé dans les Flandres pour achever sa formation. Il était chargé de faire tisser à Bruxelles des cartons de son maître Jules Romain. Il passa ensuite à Limoges pour s'initier aux techniques de l'émail. Il entre ainsi dans les desseins du roi, désireux de favoriser la formation d'un style homogène et lié aux activités industrielles du royaume. On ne dira jamais assez que, dans son ensemble, le programme économique et artistique de Louis XIV et de Colbert trouve sa préfiguration dans les actes de François Ier. Dès 1530, il y a une méthode française d'association des arts aux formes de la civilisation ainsi qu'aux activités économiques et intellectuelles du royaume. De même le Louvre de Lescot est, dès 1549, le chef-d'œuvre achevé du classicisme architectural français.

Primatice participe ensuite avec Rosso à la décoration de Fontainebleau. C'est lui qui est l'auteur des stucs délicieux, associés à des fresques, de la chambre — convertie en escalier — de la duchesse d'Étampes. Rien ne demeure de la décoration des deux chambres du Roi et de la Reine, qui constituaient la première tranche des œuvres exécutées par Primatice en France.

Devenu, en 1541, après la mort de Rosso, le premier peintre du roi, Primatice sera, sous le règne de Henri II, un vrai dictateur des arts. On ne compte pas ses travaux. Il est l'homme de confiance. C'est lui qui en 1540-1542 se rend en Italie et en ramène les creux des plus célèbres antiques de Rome. Un atelier de fonte du bronze est ouvert à Fontainebleau et, désormais, la maison du roi de France devient un véritable musée, un conservatoire de chefs-d'œuvre où l'on peut voir, aussi bien qu'à Rome, le goût, considéré comme exemplaire, des anciens. Un épisode curieux survient alors, c'est le voyage en France

de Benvenuto Cellini. Comme plus tard Bernin, appelé en
France en 1665 et évincé par le milieu, Cellini est battu en
brèche par Primatice, désormais maître du terrain. La troisième
tentative de François Ier pour recruter en Italie des artistes
échoue devant l'existence d'un nouveau milieu artistique, issu
certes des expériences d'outre-monts, mais déjà fermé et suffisamment en possession d'un style pour évincer aisément l'intrus.
Le départ de Cellini en 1545 sanctionne l'existence non pas tant
d'une école française de peinture que d'un goût et d'un style
français.

Des immenses travaux de Primatice postérieurs à la mort de
François Ier, la Galerie d'Ulysse, la Salle de Bal, l'Appartement des Bains, la Porte Dorée, le grand Ferrare, l'hôtel de
Guise, il ne demeure quasiment rien. Les uns ont été détruits,
les autres restaurés avec une indiscrétion radicale. Rares sont
les dessins originaux ou les documents plus récents qui nous
permettent d'analyser le style pictural de l'artiste. Dans cette
histoire de la peinture française nous ne saurions pousser une
analyse conjecturale qui, à vrai dire, n'ajouterait rien aux
grands faits que nous venons de dégager. Grand personnage,
abbé de Saint-Martin-les-Aires près de Troyes, chargé de la
préparation du tombeau de la Maison royale des Valois à Saint-
Denis, surintendant en titre et en fait, Primatice contrôle toutes
les activités artistiques de 1541 à 1570, date de sa mort, bien
après les deux rois qu'il a servis. C'est lui qui assura, en fait,
l'unité de dessein du siècle. Et c'est lui qui appelle et forme
l'équipe des exécutants pour les innombrables « idées » où cet
Italien s'est fait l'interprète d'une conception monarchique de
l'allégorie.

Pour qui désire toucher du doigt les limites de l'italianisme
dans l'art de Rosso et de Primatice, il est bon de juxtaposer
aux débris de leur œuvre deux ouvrages du début du siècle.
Le polyptyque d'Anchin, par Bellegambe, et un Perréal, le
Mariage mystique de Sainte Catherine. On prendra ainsi la
mesure de ce qu'était, vers 1515, l'art international, mélange de
formules italianisantes et flamandes associées aux dernières
traditions de l'école de Paris. Aucun doute ne saurait subsister,

Rosso et Primatice furent des créateurs. Mais une autre comparaison avec le style d'un Corrège ou d'un Bronzino montrerait aussi combien, fixés en France, ils ont rompu le contact avec les développements réguliers du goût italien. L'histoire de la peinture française n'est pas seulement celle des artistes nés Français, mais celle du goût en France à travers les âges. Et ce goût fut, comme le goût italien, assez fort et assez séduisant pour conquérir souvent, à son tour, l'Europe.

À côté des artistes, par conséquent, il faut nommer les hommes qui ont fait un xvie siècle français.

D'abord le Roi et tout son entourage, gentilshommes attachés à sa fortune et associés à son entreprise de modernisation de la nation. Nous ne les connaissons pas seulement par leurs noms, mais leurs visages nous sont présents. Car la seconde création artistique du début du siècle est celle d'une école de portraits. On a trop tendance, comme on l'a observé, à lui donner le premier rang au détriment des grandes compositions. Cependant, les contemporains, eux, étaient plus justement fiers de la création de Fontainebleau que des albums de Clouet ou de l'atelier de Corneille dit de Lyon. En outre, on a pris l'habitude, de nos jours, d'exalter sans mesure les crayons des Clouet et de leur école, qui ne sont que des esquisses, des notes rapides, au détriment des grandes pièces de peinture, assez rares, pour lesquelles, cependant, ces crayons ont été faits.

Les crayons des Clouet sont, en effet, des croquis d'après nature. Pris sur le vif par l'artiste admis dans la familiarité des grands, ils n'ont jamais été considérés par lui comme des œuvres achevées, mais comme des documents. Prodigieuse galerie, du reste, qui nous a conservé l'image de la Cour de France. Et qui frappa suffisamment, au surplus, les contemporains eux-mêmes pour qu'ils aient trouvé plaisir à collectionner des crayons; si bien que, rapidement, Clouet se mit à reproduire lui-même ces ouvrages qui n'étaient d'abord que des notes de travail pour les donner aux seigneurs de l'entourage royal. Ainsi, il convient de distinguer entre les crayons proprement originaux, les prototypes; les crayons qui répètent ce prototype et sont des sortes de tirages des originaux (d'une qualité très inégale puisque souvent faits en atelier); et les portraits originaux, dont certains sont des têtes ou des bustes, et quelques-uns en pied.

La plus grande collection de crayons est à Chantilly. Cent vingt-cinq crayons — prototypes et répliques d'atelier — qui ont conquis par l'intérêt psychologique. Prenons garde, au surplus, d'observer que cette fascination de l'homme vivant, de l'individu, est la même qui s'est exercée sur notre siècle et sur les contemporains. Eux aussi ont montré un rare engouement pour ces images d'après le vif, qui n'appartenaient pas au grand style mais qui aidaient une société encore fruste à se passionner pour les arts. Nous savons, aujourd'hui, que des recueils de portraits reliés en album circulaient et servaient à des jeux de société. Des caches couvraient les noms des personnages représentés. Des devises accompagnaient, en outre, chaque effigie. Il fallait reconnaître et découvrir la personne à la fois dans ses traits physiques et moraux. On a dit déjà quelle importance les jeux de l'esprit eurent alors, toujours liés au développement des arts du dessin. Il est évident, du reste, que ces albums devaient être plus prisés dans des cercles un peu éloignés de la Cour. Ils attestent la formation, à travers les provinces, d'une société unie par une certaine culture de l'esprit autant que par des rencontres journalières. Et le cas de l'autre maître de ce temps, Corneille dit de Lyon, qui vécut dans cette ville pendant quarante ans et qui posséda un atelier où il peignit de loin la Cour sans la fréquenter, apparemment à travers des prototypes dans le genre des Clouet, est remarquable. Il nous aide à comprendre que cet art du crayon répondait à des besoins sociaux analogues à ceux que satisfait aujourd'hui le film. Les modèles de Clouet ont été les « vedettes » du XVIe siècles. Ses crayons ont répandu le type de l'homme et de la femme moderne bien au delà des limites de la Cour. Une industrie s'est créée pour répandre et divulguer à la fois des visages individuels et des attitudes. Le XVIe siècle a formé, en même temps, un type d'individu et un cadre de vie sociale. Il les a exprimés l'un et l'autre dans son art.

Pas plus que Rosso et Primatice, Jean Clouet et Corneille de

Lyon n'étaient nés Français. Ils étaient, l'un et l'autre, originaires des Pays-Bas. Comme tant d'autres, ils avaient quitté
jeunes leur pays pour se rendre à cette Cour de France qui était
la capitale incontestée de tout ce qui s'occupait d'art au nord
des Alpes.

Clouet, dit Janet, était marié à Tours vers le début du règne
de François Ier, on le trouve à Paris en 1529 et il y meurt en
1540 laissant après lui un fils, François, qui lui succède comme
peintre du roi et un atelier qui se prolongera jusqu'au début du
XVIIe siècle. Il est valet de chambre du roi aux gages de 180 puis
240 livres annuelles, ouvrages en plus bien entendu. On ne
connaît de lui que huit tableaux authentiques : le petit *François
Ier* du Louvre et le *François Ier à cheval* du Palais Pitti ; le
Dauphin François à Anvers ; la *Madame Charlotte et sa fille* ;
Madeleine reine d'Écosse dans des collections privées ; *Claude
duc de Guise* au Pitti ; *Louis de Clèves, puîné de Nevers*, à
Bayonne et l'*Inconnu au Pétrarque* de Hampton Court. De
Corneille de Lyon, les pièces les plus authentiques sont à
Versailles : *Madame de Pompadour d'Escars* et *Béatrice Pacheco,
princesse d'Entremont* ; *M. de Randan* et, à Chantilly, *Madame
de Goulaines* et une *Inconnue*.

On ne saurait ici énumérer tous les crayons de la dynastie
des Clouet, prolongée par celle des Dumoûtier, ni mettre en
parallèle avec leur production celle des anonymes qui ne leur
cède souvent en rien. Pour le style, il faut distinguer entre les
crayons et les tableaux. L'admiration générale qui s'attache aux
Clouet depuis un demi-siècle va plutôt, on l'a dit, à la galerie
de visages qu'aux artistes. C'est la curiosité psychologique fort
légitime qui l'emporte sur le jugement de goût. À vrai dire les
crayons des Clouet sont moins admirables si on les rapproche
aussi bien de leurs sources que du parti que d'autres artistes
contemporains en ont tiré. L'intérêt pour le crayon remonte au
début du XVe siècle. Il existe d'admirables portraits de Van
Eyck qui n'ont jamais été égalés, bien que le faire en soit menu.
Fouquet a laissé quelques crayons qui dépassent, comme on
peut le voir, de la hauteur du génie les portraits de Clouet. Et
on aperçoit derrière lui une école qui conduit à Clouet. Ce n'est

pas hasard, certes, si c'est à Tours qu'on trouve d'abord ce
dernier. L'usage du crayon s'était, au surplus, largement
répandu dans toute l'Europe vers la fin du xve siècle. Il suffit
de citer Holbein et Dürer. L'un et l'autre réalisaient des œuvres
d'une qualité stylistique souveraine. On ne saurait en approcher
Clouet en tant qu'artiste. Son faire est appliqué, il n'a pas la
grande ligne qui impose une vision, un style. En revanche, les
mérites de Clouet sont insignes si on le replace dans son
entourage. Les crayons de Holbein et de Dürer sont des œuvres
de cabinet goûtées par le cercle restreint des admirateurs de
l'artiste ou des amis du modèle; les portraits de Clouet ont,
comme on l'a dit, répandu dans une société en train d'organiser
un État moderne, un certain idéal physique lié à l'évaluation de
qualités morales. La grandeur de Clouet c'est moins son art que
d'avoir été l'interprète d'une société vivante. En outre, il a créé
esthétiquement un type de portrait dont le rayonnement a été
international et durable. Il a fait, en même temps, l'image des
modes de la Cour de France, leur donnant, ainsi que Corneille
son émule, une forme stylisée. Dès François Ier, le gentilhomme français devient un des types humains de son temps. Il
s'impose, par-dessus les Cours anglaise ou espagnole, même
italienne, parce qu'il est, sous les brocarts, plus vivant. L'équipe
du roi de France a fait la guerre et mène personnellement
joyeuse et forte vie. Elle ne renonce pas au faucon pour le livre.
Elle pratique l'un et l'autre, ce qui lui donne un cachet très
nouveau, en y joignant surtout l'usage familier du luxe et des
fêtes. Se cultivant, elle reste sportive. Au lieu de l'orgueil et de
la dignité qui touche si souvent à la fatuité vide, c'est une
étonnante vitalité qui se dégage de l'œuvre de Clouet et qui est
le reflet de la Renaissance française.

Les événements politiques ont partagé le siècle. Dominés par
le problème des guerres d'Italie, les deux règnes de François Ier
et de Henri II s'achèvent sur le compromis de Cateau-Cam-
brésis en 1559, deux ans avant la mort accidentelle du roi Henri.
La seconde moitié du siècle est celle des Guerres de Religion,
aggravées par l'intrusion des étrangers dans nos affaires.
Toutefois, dans les arts, cette période ne fut point totalement

ingrate. Elle achève ce qui avait été commencé. L'architecture,
en particulier, se développe et, du Pont-Neuf à l'hôtel Lamoignon ou au château de Fleury-en-Bière, assure le passage
du Louvre de Lescot à l'architecture classique. Cependant les
arts figuratifs portent la conséquence de la rupture de la société
française. Il est très remarquable que, bien plus que les troubles,
ce soient les périodes d'immobilisme qui sont funestes aux arts.
Ni Pavie, ni Saint-Quentin n'ont fait autant de tort à l'invention
que la Ligue et le gouvernement de Catherine de Médicis. Le
conservatisme social tue immédiatement ce qu'il touche.

Contrairement à la tradition, on ne fera donc pas de place à
ce que l'on a coutume d'appeler la seconde école de Fontainebleau. Les travaux que Toussaint Dubreuil d'Anvers, Jacques
Bunuel de Blois, Ambroise Dubois d'Anvers, les Dhoey, Josse
de Voltigeant, exécutent avec Martin Fréminet pour Henri IV,
après 1588, sont des tâches secondaires. Il ne suffit plus d'aller
désormais chercher de la main-d'œuvre dans les Pays-Bas pour
avoir de l'art. Le second Fontainebleau n'est plus qu'un
chapitre de l'académisme international. Il ne sert à rien de
noter que le plafond de la chapelle de Fontainebleau avec la
Chute des Anges rebelles de Fréminet est la plus grande pièce
de peinture avant Versailles pour lui faire une place dans
l'histoire de la peinture vivante.

En revanche, il existe des groupes d'ouvrages encore in-
suffisamment étudiés qui constituent le témoignage de la survie
d'une société française sensible aux valeurs artistiques et qui
forment le lien vivant entre la Cour de François Ier et le XVIIe
siècle.

Le premier de ces groupes est constitué par les travaux entre-
pris dans l'entourage immédiat du Primatice. Du vivant déjà
de François Ier, Rosso et Primatice n'avaient pas été capables
de mener seuls jusqu'au bout les immenses commandes dont
ils avaient été chargés. Le nom de François Pellegrin, est resté
tristement lié à celui de Rosso. Il avait exécuté pour son maître
une partie des arabesques de la Galerie et traduit, en outre, le
style de Rosso pour des formes d'art industrielles, en particulier
pour la fabrique de céramique de Saint-Porchaire. Léonce

Thiry, d'Anvers, avait exécuté une suite de la *Toison d'or* dont le succès avait été si considérable qu'elle avait été reproduite à Ancy-le-Franc et gravée par Boyvin. Ce Boyvin d'Anvers et Fantuzzi le Bolonais avaient collaboré aux ornements et aux figures du Primatice. Il convient d'insister sur le rôle joué ici par la gravure. La diffusion nouvelle par ce procédé des arabesques de Fontainebleau a contribué largement à promouvoir ce domaine au rang de centre d'art international. Jadis, la tapisserie seule offrait une possibilité de traduire d'une manière plus souple les formules d'une école; la gravure va partout. Elle est, avec le livre, l'instrument d'une transformation mentale encore mal évaluée. Imaginons-nous bien que, pour les gens de l'époque, il y eut là une nouveauté aussi révolutionnaire que l'apparition au xixe siècle des moyens mécaniques de reproduction des œuvres d'art. Faute d'études orientées dans ce sens, on ignore encore la place réciproque des différents centres de diffusion de la gravure au xvie siècle. C'est pourtant là un chapitre essentiel à la fois pour l'histoire de l'art et de la civilisation moderne. Il est de fait que la France avait conquis, dès la fin du siècle, une place de premier rang en Europe comme créatrice des nouveaux signes figuratifs de la pensée humaniste internationale.

Après la mort de François Ier, Primatice appela auprès de lui un nouvel aide, Niccolo dell'Abbate, de Modène, qui fut son principal collaborateur pour l'exécution de la Galerie d'Ulysse (58 grands sujets et 94 compartiments d'ornements à la voûte, encore une fois gravés par Fantuzzi). Niccolo, pour sa part, fut l'auteur des cartons d'une série célèbre de tapisseries, les *Mois arabesques*, dont le titre dit assez la tendance. L'important est de noter qu'ainsi se resserre le développement parallèle de tous les arts liés aux métiers. L'art moderne s'enracine parce qu'il devient l'appui des industries et des techniques nationales. S'il convient, naturellement, de déplorer la perte des grandes compositions dues à Rosso et à Primatice, il faut avouer que, vu à travers les vestiges qui en demeurent, leur mérite individuel n'était pas du premier ordre. C'est l'ordonnance qui valait avant tout et que l'on apprécie encore dans le premier et le plus

bel ouvrage, la Galerie de François Ier. Car tel panneau de
L'Évanouissement d'Hélène ou d'*Ulysse retrouvant Pénélope* est
plus important par l'iconographie que par ses qualités plastiques. Maniérisme original sans doute, mais où l'invention se
situe davantage dans l'esprit du détail que dans le grand parti.

Réduite à la peinture, l'œuvre de Rosso et de Primatice ne
dépasserait pas les mérites d'un atelier. En revanche, la création
d'un style homogène, capable de s'allier à toutes les activités de
la vie, a eu des conséquences incalculables sur l'histoire. C'est
par là que, vers la fin du siècle, les temps seront venus où la
main-d'œuvre française remplacera la main-d'œuvre italienne
et flamande pour toutes les tâches, y compris celles du génie.
De ce point de vue, on jugera comme fort importants non
seulement les premiers graveurs d'esprit moderne, les Delaune
— qui introduisent dans l'arabesque les figures et les sujets
parlants, conduisant à Audran et à Watteau — et les Ducerceau
— établissant la liaison avec l'architecture —, mais les Jean
Cousin, les Gourmont et les Antoine Caron.

L'œuvre du dernier surtout, est révélatrice. Récemment
découverte par M. Lebel, elle est représentée par quatre beaux
tableaux. Les deux premiers figurent des allégories politiques:
les *Massacres du Triumvirat* ; *Auguste et la Sibylle de Tibur* ; les
deux autres figurent le *Triomphe de l'Hiver* et *de l'Été*. Leur
intérêt est augmenté du fait que, les rapprochant de beaux
dessins originaux qu'il fut le premier à mettre en valeur, M.
Lebel a prouvé que Caron de Beauvais fut aussi l'auteur des
cartons de tapisserie d'une suite de l'*Histoire d'Artémise* et que,
sous cette allégorie, on voulut louer, vers 1565, la reine-mère et
régente, Catherine de Médicis. Il a enfin établi par des analyses
ingénieuses, que, dans la composition d'*Auguste et de la
Sibylle*, se trouvait l'image de fêtes données à la Cour de
France à des dates déterminées. Et qu'ainsi un mélange de
spectacles contemporains et d'imagination antiquisante était à
la base de ces compositions ainsi d'ailleurs que d'œuvres plus
récemment découvertes comme l'*Apothéose de Sémélé*, le
Carrousel à l'Éléphant, voire les *Astronomes étudiant une éclipse*
ou les *Luttes de Gladiateurs*.

Si l'on considère qu'en fait le principal morceau de peinture qui nous vienne de Jean Cousin, de Sens, l'*Eva prima Pandora*, est aussi le souvenir d'un tableau vivant qui figura dans une fête donnée en l'honneur de l'entrée de Charles-Quint à Paris en 1539 et si l'on en rapproche deux petits tableaux — d'une main flamande — représentant deux bals de la Cour des Valois, sans oublier tout ce que les textes mal utilisés nous apprennent sur le rôle des spectacles dans la vie de la Cour et de la société française comme aussi bien de toute la société internationale de la Renaissance — je n'en veux pour preuve que le livre passionnant de M. Kernodle sur les spectacles donnés par les Chambres de Rhétorique dans les Pays-Bas, où l'on trouvera une liste sommaire des grandes cérénomies publiques du xvie siècle — on ne pourra manquer de se rendre compte que le siècle a vraiment vu se produire un changement du langage figuratif aussi important que celui qui, jadis, avait amené le passage de la Basse-Antiquité au Moyen Âge et dont seule notre époque suggère l'équivalent. Il va de soi que la plus étroite liaison existe entre cette élaboration d'un nouveau langage plastique et celle d'une nouvelle langue littéraire et que, sur le plan purement pictural, il faut rattacher cette transformation du langage allégorique à une dernière série d'œuvres conservées de notre art national.

On songe, d'une part, à la *Diane chasseresse* du Louvre, à la *Vénus et l'Amour*, à la *Diane au Bain* de Rouen.

Toutes ces peintures datent des années 1555-1560, c'est-à-dire de la régence de Catherine de Médicis qui est la dernière période où le style change de ton. La *Diane au Bain* est la meilleure œuvre de toutes. Elle montre, dans le fond, un cavalier qui reproduit les traits d'un courtisan. L'artiste rapproche ici la fable antique au plus près de la vie dans le même esprit que Caron. À la limite, on trouvera, à l'extrême fin du siècle la *Sabina Poppaea* et surtout l'étonnant *Portrait des duchesses d'Estrées et de Villars* (1594) qui tendent la main, par-dessus le xviie, à l'œuvre légère du xviiie. Ce souci de découvrir les valeurs communes de la fable se manifeste, aussi bien, du reste, par rapport à la légende évangélique comme en témoigne la surprenante *Nativité* de Gourmont.

Mises en parallèle avec les *Moissonneurs* de Fontainebleau qui datent de 1550-1560, avec la *Sibylle* de Caron et l'*Eva* de Cousin, ces œuvres donnent toute la gamme des genres qui soulignent la tendance fondamentale de ce siècle. Siècle où, semble-t-il, la peinture française a dû le plus dans son histoire aux hommes venus du dehors, mais où elle a marqué, pourtant, la profondeur d'une conversion originale de l'esprit français à une nouvelle mode de penser et d'exprimer plastiquement les choses. Moins avancée au départ que l'Italie dans la voie de l'art nouveau, elle s'apprête à la devancer, parce que, chez nous, le nouvel esprit se répand déjà plus profondément dans la nation.

On peut considérer, au début du siècle, que le portrait de la *Dame aux Pensées* est comme l'emblème de l'époque. Plus d'esprit que de beauté, avec un goût pour les raffinements d'une pensée habillée de neuf par la connaissance des sources savantes d'un savoir rendu vivant par le sentiment un peu irréligieux de ce qu'il y a de quotidien dans la grandeur.

Troisième partie

LE XVIIe SIÈCLE

À l'époque où s'est constituée l'histoire de l'art, c'est-à-dire vers le milieu du XIXe siècle, un certain nombre de divisions ont été adoptées par les grands initiateurs, — les Taine, les Burckhardt —, en fonction, comme il est naturel, des règles du goût et des points de vue généraux de leur temps. L'histoire de la peinture européenne a donc été écrite dans une perspective qui attribue au début du XVIe siècle italien la valeur d'un siècle d'or. Le sac de Rome, en 1527, marquait le point de départ d'un déclin pour l'Italie, maniériste et baroque, et les apogées de l'Espagne, au début du XVIIe siècle, puis de la France, sous Louis XIV, n'apportaient que des retours de grandeur sans création réelle de Beauté, — les Flandres et la Hollande poursuivaient à part, leur carrière originale. Bien que, depuis quelques générations, on ait successivement découvert un grand nombre d'artistes du premier rang, l'admiration donnée à Tintoret et à Greco, à Velasquez et à Vermeer, aux Le Nain et à Georges de La Tour, aux Bassan et à Tiepolo, n'a pas réussi à briser les anciens cadres. On pense toujours à une Europe en quelque manière unie où, pour une époque donnée, certains modes de vivre et de pensée auraient été identiques en tous pays ; on conserve la division commode par siècles, en souvenir sans doute de l'historiographie de Voltaire et du siècle des Lumières.

Dans cette perspective, l'histoire de la peinture française se trouve à la fois dissociée chronologiquement et soumise arbitrairement à des normes extérieures du goût. On s'épuise, par exemple, à découvrir une unité dans l'œuvre des « peintres de la réalité » du début du XVIIe siècle, Le Nain et La Tour mêlés et confrontés avec Baugin, naturiste, et Champaigne, portraitiste, en vertu de la chronologie. D'autre part, les caté-

gories en fonction desquelles on arbitre entre les individus —
réalisme, caravagisme, baroque, classique — dépendent toujours des anciens dogmes de l'Académie. Il y a lieu enfin,
semble-t-il, de réviser la notion de Siècle qui part d'une idée
d'attribution de valeur.

En fait, esthétiquement et socialement parlant, le xviie siècle,
français se partage entre deux époques très différentes. Dans la
première moitié du siècle, l'art français ne joue qu'un rôle
secondaire, les impulsions artistiques et historiques sont européennes ; dans la seconde moitié du siècle, au contraire, on
assiste au transfert en France, — non à Versailles mais à Paris
— du centre d'activité créatrice de l'Europe. Il ne s'agit pas,
d'ailleurs, d'un brusque renversement des valeurs, mais d'un
phénomène beaucoup plus complexe, sur lequel on manque
encore de certaines clartés, mais dont les conséquences ont été
si grandes qu'elles se font toujours sentir.

C'est ce passage d'un système international de valeurs et de
liaisons matérielles, intellectuelles, économiques, à un autre
qui constitue le fait majeur du xviie siècle. Et, de ce point de
vue, ce siècle contradictoire retrouve son unité. C'est pour cette
raison qu'on a renoncé ici à proposer d'autres divisions du
sujet. On aurait pu, par exemple, rattacher l'étude des œuvres
du début du siècle aux courants internationaux du xvie, mais
on aurait ainsi séparé le siècle de Louis XIV de ses racines
profondes. Ce qu'on cherche, aussi bien, ce ne sont pas des
découpages ou des modes de présentation commodes en soi,
mais une meilleure compréhension des œuvres et des artistes
en liaison avec leur temps.

On doit ajouter, pour le surplus, que, dans le domaine de la
peinture, la France du xvie siècle se présente comme beaucoup
moins active que dans celui de l'architecture ou même de la
sculpture. Elle ne possède aucun artiste, on l'a vu, de la taille
de Jean Goujon et de Germain Pilon, de Pierre Lescot et de
Philibert Delorme. S'il s'agissait d'une histoire de l'architecture, il serait sans doute nécessaire de montrer comment, dès le
milieu du xvie siècle, la France a joué un rôle de premier plan
dans la création européenne et on verrait alors se dégager

comme de soi-même une époque qui, du Louvre de François Ier
à Vaux-le-Vicomte, possède, à cheval sur deux siècles chronologiques, une homogénéité et une importance internationale
encore mal évaluées. Mais, s'agissant de peinture, le fait important se situe vers 1650, au moment où s'affirme, à Rome et
à Paris, le génie propre de l'école française en sommeil depuis
cent cinquante ans. Il sortirait du cadre de cet ouvrage d'examiner les raisons qui peuvent expliquer un décalage aussi
évident entre des formes d'activités artistiques contemporaines.
Constatant, simplement, le décalage qui existe entre le développement d'un style original français dans les différentes techniques et le retard de la peinture, associée sans doute davantage
aux mouvements globaux de la société, on s'efforcera ici de
montrer comment l'apparition de quelques talents originaux
se lie, au début du xviiᵉ siècle, à la constitution d'une société
française nettement différenciée des autres sociétés contemporaines et comment se prépare de la sorte le mouvement qui,
dans la seconde moitié du siècle, aboutit à la constitution à
Paris d'un centre artistique au rayonnement international.

On a pris l'habitude, depuis vingt ans, de désigner les peintres
français du début du xviiᵉ siècle sous l'épithète de peintres de la
réalité. Or il apparaît, d'une part, qu'on se trouve en présence
d'un groupement assez artificiel et, d'autre part, que le jugement de valeur qui a dicté cette expression est entièrement
dépassé par le goût et le savoir de notre temps. Assurément il
était très légitime, en 1934, à l'époque de la célèbre exposition
de l'Orangerie des Tuileries — qui a servi de justification aux
efforts faits pour approfondir une connaissance alors tout à fait
rudimentaire de l'art français du début du xviiᵉ siècle, —
de rassembler des œuvres très disparates. Mais on s'inquiète un
peu aujourd'hui en constatant qu'une formule, lancée avec
quelque excuse pour rassurer un public en défense contre le
caractère académique de la peinture classique, tend à être
considérée comme situant, esthétiquement parlant, sur un
terrain contestable la production d'ensemble du règne de Louis

XIII. Le problème est suffisamment important pour qu'on s'efforce de préciser dans quelle mesure il reste légitime de parler des « peintres français de la réalité », sans référence trop étroite à une actualité déjà révolue de notre temps.

Réaliste, nous dit-on, le Caravage, chef de file international de cette rébellion contre l'académisme bolonais. L'affirmation est déjà en soi discutable. Paul Jamot, qui en est responsable, obéissait à des préoccupations actuelles. Il transportait dans le passé le reflet de son hostilité au Cubisme et, soucieux de ne pas être taxé pourtant d'académisme, il était de ceux qui croyaient au rajeunissement de l'art contemporain par des néo-classicismes où se seraient réconciliées les leçons de Poussin et des maîtres anciens de la réalité.

Laissant là tout ce qui touche au fond actuel du problème, — et qui sera évoqué à sa place, — on insistera pour le moment uniquement sur l'artifice d'un groupement qui réunit sous une même étiquette Le Nain et Puget, Le Sueur et Georges de La Tour, Valentin, Blanchard et Baugin. À un certain point de vue, tous les artistes sont réalistes. Ce qui nous intéresse c'est la manière dont ils transposent le réel. On ne saurait commettre plus lourde erreur qu'en orientant le public vers la reconnaissance des éléments pour ainsi dire photographiques de l'art. Un tableau n'est pas un double d'une réalité qui n'a de consistance que dans l'esprit toujours renouvelé des hommes. Il est avant tout, on pourrait presque dire uniquement, un système figuratif, c'est-à-dire un mode d'interprétation et de transposition du réel. Une recherche qui situe les valeurs esthétiques dans la fidélité de l'image, soit à des éléments fugitifs de reconnaissance situés dans la réalité anecdotique du temps, soit à des éléments concrets, immuables, de la perception courante du monde extérieur, est la négation même de la critique et de l'esthétique.

Qui ne voit, au surplus, que ce n'est pas dans ce qu'il peut y avoir de commun entre Vignon et Lorrain que se situe l'intérêt de leur art !

La seule réalité qui se dégage d'un examen objectif des peintures françaises du début du xviie siècle, c'est, au contraire, le

fait qu'elles manifestent une grande diversité et qu'elles reflètent
très fortement la variété des milieux humains qui, avec leurs
croyances contrastées et non avec leur perception commune
du monde extérieur, ont forgé la France moderne ; c'est aussi
qu'ils proposent tous une transposition non pas commune,
mais inédite de leur entourage.

Considérons, d'abord, un premier groupe d'artistes qui se
rattachent aux grands aspects de la croyance chrétienne.
Pendant un siècle, par la grâce de Sainte-Beuve, le jansénisme
seul a paru constituer une forme de piété particulière. Ensuite,
on a découvert l'humanisme dévôt. Aujourd'hui on s'oriente
vers une analyse encore plus différenciée, qui met en relief des
courants comme celui que le P. Joseph, franciscain, incarna
avec une discrétion extérieure voulue. De François de Sales à
Vincent de Paul, de Bérulle à Saint-Cyran, la piété et l'action
chrétienne ont revêtu mille formes. Cependant on continue à
croire que la peinture religieuse du XVIIe siècle traduit la seule
orthodoxie de Trente sans nuances, voire sans conflits.

Le principal mérite d'un ouvrage récent de M. F. G. Pariset
sur Georges de La Tour est de nous avoir montré l'étroite
affinité qui existe, au contraire, entre l'art de son héros, —
lancé voici vingt ans comme un des peintres de la réalité, — et
la mystique religieuse, apparemment franciscaine, de son
temps.

Si l'on compare la biographie sommaire placée par Charles
Sterling dans le catalogue de l'Exposition de 1934 avec les
données acquises depuis lors, on mesure l'étendue des progrès
faits dans l'étude des circonstances de sa vie. Quant à son art,
on doit à Hermann Voss d'avoir, dès 1915, découvert sa
personnalité ; puis à Louis Demonts, Vitale Bloch et Werner
Weisbach, en attendant Paul Jamot et Charles Sterling d'en
avoir cerné les premiers contours. Enfin, comme on l'a dit,
c'est François Pariset qui a récemment soulevé le problème
de son mysticisme.

Né en Lorraine en 1593, Georges de La Tour atteignit de son
vivant — il mourut en 1652 — à la notoriété. Peintre du roi, sa
réputation dépassa sa province. Mais, très rapidement, son nom

même a sombré dans l'oubli. Ce qui reste aujourd'hui d'une œuvre qui sans doute fut considérable, c'est une quinzaine de toiles dont la réputation est redevenue mondiale et que se disputent les musées. Autour de cette œuvre, la critique s'efforce encore de préciser, d'une part, le problème des sources, d'autre part, le sens esthétique d'un art très original dans la tradition française.

Pour ce qui est des origines du style, deux thèses sont en présence. L'une — celle de M. A. Blunt — rattache l'art de La Tour au caravagisme nordique, l'autre — celle de M. Pariset — au caravagisme italien. À vrai dire, on ne dispose en faveur d'aucune de ces deux thèses d'un argument de fait. Alors que M. Pariset a reconstitué presque jour par jour l'emploi du temps de La Tour en Lorraine, il n'a retrouvé aucun témoignage de son passage en d'autres lieux. Il reste, au surplus, dans la vie de La Tour quelques zones inconnues qui permettent d'appuyer également les deux thèses qui le rattachent à la tradition hollandaise ou romaine. On ne le suit pas à pas à Lunéville qu'après son mariage en 1621, ce qui laisse la possibilité de croire à un voyage de jeunesse en Italie ; de 1636 à 1644 on perd sa trace en Lorraine et cette période correspond à l'exil du duc son protecteur aux Pays-Bas. Toutefois, La Tour fut aussi protégé du roi de France. Il apparaît surtout comme un opportuniste, à travers l'étude de M. Pariset. Mais on peut noter que sa manière caravagiste est antérieure à la date de 1636 et ne se manifeste pas brusquement comme une réaction contre un autre style de jeunesse.

On se trouve ainsi réduit à la critique interne des œuvres. Ce qui est seulement certain, c'est que l'art de La Tour se rattache au grand courant international qui, sous le nom de caravagisme s'est répandu dans toute l'Europe durant la première moitié du XVIIe siècle. Quelle que soit la personnalité de Caravage, les origines complexes de son propre style, les voies variées de pénétration de son exemple, il fut le chef de file ; c'est autour de son nom que se concrétisa un débat qui concerne à la fois les procédés techniques de la peinture — l'usage des lumières brutales et du clair-obscur — et l'attitude générale du peintre vis-à-vis des sujets sacrés. Il y a d'une part, en somme, le problème technique du luminisme et plus spécialement des scènes nocturnes ; d'autre part, il y a le problème du réalisme proprement dit, qui est au fond le problème du sujet. Comme, au surplus, la plupart des artistes nordiques, principalement hollandais, qui ont marqué dans le mouvement du caravagisme international ont fait des séjours plus ou moins longs à Rome, il est légitime de continuer à faire de Caravage le centre du débat. Si bien qu'à vrai dire la querelle entre les partisans du caravagisme nordique et ceux du caravagisme méridional semble un peu formelle. Ce qui s'accuse, d'après nous, c'est le caractère général des problèmes soulevés par un double courant, esthétique et technique, dans lequel notre Lorrain apporte incontestablement sa forte personnalité.

Car ce qui paraît réellement contestable, c'est de faire de lui le disciple fidèle de Caravage, qu'on pense subsidiairement à des affinités secondaires plus accusées entre lui et Honthorst et Terbruggen, ou Gentileschi et Saraceni. Appuyant donc, d'abord sur le fait que La Tour appartient à la génération même des initiateurs du mouvement, on insistera surtout sur l'originalité de sa manière, comme le voulait déjà si justement M. Sterling en 1934 et comme l'a fait M. Pariset, à qui l'on doit d'avoir souligné le parfait accord entre le maniement des lumières et les intentions mystiques de l'artiste — si opposées du reste à celles du vrai caravagisme.

On constate, d'abord, un vrai démembrement des éléments globaux du pur caravagisme. Lorsqu'on observe, en particulier, que dans les toiles proprement religieuses domine le maniement dramatique des lumières, tandis que, dans les toiles de genre, où le réalisme du sujet est incontestable, la part faite au clair-obscur est parfois assez secondaire. Faute d'une chronologie serrée de l'œuvre, il reste difficile de fixer une évolution. Quelques faits, pourtant, s'imposent. Le petit nombre des sujets, en général repris. Ce qui compte c'est la facture. On constate tantôt la recherche des volumes géométriques, tantôt un goût pour le rendu des masses par un modelé nuancé des surfaces. On observe aussi, avec M. Sterling, un passage des

fonds unis et sombres, crûment découpés, aux fonds aériens liés
aux personnages. Suivant toute vraisemblance, l'évolution a dû
se faire des techniques sommaires et tranchées — volumes durs
et éclairages brutaux — à un style plus enveloppé. Mais on
ne saurait parler d'un simple passage du caravagisme ortho-
doxe à un style personnel, puisque, dès les ouvrages aux volumes
géométriques, une opposition absolue se marque par rapport à
l'écriture pittoresque et mouvementée des Romains. Par ailleurs,
la combinaison du mouvement rationalisé des sources de lumière avec une stylisation très poussée des formes — que ce
soit par la rigueur d'une géométrie ou par la sévérité du modelé
— distingue au premier coup d'œil La Tour des Hollandais.
On ne peut parler, dans un cas, que de rapports et, dans l'autre,
que d'affinités.

Quelle que soit la chronologie exacte de son évolution, La
Tour manifeste un souci d'accord entre la couleur et la forme
qui le met aussi bien à part des différents caravagismes internationaux que loin de tous les réalismes. Venant à l'époque où
le caravagisme et l'éclectisme bolonais constituaient les deux
modèles qui s'imposaient à tout débutant, il va de soi que certains éléments du style international se retrouvent dans son art.
Mais il est aussi évident que sa personnalité se manifeste
puisque, sans autres éléments que l'analyse interne, l'œuvre
de La Tour s'est reconstituée sous nos yeux plus vite que la
documentation qui parfois, tout de même, est heureusement
venue confirmer depuis vingt ans les attributions, presque
toujours en avance, de la critique. La recherche des éléments
caractéristiques de l'art de La Tour a, au surplus, abouti à
préciser toute une série de caractères spécifiques d'autres écoles
jusqu'alors confondues sous le nom vague de caravagistes. On
note, avec une rigueur de plus en plus grande, l'opposition
entre l'école espagnole aux pâtes plus épaisses, aux gammes plus
ocres, au style plus nerveux et La Tour, aussi bien qu'entre lui
et les Hollandais ou les Italiens, plus anecdotiques et plus
amis des tons éclatants, ou au contraire des gammes sourdes
mangeant le détail de structures. Enfin, certaines affinités avec
le style des Le Nain ont fourni aussi l'occasion d'approfondir le

problème essentiel du style français au début de ce siècle, qui
n'est pas celui de la simple invasion d'un réalisme homogène,
mais celui de la participation des Français à une réévaluation
disputée de toutes les valeurs de la technique et du sentiment.

Aucune difficulté majeure n'existe lorsqu'il s'agit de définir,
à l'intérieur même de l'école française, désormais soustraite aux
formules de la deuxième école de Fontainebleau, des nuances
entre interprètes des formes si diverses de la sensibilité religieuse
du XVIIe siècle français. Chacun est vite d'accord pour accepter
de reconnaître dans La Tour un esprit mystique proche de la
voie directe chère aux franciscains, dans Vouet l'interprète de la
Contre-réforme romaine, dans les Le Nain une nuance plus
populaire qui fait songer à l'esprit des Noëls anciens, chez le Le
Sueur de la *Messe de Saint Martin* une lueur de bérullianisme,
enfin chez Champaigne l'écho direct de l'austérité janséniste.
Il serait séduisant de raffiner sur ce thème et l'on pourrait
montrer les contacts qui existent, à travers un Tassel avec une
piété plus extérieure et mimique, à travers un Vignon avec une
conception de Cour des thèmes sacrés — qui se retrouvera un
jour dans les tapisseries des Coypel. Le problème majeur et qui
déborde les thèmes religieux reste bien, au surplus, celui du
degré de réalité qui existe dans le style des meilleurs artistes, les
plus originaux du début du siècle. Mais il ne s'agit pas de mesurer un certain degré de conformisme ; il faut au contraire
s'efforcer de préciser la part d'invention figurative de chaque
groupe dès que les artistes s'élèvent au-dessus du rang d'atelier.
Il ne fait aucun doute que la peinture française, échappant
désormais à l'emprise directe de l'Italie, caravagiste ou non,
aussi bien que des Flandres, possède déjà son originalité. Elle
ne saurait être considérée seulement comme un champ d'expansion des styles étrangers, elle contribue à définir la physionomie
de l'époque où le caravagisme lui-même n'est pas encore un
style révolu, mais un aspect de l'art international en train de se
faire.

La découverte des Le Nain s'est faite parallèlement et par les
mêmes cercles que celle de La Tour. Ici le principal mérite
revient à Paul Jamot. C'est lui qui a dégagé la personnalité

artistique des trois frères, travaillant à Paris après 1630 dans un même atelier et utilisant une signature commune. Dans l'ensemble ses conclusions paraissent devoir subsister. Toutefois, en ce qui concerne l'interprétation du style, il semble bien, comme on l'a déjà dit, que Paul Jamot ait fait partiellement fausse route.

À Antoine Le Nain, l'aîné, né en 1588, mort en 1648, sont attribués quelques tableaux de genre, — l'*Atelier*, une *Réunion de famille*, des *Portraits dans un intérieur*, un *Bénédicité*, — remontant aux années 1642-1647, qu'il faut un grand désir hagiographique pour considérer comme d'une qualité comparable à des Frans Hals ou même à des Brouwer. Trait gauche et incertain, coloris terne, figures inertes : ce sont les témoignages d'un art industriel plutôt que d'un style.

Aucune comparaison avec Louis Le Nain, né en 1593, mort aussi en 1648. L'hypothèse d'un voyage en Italie aux environs de 1629-1630 avancée par Paul Fierens semble excellente.

L'œuvre de Louis Le Nain se distingue à la fois par la facture et par les sujets. Tandis qu'Antoine « ignore le ciel, la terre et les arbres » et pratique un style appliqué, lourd, avec une palette sombre, Louis peint des toiles d'une facture sobre, où les harmonies claires, dominées de gris, constituent comme une signature, où une lumière fine éclaire des sujets rustiques situés dans le plein air. Quant à Mathieu, il possède un pinceau facile, souple, qui tantôt lui permet de s'approcher de la manière des caravagistes italiens ou hollandais, tantôt de peindre des toiles de bravoure comme la *Vénus* de Reims, inspirée de la *Forge* de Louis. Seul Louis a introduit le paysage. Mathieu, même lorsqu'il imite son aîné et réalise d'agréables compositions telles que la *Leçon de danse* ou le *Jardinier*, utilise des fonds conventionnels. Dans *La Forge*, Louis et Mathieu traitent d'une manière réaliste un thème païen par un jeu de transfert analogue au réalisme chrétien de Caravage. Mais Louis, pour sa part, transpose sur un autre plan encore le réalisme des petits-maîtres nordiques : paysage et milieu rural français distinct du cadre et des thèmes anecdotiques hollando-flamand.

Aucun doute ne peut exister sur la hardiesse de la conception de Louis Le Nain. Il faudra attendre le XIXe siècle pour retrouver une tentative de peindre directement la lumière du plein air. De ce point de vue, il est évident que Louis mérite l'épithète de réaliste, mais c'est justement par quoi il s'écarte le plus du caravagisme international fondé sur les éclairages artificiels diurnes ou nocturnes.

Vers 1650, à Paris, on s'est posé, de toute évidence, dans les milieux d'artistes des problèmes généraux avec le souci de s'affranchir des méthodes en usage. L'Académie elle-même, à ses débuts, se considérera comme révolutionnaire et réaliste, pratiquant l'enseignement d'après le modèle vivant. Si nous avons quelque peine aujourd'hui à distinguer les éléments réalistes de ce temps et si nous constatons une opposition complète dans le sens attribué, d'un artiste à l'autre, à cette épithète, c'est parce que le problème du réalisme s'est réellement posé aux gens de ce temps, mais comme une recherche et non pas comme une doctrine fermement établie. Dans la première moitié du XVIIe siècle, en Europe, on voulait être réaliste, comme plus tard on voulut être romantique ou indépendant. On n'a rien dit quand on a seulement prononcé ce terme qui s'applique aussi bien, en effet, à La Tour qu'à Le Nain et qu'à Le Brun, mais qui ne correspond à aucun problème absolu. On verra de même un historien de l'art moderne comme M. Hautecœur réunir sous la même épithète de réalistes, vers 1880, Monet, Sisley, Rochegrosse et Bastien-Lepage. L'artifice qui consiste à rassembler sous le titre de peintres de la réalité tous les esprits originaux du début du XVIIe siècle n'a pas davantage de valeur.

Originalité technique donc de Louis Le Nain résultant de la gamme de sa palette et de la mise en plein air de ses sujets ; originalité aussi de ses thèmes. Ici encore le terme de réalisme introduit une équivoque. Représentant des scènes de corps de garde comme le Valentin, traitant les sujets sacrés avec le souci de souligner les rapports entre les épisodes de la légende chrétienne et des événements de la vie courante, représentant comme les Hollandais des réunions de notables ou comme les

Espagnols des gueux, ou comme les Flamands des kermesses, tous les artistes du début du XVIIe siècle en Europe ont voulu être et ont été des réalistes.

Il ne paraît pas, d'autre part, que la théorie actuelle suivant laquelle Louis Le Nain aurait peint sur le vif des paysans soit exacte. C'est transposer, cette fois, la méthode de Corot au XVIIe siècle. On ne voit pas Le Nain partant dans la campagne sa boîte et son chevalet sur le dos, — comme le faisait cependant parfois à Rome Claude Lorrain, auteur sur nature de tableaux plus composés que ceux de Le Nain. En constatant dans les divers tableaux de Le Nain la présence d'un cycle restreint d'accessoires : manteau de cheminée, table, meubles qui sont aussi bien des accessoires d'atelier, il devient aussi évident que ce sont les mêmes types qui figurent tantôt comme paysans, tantôt comme figures de caractère. Témoin une jeune femme au visage rond et rieur qu'on trouve tantôt comme paysanne chez Louis dans la *Halte du cavalier*, le *Retour du baptême*, la *Famille de paysans*, la *Forge*, par exemple, tantôt chez Mathieu comme *Vénus*. Tout indique que les Le Nain ont travaillé en atelier et à Paris, qu'ils ont habillé des modèles avec des accessoires d'atelier, exactement comme Watteau un demi-siècle plus tard, voulant, lui, jeter au contraire ses modèles dans un univers de fantaisie. Les Le Nain peignent des types et non des individus. Le réalisme de Louis est à base de généralisation et non d'anecdote. Telle esquisse de Desportes, à la fin du siècle, nous prouve, aussi bien que les croquis de Claude et de Poussin, que la pratique des notes rapides prises devant la nature n'était pas étrangère à tous les artistes. Ce qui est absurde c'est de croire à un Le Nain interprète romantique et social de la misère du peuple et de sa grandeur. Les paysans de Le Nain sont tous au repos et saisis dans un moment de prospérité relative. Seule la *Forge* nous montre un artisan en action, mais c'est justement l'ouvrage le plus caravagesque des Le Nain, celui où l'effet lumineux joue le premier rôle, où manque la figuration du monde extérieur et où le sujet est le plus lié à l'humanisme. Le glissement vers le genre y est certain et accusé par l'interprétation de Mathieu dans sa *Vénus* de Madrid. Dans le domaine du profane, cette *Forge* est au surplus un tableau considérable, une œuvre type comme la *Mort de la Vierge* de Caravage l'est dans le domaine du sacré. Mais il n'y a aucune contradiction à dire que l'originalité fondamentale de Louis Le Nain est ailleurs et qu'elle consiste dans la représentation du plein air bien qu'il ait peint en atelier. Le réalisme de Le Nain est un réalisme d'intention non de métier. On ne mesure pas une réussite artistique au degré d'exactitude de la transposition mais à son degré d'illusionnisme. Celui de Le Nain, longtemps oublié, puis redécouvert vers 1850 sous le signe d'un autre réalisme, a trompé notre génération. Au vrai, Le Nain est le chef de file des paysagistes de l'Ile-de-France. Sa réalité c'est la lumière des ciels gris et finement colorés de notre pays qui, pour la première fois, apparaissent dans la peinture, par opposition aux tons sanglants de la lagune vénitienne, ou aux grasses verdures de la Flandre, aux lointains bleuis de l'Ombrie. Joint à cela le fait, aussi indiscutable, que Louis Le Nain a introduit dans la peinture française une nuance de vie populaire éminemment nationale qui s'oppose aux mendiants d'Italie ou d'Espagne, aux rassemblements bruyants des pays du Nord. Ce qui fait le réalisme de Le Nain, c'est une transposition esthétique de mœurs et de paysages français ; ce n'est pas en soi le fait — illusoire — d'avoir copié soi-disant le réel.

Le réalisme de Le Nain, comme celui de La Tour, c'est une stylisation. La vraie réalité ce n'est pas le modèle, c'est la sensibilité et la technique des artistes. Le fait saillant, c'est l'apparition en France, entre 1630 et 1650, de deux artistes au moins qui, tout en suivant les courants internationaux, parviennent à former des systèmes figuratifs où s'expriment, sous un angle général et par des méthodes analogues à celles qui sont utilisées ailleurs, des valeurs d'attribution originales. Les saints de La Tour sont les saints du calendrier international vus sous la forme d'une piété locale dans le courant de la vie mystique très originale de la France contemporaine ; les paysans de Louis Le Nain ne sont pas le prolétaire qui s'éveille pour renverser les formes de la vie et du langage plastique, mais les témoins d'un mode de vie rustique non dépourvu de calme et de grandeur, dont les hommes de la ville éprouvaient comme aujourd'hui la douceur. Le succès actuel des Le Nain vient, justement, de cette tradition du terroir, si chère au cœur du citadin français. C'est un style du repos et non de la révolte.

Après cela, il est aisé de rattacher à l'œuvre de La Tour et des Le Nain celle d'autres artistes du début du XVIIe siècle, même en apparence éloignés. En fait, ce qui se constitue alors, c'est une véritable École française avec la diversité de ses tempéraments, l'étendue de ses curiosités, l'inégalité de ses réussites.

Si l'on se reporte par la pensée à la situation existante au début du XVIIe siècle et si on lui compare la situation existante en 1650, on constate les immenses progrès accomplis principalement dans le milieu parisien. Tandis qu'au XVIe siècle, les seuls centres actifs étaient ceux que la Cour faisait surgir pour des besoins malgré tout artificiels et limités, dans la stricte et fatale dépendance des courants les plus internationaux, il existe au XVIIe des centres de culture picturale sinon nombreux du moins nettement définis. C'est Aix-en-Provence avec des artistes comme Finson, Jacques Daret et Reynaud Levieux, auteurs de grands ensembles décoratifs comme le célèbre escalier de l'hôtel de Châteaurenard, où le roi Louis XIV logea en 1660 allant épouser l'infante d'Espagne, et qui figure, avec Vaux-le-Vicomte et les hôtels de l'Ile-Saint-Louis parmi les prototypes de Versailles. C'est la Lorraine de La Tour, de Bellange et de Callot. C'est la Normandie de Saint-Igny ; le Langres de Richard Tassel, le Toulouse de Tournier et de Chalette. Il semble qu'on ait exagéré la qualité de certains de ces artistes. Mais il est de fait qu'on assiste à une pénétration des connaissances et du goût dans les couches les plus larges de la société française. De ces milieux provinciaux vont se lever une foule de jeunes talents qui tous, peintres, sculpteurs, orfèvres, dessinateurs, viendront à Paris pour y achever leur formation. Ce sont eux qui, ensuite, après 1660, fourniront l'équipe de Versailles. Les étrangers, encore en nombre en 1650, céderont le pas aux Français. D'où naîtra l'évolution du goût, grâce à la politique active du roi et de Colbert.

Pour le moment, on veut se borner à souligner l'importance du milieu artistique parisien avant 1650. Un La Tour, de sa Lorraine, ne pouvait créer un foyer vivant et, de fait, son art, comme celui de Callot, est pour ainsi dire sans suite. Les génies isolés ne font jamais l'histoire. Ils résument un moment de sensibilité, ils n'informent pas l'avenir. Un Le Nain, malgré son originalité, ne suffit pas à éveiller la vocation collective d'une nation. Avec de grands noms il n'y aurait pas eu d'art français. Si un cercle, un marché de l'art ne s'était établi à Paris durant la première moitié du siècle, l'œuvre de Louis XIV aurait été impossible, Paris n'aurait pas été le centre de la culture européenne au XVIIIe siècle. Il y aurait eu une troisième école de Fontainebleau, dominée par les Flamands ou d'autres caravagistes et baroques français, mais pas de peinture française.

Au surplus, c'est par l'implantation à Paris d'artistes issus des grands courants internationaux que se fait cette création d'une école nationale. Philippe de Champaigne est Flamand. Par un singulier avatar, il commence par peindre des sujets religieux et des paysages dans une manière intermédiaire entre le style du Nord et celui du Midi, représentant d'un courant international, d'une sorte d'éclectisme différent de celui des Carraches mais non moins conventionnel, où se concilient le maniérisme et l'art flamand. À dire la vérité on peut considérer que ce style constitue une forme caractéristique du goût parisien des années 1640-1650, en particulier par opposition à celui de l'artiste, celui-là français d'origine mais romanisé, Vouet, qui, depuis 1627, porte le titre de premier peintre du Roi.

Malgré les recherches poursuivies depuis vingt ans, on domine encore assez mal cette période. Toutefois, il est assuré qu'il existait des groupes correspondant à quelques grandes tendances du goût. Vouet, qui avait passé quinze ans en Italie et qui était finalement devenu à Rome prince de l'Académie de Saint-Luc, représente le type accompli de l'éclectique. Successivement caravagiste impénitent, au temps de ses séjours à Naples puis à Gênes, Bolonais et Romain ensuite, frotté enfin de Véronèse sur la voie du retour, il avait assimilé toutes les manières. Son originalité personnelle s'était surtout marquée à Rome dans l'ouverture d'un atelier où l'on dessinait d'après le modèle vivant. Mais, en France, il était le grand introducteur des compositions claquantes à l'italienne, des perspectives théâtrales, des figures et des têtes d'expression, de tout un matériel dont l'École devait se nourrir jusqu'à la Révolution à côté de la peinture vivante.

Par opposition, le style conventionnel, mais reposé, de Champaigne faisait figure d'une sorte de classicisme avant la lettre, d'un classicisme tout formel s'entend, également loin de la vie.

Gravité, sévérité, rien ne manque à ce style que la vie. Jusqu'au jour où, soudain, Champaigne s'élève aux sommets. Le jour où, en 1662, il peindra sa foi la plus pure. Janséniste, il sera profondément frappé par le récit du célèbre miracle de l'épine et il saura nous le rendre sensible aux sens en représentant sa propre fille paralysée, au moment même où, devant elle, la Mère Angélique en prière reçoit la révélation qu'une neuvaine de la communauté a été exaucée par Dieu et que la malade va être guérie, se lever, faire ses premiers pas. Nous voici à l'opposé de la figuration baroque de l'extase. Tout ce qui est geste, décor, mouvement est aboli. C'est le spirituel rendu sensible par les regards et par une atmosphère. Étonnant tableau que lit même l'incroyant, peu informé de l'anecdote qui lui a donné prétexte. Jamais on n'a matérialisé avec plus de sobriété de moyens la présence d'un idéal. Suivant la doctrine janséniste, c'est ici Dieu présent dans ses élus. Ne parlons pas d'essence et d'éternité puisque s'incarne sous nos yeux un état d'âme éminemment temporel ; mais constatons qu'un des aspects de la spiritualité française du temps s'exprime à travers Champaigne comme à travers La Tour et qu'ainsi s'enrichit un milieu encore pourtant plus réceptif que créateur. Jansénius comme Champaigne, c'est les Flandres.

Ce n'est que par un véritable abus qu'on peut présenter, malgré les Le Nain et La Tour, le siècle de Louis XIII comme le grand siècle de la France, siècle encore, en effet, d'échos et d'emprunts. La grande figuration avec Vouet, le renouveau de

la sensibilité à la nature avec Louis Le Nain, les formes de la
piété contemporaine si variée avec Champaigne le janséniste
et La Tour le franciscain aux deux termes, Le Sueur le
bérullien à l'âme de séminariste entre les deux, grâce auxquels,
dans cette époque vouée en tous pays à l'image de dévotion, la
vraie création est française — et espagnole —, mais ce ne sont
point encore là tous les éléments qui rattachent la peinture et
ses courants à la formation d'une société parisienne. Il y a
encore Bosse, surtout graveur, qui nous a laissé l'image de cette
société ; avec Saint-Igny le premier artiste à faire pénétrer la
mode dans le domaine de l'art. Il y a surtout les romanesques
et les peintres de nature morte.

Au point de vue des sujets, ce sont les romanesques qui comptent. Face à Rubens, qui, ne l'oublions pas, exécute alors en plein
Paris, au Luxembourg, la fameuse Galerie Médicis, c'est un
homme comme Blanchard qui représente l'esprit de fantaisie
opposé aux fastes du monde officiel. Par lui les Angéliques et
les Médors de la littérature romanesque italienne trouvent
leur figure. On ne saurait oublier que, dans les premiers salons
des précieuses, le cavalier Marin compose alors les vers de
l'*Adone*, que Paris est un des lieux de la poésie baroque internationale et la capitale incontestée du roman. Blanchard,
parisien qui fit un long séjour à Lyon capitale des beaux esprits
et porte de l'italianisme, puis admira Titien à Venise et revint
mourir jeune dans sa ville natale, annonce certains aspects de
l'art du Poussin. Mais on ne saurait surestimer sans erreur la
qualité de ses œuvres qui le rattachent, comme le tourangeau
Vignon, à la catégorie des éclectiques, imitateurs des styles
internationaux. Ce qui étonnera le plus, c'est de le trouver, lui
aussi, rangé de nos jours dans la catégorie, si fantaisiste, des
peintres de la réalité.

Quant aux natures mortes qui, elles, offrent, à l'inverse du
précédent courant, des œuvres d'une qualité picturale autonome extraordinaire, par quoi l'école française s'égale sur le
plan de la peinture pure aux écoles espagnoles, italiennes ou
flamandes contemporaines, — on a vu, tout récemment,
M. Ch. Sterling lui-même nous expliquer, avec une remarquable

finesse, toutes les raisons pour lesquelles elles dépassent, et de beaucoup, la notion scolaire de réalité... sans pour autant se rattacher aux valeurs spécifiques d'une société nouvelle.

Le petit groupe de Baugin, de Linard, de Louise Moillon, de René Nourrisson, de Stosskopf, nous a laissé quelques pièces qui sont l'orgueil de leurs possesseurs.

Dans les trois œuvres actuellement connues de Baugin, — les *Cinq Sens*, les *Livres, Papiers à la Chandelle*, de la Galerie Spada, le *Dessert de Gaufrettes* de la collection G. Gayrac, on voit se définir, à la fois, un système figuratif très savant et une atmosphère inédite dans ce domaine. Il est remarquable de constater que le géométrisme discret des formes s'accorde, comme chez La Tour, avec un sens raffiné des lumières, un équilibre exquis entre la pureté des lignes et la délicatesse du modelé. Comparées aux natures mortes flamandes et hollandaises de Jan Fyt, de Davidsz de Heem ou de Willem Claesz Heda, à celles de Caravage ou de Zurbaran, elles tiennent leur place. Il maintient, selon l'expression de M. Sterling, un parfait équilibre entre la vérité quotidienne et la beauté abstraite, par quoi il est vraiment, lui aussi, comme les Le Nain, un peintre de la réalité — étant bien évident désormais que, chaque fois qu'on s'entend sur cette épithète, il s'agit d'une réalité qui se crée et non d'une réalité qui s'imite ou qui résulte d'une traduction simplement fidèle de la nature vue sous la forme vulgaire et infiniment conventionnelle où l'artiste peut la rencontrer dans les œuvres d'atelier de son temps. Stosskopf, ajoutons-le, ne lui est pas inférieur.

Mais n'en vient-on pas, tout simplement, alors, à grouper sous un terme assez équivoque les vrais artistes? Ne mettons pas, en effet, La Hire, le caravagiste de procédé, Valentin plus mauvais garçon dans ses mœurs que dans ses toiles imitatrices de formules apprises, Bourdon l'éclectique à toutes mains, dans la catégorie des La Tour, des Louis Le Nain, des Baugin, d'un certain Champaigne. Ne surestimons ni Vouet, ni Le Sueur, et constatons que, vers 1650, il existait, à Paris, quelques grands artistes mal distingués de la foule des moyens, en même temps qu'un effort se manifestait, de la part de toutes les classes

de la société, pour s'initier aux valeurs de l'art, qu'il s'agisse
des Ordres religieux ou de la Cour, de la ville ou de la jeunesse;
enfin que le développement d'un commerce et d'une industrie,
ou mieux d'un artisanat de l'art, avait fait de grands progrès,
réussissant à dégager des personnalités venues d'autres milieux
que les anciens centres flamands, pourvoyeurs séculaires de la
peinture française ; bref que tous les éléments étaient réunis
pour préparer l'essor d'une école, qui manquait à la France
depuis le xve siècle. Reconnaissons aussi, toutefois, que les
espoirs l'emportaient trop encore sur les réalisations pour qu'il
soit permis de parler, dès lors, d'un xviie siècle pictural
français.

Par un singulier détour de l'histoire il s'est trouvé que c'est
hors de France, et dans l'une des capitales même de l'art
international, à Rome, que l'on a vu surgir, vers cette époque,
les deux premiers génies qui assurent la gloire de notre École.
Les deux régions qui avaient donné La Tour et Louis Le
Nain ont vu naître les deux très grands artistes dont la renommée et l'exemple devaient déterminer les formes particulières
du goût français : Claude Lorrain et Poussin.

Il est assez arbitraire de mettre sur le même plan Poussin et Lorrain, comme le veut la tradition. Ils représentent
des tendances internationales différentes au départ et ni
leur goût ni leur action ne sont vraiment comparables en
dépit de la place donnée également, par l'un et par l'autre, au
paysage.

Le cas de Claude est, de beaucoup, le plus simple. On rencontre rarement dans l'histoire un artiste qui montre davantage
le pouvoir du génie. Né en 1600, un petit berger de Chamagne,
en Lorraine, parti de son pays sans aucune ressources ni appui,
parvient en Italie, en 1613, en qualité d'apprenti pâtissier.
Il y rencontre un de ces artistes mauvais garçons, un de ces
échappés des chariots du capitaine Fracasse, Agostino Tassi, à
peine sorti des galères et tout près d'y retourner, auquel il doit
son initiation de peintre. Il entreprend ensuite, en 1625, un
voyage qui le mène à Lorette pour un pèlerinage, puis à Venise,
à Munich et à Chamagne. Il échoue à s'installer comme peintre

à Nancy autour de Claude Deruet, alors puissant à la Cour
ducale et revient à Rome en 1627, par Lyon et Marseille, pour
y demeurer jusqu'à sa mort en 1682, après plus de cinquante
ans de travail toujours comme paysagiste. Entre 1628 et 1650,
il vit dans le cercle des artistes internationaux, ami de
l'Allemand Sandrart qui fut son biographe, du Hollandais
Pieter de Laer, autre figure picaresque d'origine nordique, assez
à l'écart, semble-t-il, de Poussin, bien qu'on ait exagéré le
manque de relations entre les deux artistes, attestées, en tout
cas, du seul fait que c'est la même clientèle qui fit, à partir des
années 1640, le succès et la fortune de chacun d'eux, — clientèle, au surplus, en majeure partie française, ou plus exactement parisienne, lançant la mode du tableau de chevalet
consacré aux grands sujets.

À vrai dire, c'est plutôt Poussin qui répond à cette définition,
car Claude n'a jamais vraiment traité qu'un seul sujet : le
paysage. Les petites figures qui se trouvent dans un assez grand
nombre de ses toiles ne sont en général pas de lui, elles ne sont
là que pour hausser le tableau au niveau du grand genre
précisément défini, comme on le verra, par Poussin. Si l'on a
peut-être ainsi exagéré l'absence des liens qui ont existé entre
les deux hommes, il n'en reste pas moins que ce lien est tout
superficiel, imposé par les catégories de la clientèle et qu'il laisse
en dehors le problème du génie de Lorrain.

Non seulement autodidacte, mais, sinon illettré, tout au
moins pur artisan de la peinture. Disons mieux, de la couleur.
À ce point l'opposition est complète avec Poussin visant à une
intégration, aussi totale que possible, de tous les moyens de son
art : couleur et dessin, lumière et perspective, paysage et grands
sujets. Tandis que Poussin part, en général, d'un thème historique ou philosophique et recherche, ensuite, les meilleurs
modes de figuration à sa portée, Claude n'est intéressé que par
une seule chose : la lumière, dont la couleur est le véhicule
quasi exclusif. Il n'y a dans son œuvre qu'un tout petit nombre
de thèmes : des Arcadies, des palais, des ruines, quelques fêtes
villageoises, en fait des vues de Rome, d'Ostie ou de Cività
Vecchia, c'est-à-dire des lieux qui forment le cadre de sa vie.

Le seul vrai « sujet » de son œuvre, c'est la campagne romaine
et la mer. La seule anecdote, ce sont les quatre Heures du jour
ou le rêve, — non pas devant les épisodes de la vie humaine,
mais devant les mirages de la nature.

Il convient d'observer ici deux choses. L'une concerne le
sujet, l'autre la technique de Claude. En ce qui concerne le
premier de ces problèmes, Claude s'insère dans une tradition.
C'était un métier, au début du XVIIᵉ siècle, que de peindre le
paysage. Nous avons vu qu'à Paris il existait, à côté des peintres de figure, des paysagistes. Champaigne fut paysagiste,
Feuquière une des célébrités du moment l'était, ou Monnier
de Blois lié à la jeunesse de Poussin et auteur des décorations
de Cheverny, rares vestiges d'une mode internationale sur
laquelle se greffent, vers 1650, les séries originales des Van
Goyen et des Ruysdael, des Rubens et des Seghers dans les
Pays-Bas, des Carraches et des Dominiquin en Italie. En réalité,
Claude reçut une initiation internationale en Italie, lieu de
convergence alors de toutes les manières bien davantage, en
définitive, que centre vraiment créateur, du moins dans le
domaine pictural. Par Tassi, il connut la manière de Paul
Bril (1554-1626), d'Anvers, fixé quarante ans à Rome et par lui
il eut toute l'expérience flamande de Patinir et de Met de Bles.
Il connut sûrement aussi, à Rome même, Elsheimer, qui appli-
quait le caravagisme au paysage. D'une manière générale, il eut
la vision d'une tradition, déjà ancienne et très variée.

Sa personnalité se définit, ensuite, aisément, non par rapport
à une ou deux sources d'idées mais à un grand courant de l'art
européen. Elle suggère à Claude de faire du paysage un art de
généralisation. Il est aux antipodes des Van Goyen et des Ruysdael qui feront le portrait d'une ville ou d'un pays. Sa vision,
essentiellement romaine, devient si largement lyrique, qu'on
oublie le motif pour ne retenir que les harmonies universelles.
Par ce pouvoir de généralisation, qui implique une émotion
humaine, Claude est un des grands lyriques de la peinture, un
des grands poètes de la civilisation moderne.

Mais la qualité de son œuvre résulte d'un second point. Pour
profonde qu'elle soit, la vision lyrique de Claude s'appuie sur

une technique précise, savante, positive. Nous sommes à mille
lieux de l'expressionnisme. La vibration de la sensibilité est ici
secondée par une maîtrise dans l'ordre de la diction. L'émotion
de Claude est de celles qui s'approfondissent en se dominant.
Chez Claude, à côté de l'émotion, il y a la forme et c'est une
forme voulue. Claude poète fut aussi un bon ouvrier d'art. Il
eut l'idée, neuve, d'utiliser les ressources de la peinture à
l'huile pour enfermer positivement la lumière dans la toile. Il
fixait, méthodiquement, un point de clarté, en tenant compte
d'un certain niveau de l'horizon, et il conciliait l'effet d'une
observation rigoureuse des détails avec un principe d'organisation déduit des dimensions du support et des capacités de
l'huile à rendre la profondeur par le jeu des plans successifs.
C'est à tort qu'on parle d'une unité rigoureuse entre l'observation et la facture ; il y a, au contraire, un effet de compromis
entre la minutie des détails et les ruptures d'échelle, de dimension et de valeur dues à la prédominance, dans l'exécution, des
lois internes de l'art. Autant que Gauguin ou que Matisse,
mais autrement, Lorrain s'explique par un sens aigu de la
valeur plastique de la matière : ici, peinture et support séparément considérés. Le paysage a cessé ici d'être décoratif et
pittoresque, il est devenu, par le jeu de la lumière dans les
glacis, à la fois l'objet et le signe de l'érudition.

Technique supérieurement raffinée de l'artisan qui supplée
aux lacunes de sa formation. Claude est poète et inventeur au
sens positif des deux termes. Ni Monet, ni Turner n'ont
pleinement retrouvé cette puissance qui atteint à la simplicité.
On a pu justement parler de l'art supérieurement intellectuel
d'un illettré.

Il y avait trop de génie et de poésie dans l'art de Claude pour
qu'il ait pu devenir le modèle d'une école. Tout au contraire,
chez Poussin, il y avait assez — ou trop — d'intellectualité
pour que plusieurs générations d'élèves puissent s'imaginer
que ce génie, également certain, pouvait s'imiter.

Poussin n'était, sans doute, pas moins doué de génie que
Claude à l'origine. Il sortit, lui aussi, d'un milieu paysan et
parvint au premier rang par sa seule puissance. Il rêva, lui

aussi, de Rome après avoir tenté sa chance à Paris, de 1612 à 1624, comme Claude la tentait à Nancy. À Rome seulement, on pouvait voir alors et les chefs-d'œuvre de l'antiquité et un milieu vivant d'artistes internationaux. Comme, plus tard, Paris sera le cercle de tous les talents, ainsi Rome, vers 1630, possède le prestige et la réalité d'un milieu international. Dans les provinces, qu'elles soient Anvers ou Utrecht, Venise ou Gênes, on ne peut que suivre une des manières qui s'y sont imposées. Pour qui veut s'élever à la création, il n'est d'autre centre que Rome. Ce n'est pas une vaine expression que de voir, dans Lorrain et Poussin, des peintres français de Rome — compte tenu surtout du fait que, par leur leçon, le centre de la peinture européenne va se déplacer de Rome à Paris. C'est par la combinaison de la personnalité de Poussin, — plus encore que de celle de Claude, — et de l'apparition à Paris, vers 1630, d'un groupe d'amateurs disposés à orner leurs demeures de tableaux, que s'est déterminée l'évolution de l'art international au XVIIe et au XVIIIe siècles tout entiers. Cet essor des cabinets de curieux est lié lui-même, à Paris, à la formation d'une société polie par qui se détermine également une littérature. Et la création de cette société résulte d'un enrichissement rapide de la capitale, conséquence du rassemblement de la vie de toute une nation entre les mains du Roi.

On manque de précisions sur les activités de Poussin à Paris durant les années de sa jeunesse, avant son arrivée à Rome, en 1624, à l'âge de trente ans. On sait ses contacts avec le milieu du jeune Champaigne et des ordres religieux en plein essor, avec le cavalier Marin, rimeur de l'*Adone* et prince éphémère d'une préciosité romanesque qui ne vécut que dans sa forme littéraire. On a échoué à démontrer qu'il existerait une œuvre parisienne de Poussin antérieure à son départ pour l'Italie. Au reste à Rome, vers 1624, le milieu culturel n'était pas si différent de celui de Paris. Plus divers, cependant, ouvert sur quelques horizons élargis ; car si, d'une part, on y trouvait confirmation du culte de Raphaël, un contact s'établissait avec des groupes, comme ceux des bolonais et des caravagesques, qui n'avaient pas encore atteint la notoriété européenne. Ce n'est pas Raphaël que Poussin découvrit donc à Rome mais Annibal Carrache et le Dominiquin. Et il n'est pas sûr qu'en dernière analyse il en ait tiré si grand profit. Avec la perspective actuelle, le « vrai » Poussin ne se dégage que vingt ans plus tard ; contrairement aux thèses courantes je ne crois pas, pour ma part, qu'on explique son génie, qu'on rende compte des valeurs créatrices du Classicisme qu'il incarne en peinture, en présentant son art comme le produit d'une épuration des valeurs romaines. Le style de Poussin n'est pas le résultat d'un compromis entre le caravagisme, le maniérisme, l'illusion-nisme baroque et la tradition raphaëlesque conservée mieux à Rome qu'ailleurs ; il n'est pas de l'Annibal Carrache enrichi et épuré ou du Dominiquin amélioré ; il consiste dans la décou-verte d'un nouveau rapport intellectuel de l'homme et de la nature et simultanément d'une nouvelle technique de la forme-couleur, par quoi la peinture française du XVIIe siècle n'est pas seulement un chaînon de l'art international, mais le premier pas en avant dans une voie qui la conduira, de Chardin à l'Impres-sionnisme, à l'expression figurative la plus adéquate aux grands mouvements de la culture et de la société dans les Temps Modernes.

Poussin, assurément, reste toujours lui-même et l'on peut découvrir à travers toute son œuvre quelques éléments qui annoncent dès l'origine les grandes réussites de sa dernière période. Toutefois, comme il arrive aux très grands artistes, les seuls à qui il soit donné de faire dans leur vie plusieurs livres ou plusieurs tableaux, on peut découvrir dans son œuvre des manières correspondant non pas au développement régulier d'un style d'emprunt mais à des tentatives, l'une après l'autre abandonnées, pour fixer par l'art une vision personnelle de l'univers. Pour comparer Poussin avec Jean-Jacques Rousseau, qui fut aussi l'un des très rares hommes à fonder une attitude universelle, on observera que des premiers *Discours* au *Contrat Social*, à l'*Émile* et à la *Nouvelle Héloïse* ou aux *Confessions*, on constate des changements de forme révélateurs à la fois de l'unité d'une pensée et des efforts variés poursuivis par un artiste pour assortir enfin pleinement la forme à cette pensée.

Ainsi, le vrai Poussin n'est ni le premier ni le dernier ; mais, tout de même, l'impulsion originale qui l'a conduit comme un voyageur, pendant vingt ans, à travers les écoles italiennes, ne se trouve pleinement exprimée que dans ses derniers ouvrages. Le parcours de Poussin doit être considéré non pas comme le progrès des efforts sélectifs d'un homme habile à mettre en combinaison des valeurs d'emprunt, mais comme l'itinéraire poursuivi par un visionnaire en vue de découvrir le point de vue fondamental d'où toute technique et tout emprunt apparaissent comme les moyens d'une parfaite adéquation de la forme expressive à un type nouveau d'expérience.

Il est donc légitime d'explorer tout l'œuvre de Poussin pour y chercher la trace des successives formules où il a tenté d'enfermer le reflet d'une sensibilité picturale hors de pair. Toutes les études qui ont pour objet de souligner ses attaches avec l'un quelconque des courants régnants au début du siècle dans la Rome où il allait chercher Raphaël et où il découvre Carrache, sont valables. À la condition, toutefois, d'être aussi larges que possible. Ce ne sont pas seulement, en effet, les tendances contemporaines qui retiennent Poussin. L'attrait qu'il éprouve pour Venise lui a inspiré quelques-uns de ses chefs-d'œuvre les plus proches de nous, des *Bacchanales* à la *Vénus* de Dresde ou à celle de Cassel. Il y a là quelques admirables morceaux où se révèlent les dons sensibles et chaleureux de l'artiste. Mais, simultanément, on le voit s'attacher à l'étude des vestiges de l'antique, source de Raphaël et de l'univers des thèmes mythologiques. Simultanément, Poussin transpose les effets d'ombre et de lumière du bas-relief, plus proche de son goût et de ses préoccupations figuratives que les grandes figures détachées de la sculpture classique. Suiveur de Raphaël, moins par l'imitation des solutions que par le recours à une source d'inspiration commune qui lui fournit l'occasion d'associer, dans des ouvrages composites mais déjà absolument originaux, cette leçon et celle de Venise.

Presqu'en même temps d'ailleurs, on le voit attaché à d'autres expériences. Jetant d'abord la première « idée » d'une toile sur le papier avec le crayon et le lavis, en détachant les figures du

premier plan en saillie sur un fond analogue à celui d'un bas-
relief, il développe aussi sa pensée d'une tout autre manière.
Il fabrique des maquettes, de dimensions de plus en plus
grandes, habillant des figurines pour étudier les drapés. Vient
alors la mise en place les unes par rapport aux autres de ces
figures, fixées sur un plateau et disposées en retrait les unes des
autres à l'aide de fils tendus qui déterminent un certain nombre
de plans dès qu'on observe l'ensemble sous un certain angle
de vue et sous une certaine lumière, à travers un trou percé
dans les parois de la boîte. Il est difficile de savoir si cette
pratique appartint à lui seul ou bien si elle était demeurée
vivante dans les ateliers depuis Brunelleschi dont manifeste-
ment elle s'inspire. Assuré, en tout cas, de la construction rationnelle de ses groupes et des plans, de la réalité des jeux de la
lumière, jamais diffuse comme celle de Claude Lorrain, mais
toujours dirigée, il ne restait plus à Poussin qu'à projeter sur
la toile un spectacle conventionnel et imaginaire réglé comme
un ballet. On peut voir dans le délicieux *Triomphe de Flore* le
produit le plus accompli de cette méthode, singulier mélange
des réminiscences antico-romaines et du souvenir vécu des
jardins de ces Tuileries où Poussin à Paris occupa une petite
maison qu'il aima.

Que ce soit dans la perspective de ces compositions synthé-
tiques où se mélangent les éléments apportés à Poussin par le
déroulement d'une longue et patiente enquête à travers les
formes antérieures de la pensée et de l'art ; que ce soit, au contraire, dans les derniers tableaux où se reflètent les prestiges
exercés sur son esprit par la veine romanesque du cavalier
Marin, du Tasse et des légendes païennes associées généralement chez lui à la chaleur des Vénitiens, il est certain que le mot
prononcé un jour par Bernin à Paris devant une de ses toiles
caractérise pleinement un aspect de son inspiration : « Vraiment cet homme, dit le Cavalier agenouillé spectaculairement
au pied d'un chevalet, est un grand conteur de fables ». Reste
à savoir si, jusqu'au bout, l'art de Poussin se développe ainsi
par intégration des valeurs.

Le paradoxe de Poussin, c'est qu'avec tous ces artifices, il vénérait la nature et en faisait sa source quotidienne d'inspiration. S'il ne peignait pas directement d'après elle, il se promenait toujours un carton à la main, enregistrant au passage les gestes de la foule aussi bien que les fragments de paysage ou de ruines que le hasard mettait sous ses yeux. Toutefois, le document, qu'il soit humain ou naturel, n'est jamais utilisé par lui directement pour lui inspirer un rendu illusionniste ; il est toujours élaboré et intégré dans un système. Aussi le voit-on simultanément ramasser dans la campagne des cailloux et des mottes de terre pour reproduire plus exactement dans son atelier leur forme ou leur coloration, et éliminer tout rendu imitatif et tout élément impressionniste de ses compositions. Il y a nettement pour lui deux ordres également naturels, également fondamentaux, celui de la sensation et celui de l'esprit. Et la peinture est de l'ordre des choses mentales, quoique faite avec des éléments empruntés à l'ordre des choses matérielles. On s'en est avisé depuis longtemps. Reste à savoir si, comme on le croit, cette spiritualité se manifeste seulement à travers un pouvoir d'association de valeurs antérieurement élaborées. On a coutume de définir le Classicisme, en général, comme un pouvoir de cette nature, toute l'invention de l'art étant attribuée aux artistes qu'inspirerait un génie, autrement dit l'intuition immédiate des valeurs suprêmes de la vie. Une telle conception implique la croyance dans le caractère anthropomorphique de l'univers, elle identifie à tort l'Académisme et le Classicisme, qui est le style de quelques époques au contraire essentiellement créatrices ; le siècle de Périclès et celui de Louis XIV.

Les différentes formes de l'activité artistique ne révèlent pas nécessairement, sous des dehors divers, une activité de l'homme identique dans tous les temps et dans tous les pays. La peinture de Poussin ne constitue pas la version améliorée d'un système antérieurement élaboré de l'univers. Elle est, au même titre que la pensée mathématique de Descartes, que la physique de Galilée, que la littérature française, que le colbertisme, que la monarchie nouvelle, non un produit d'accumulation mais une activité institutionnelle où transparaissent la causalité et les systèmes de compréhension d'un groupe d'esprits modernes, en passe de transformer la société. Ce n'est pas la manière dont la fable chrétienne ou païenne est représentée qui explique l'intérêt encore actuel de l'œuvre de Poussin ; ce n'est pas sa fidélité à l'idéal raphaëlesque de la Beauté ; ce ne sont pas ses affinités avec les Bolonais et avec des émules et disciples français tenant trop souvent de l'académisme véritable plutôt qu'inspirés de son exemple.

Le grand effort de la Renaissance a consisté à ajouter à la tradition chrétienne et à la tradition chevaleresque française un nouveau cycle de récits empruntés à l'histoire et à la mythologie antiques. Elle a élaboré tout un système de signes, en partie empruntés à la tradition médiévale, en partie inspirés de l'antique et des spectacles de la vie courante. Dans tous les cas, il y a toujours pour elle un savoir qui s'interpose entre la perception et la représentation. Le rapport entre l'homme et la nature est toujours second ; il implique une mémoire collective. Au milieu du XVIIe siècle la peinture de Poussin est la plus moderne parce qu'elle nous propose, au contraire, un nouveau rapport direct entre l'homme et la nature. La référence est donnée ici non plus principalement à une chose sue et préalablement institutionnalisée, mais à une chose vue. Avec ses grands paysages, apparus vers les années 1650, Poussin ouvre la voie à une peinture qui implique l'analyse de la perception. Elle est le premier pas vers une culture dialectique du réel et de l'imaginaire où le réel est le donné sensoriel. Les récits de Poussin ne font qu'illustrer des ouvrages qui matérialisent par eux-mêmes une vision poétique de l'univers. La peinture cesse d'être principalement ici mise en scène et illusion pour devenir communication et instrument de réflexion sur les données sensibles. La distinction entre la nature et sa signification individuelle apparaît. Elle conduit à toute la chaîne des œuvres majeures de la peinture française qui, à travers le XVIIIe siècle, aboutit à l'Impressionnisme. Cet art est fondé sur l'approfondissement de l'expérience individuelle. Il généralise non par la multiplicité de ses éléments mais par la qualité globale de son observation.

L'art de Poussin ne consiste pas dans une présentation nouvelle de l'expérience commune des générations, mais dans une sélection au niveau des perceptions et de la nature, non pas au niveau de la culture accumulée des générations : comme celui des La Fontaine et des Molière, l'art de Poussin n'est analytique qu'en fonction d'une saisie directe de l'essence.

Une vision directe, simultanément globale et analytique, qui se distingue, par conséquent, et des styles fondés sur une conception de l'univers révélé, et des styles fondés sur l'exploration et la description d'un univers extérieur à l'homme mais anthropomorphisé. On entre avec Poussin dans les Temps modernes, où toute connaissance est déduite d'une activité socialisée de l'esprit. Demain, Diderot dénoncera le mythe de l'innéité et Condillac, après les empiristes anglais, formulera le sensualisme de la connaissance. La peinture de Poussin, le Classicisme, n'est pas une présentation nouvelle, mais le premier pas accompli pour égaler l'art aux autres moyens d'exploration et de figuration du monde moderne. Il ne s'agit pas de décanter l'expérience des générations, mais d'en créer une nouvelle. Contrairement aux apparences, le Classicisme des temps modernes fait plus de place que la culture médiévale à l'homme. L'image n'est plus la projection d'un réel concédé, elle constitue un système d'intégration et de fixation de l'expérience au même titre que les langages mathématiques ou que la littérature. Avec le Classicisme de Poussin, la peinture s'apprête à devenir une des activités majeures des sociétés modernes, un instrument de l'esprit.

Ce qui est encore admirable chez Poussin, c'est que cette nouvelle orientation de la peinture s'affirme du premier coup avec une absolue maîtrise. La « couverture » de la toile est transcendante, dense, harmonieuse. L'opposition couleur-lumière s'efface comme dans les très beaux Chardin et les Cézanne. Voilà ses vrais disciples. Il n'y a pas une belle manière de peindre, mais il existe une parenté entre les peintres qui furent avant tout peintres. À tous égards, il s'agit d'un des tournants manifestes de l'histoire de la peinture survenu au moment même où, dans tous les domaines, se déterminent

les conditions d'une nouvelle culture. Comme la littérature
française classique, comme la nouvelle physique, comme la
nouvelle mathématique, elle exprime dans son domaine un
renouveau des rapports de l'Homme avec la Nature. Voilà
pourquoi elle nous déconcerte et nous subjugue, et voilà
pourquoi c'est la mise en relation de l'homme avec le paysage
qui s'est alors trouvée, mieux que la Fable, la solution la plus
adaptée aux inventions de Poussin.

Il convient ici de revenir en arrière. De 1624 à sa mort, en
1665, Poussin ne demeura pas toujours à Rome. Il fit, de
1639 à 1642, un séjour à Paris dont la signification et les
conséquences ont été immenses pour l'art français. Sa réputation grandissante ayant attiré sur lui l'attention du surintendant des Beaux-Arts, Sublet de Noyers, le Roi obtint, avec
quelque difficulté d'ailleurs, sa venue dans la capitale. Il s'y
trouva en concurrence avec Vouet, rentré de Rome depuis 1627
et avec d'autres Romains comme François Perrier, Errard,
Mignard. Bien que sa réputation ait été faite par ses tableaux
de chevalet, on le chargea de la décoration de la grande galerie
du Louvre alors en voie de reconstruction. Du reste Paris
était un immense chantier. De toutes parts surgissaient les
bâtiments. Sans parler des couvents — on en construisit plus
de quarante avant le milieu du siècle —, il y avait d'une part
les bâtiments du Roi, d'autre part les hôtels particuliers de la
nouvelle classe dirigeante celle des financiers et de la noblesse
parlementaire. L'Ile Saint-Louis se garnissait de demeures
somptueuses : les Bellièvre, les Hesselin, les Nouveau, les
Lambert rivalisaient avec les commandeurs de Jars, les ducs
d'Aumont. Tout un peuple d'artisans, décorateurs, sculpteurs,
peintres, s'empressait autour des commandes ; une industrie
d'art naissait et, peu à peu, un mouvement ramenait de Rome à
Paris des équipes avides de travaux et de gloire. On recons-
truisait la France ruinée par les guerres de religion. La diffusion
du goût pour les arts atteignait simultanément les sphères
dirigeantes, soucieuses de prestige et de travaux ; les cercles
d'amateurs cultivés, qui commençaient à considérer les arts

comme une des formes de la culture intellectuelle ; enfin, les cercles d'artisans, parisiens et provinciaux, par qui allait se faire la relève des Italiens et des Flamands.

Le voyage de Poussin ne fut pas un succès. Il se heurta aux positions déjà prises et, malgré les honneurs, regagna Rome sans avoir réussi à devenir le chef d'une école parisienne. Rentrant dans la Ville Éternelle, il emmenait avec lui un jeune homme de vingt-trois ans, qui s'appelait Charles Le Brun et qui devait, lui, se rendre le chef de cette école. C'était un jeune ambitieux, sans scrupule, impatient de commander, servi par un talent rapide et facile, et qui avait déjà eu le temps d'entrer en conflit avec les autres artistes notamment avec Vouet, le maître pourtant consacré, et Mignard, son condisciple le plus doué. Il avait aussi commencé à faire sa cour aux puissants, en particulier à Séguier, le chancelier qui détenait les pensions. Le prestige extérieur de Poussin l'avait impressionné ; il s'attacha donc à ses pas et le suivit à Rome, mais, lui, avec 200 écus de pension du chancelier ! À Rome il entra vite en rivalité avec Poussin, exposant anonymement en public des toiles imitées du maître. Dès 1646, brûlant les consignes, il était du reste rentré à Paris et, servi par une prodigieuse puissance de travail, il devenait l'un des décorateurs les plus achalandés. Hôtels Lambert, Hesselin, il est surtout l'homme de Fouquet ; pour lui il décore Vaux-le-Vicomte, crée une manufacture de tapisserie à Maincy, ordonne des fêtes splendides dont la dernière, le fameux *Songe de Vaux*, devait être fatale au surintendant, mais triomphale pour Le Brun, aussitôt rallié au souverain jaloux. C'est que, parmi les dons souvent peu sympathiques de Le Brun, figurait un sens politique extraordinairement averti. Ayant été l'homme de Séguier quand régnait Ratabon, il fut celui de Colbert quand régnait Fouquet. Sa chute, vingt ans plus tard, en 1683, sera liée à celle de Colbert et à l'erreur commise de se croire suffisamment appuyé par le Roi.

Entre temps, l'œuvre était venue. Elle est immense. À la fois

splendide et désastreuse. Considéré comme peintre, Le Brun
est médiocre. Son art n'est que reflet. Reflet de Poussin auquel
il emprunte le goût des camaïeux pour les grandes décorations,
reflet des Bolonais pour les grandes compositions. Sa peinture
religieuse est sans aucune valeur, les personnages y posent
sans aucun naturel et la couleur est pauvre. Même ses portraits
sont médiocres. Le *Jabach* est dans la tradition flamande. Seul
Le Chancelier Séguier témoigne de quelque fantaisie. La seule
chose que Le Brun sente réellement, c'est le prestige du parvenu.

En revanche, ses capacités comme ordonnateur sont incroya-
bles. On lui doit les trois-quarts de Versailles, la Galerie du Louvre, Marly, sans parler du Vaux de Fouquet et du Sceaux de
Colbert. On lui doit, surtout, les Gobelins. Reprenant le projet
de la manufacture de Maincy, il crée, à Paris même, une véritable usine où se tissent, se fondent, se peignent et se décorent
tous les éléments d'un cadre de vie original. Le Brun a créé
un style. Avec l'aide certes d'autres talents : ce sont les Bérain,
les Lepautre, les Marot, les Audran, ce sont les lissiers et les
orfèvres, les Boule et les Ballin, qui furent les vrais artistes ;
mais, lui disparu, on vit bien que tout vivait de son génie. On
ne saurait donc mettre trop haut un homme qui sut, à lui seul,
créer une certaine manière de décor qui, non seulement, fit de
Paris un centre égal en quelques années à celui de Rome, mais
qui lui assura, pour un siècle, la prééminence absolue en
Europe. D'autant que cette prééminence est fondée sur l'extraordinaire qualité de l'exécution, mais, également, sur un goût
original où se retrouvent les qualités de simplicité, de mesure,
de fermeté et d'exacte appropriation aux techniques et au
programme d'ensemble qui caractérisent les grands styles de
l'histoire. Si Le Brun n'eut pas les talents du peintre, il posséda,
au plus haut point, ceux de l'ordonnateur et aussi ceux du
créateur de goût. Après Jean d'Udine et Raphaël, il est le plus
grand maître dans le domaine du décor de la vie. Médiocre
dans les sujets, sa manière est grande dans le style monumental.
Il s'imposa à des cohortes de sculpteurs et d'artisans infiniment
plus doués et plus grands par l'exécution du détail, mais qui

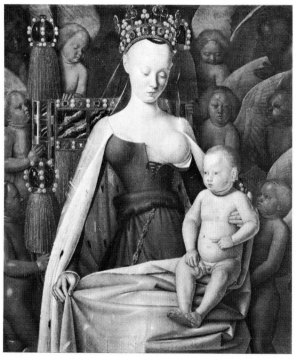

JEAN FOUQUET (v. 1450), *La Vierge et l'Enfant* (Diptyque de Melun). Anvers, Musée Royal des Beaux-Arts. (Photo Giraudon)

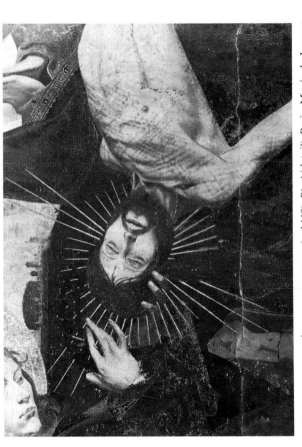

MAÎTRE DE LA PIETÀ DE VILLENEUVE (v. 1460), *Pietà* (detail). Paris, Musée du Louvre. (Photo Giraudon).

ENGUERRAND QUARTON (1453), *Couronnement de la Vierge* (détail). Hospice de Villeneuve-lès-Avignon. (Photo Giraudon)

POL DE LIMBOURG ET SES FRÈRES (v. 1410-1416), *Le Mois de Juin, Palais et Sainte Chapelle*. Chantilly, Musée Condé. (Photo Giraudon)

ANTOINE CARON (v. 1527-1599), *Les funérailles de l'Amour*
(détail). Paris, Musée du Louvre. (Photo Giraudon)

Vers 1495, *La Dame aux pensées*.
Paris, Musée du Louvre. (Photo Giraudon)

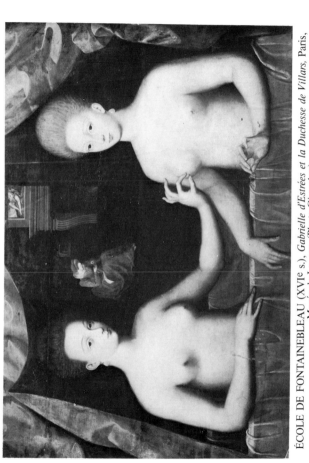

ÉCOLE DE FONTAINEBLEAU (XVIᵉ s.), *Gabrielle d'Estrées et la Duchesse de Villars*, Paris, Musée du Louvre. (Photo Giraudon)

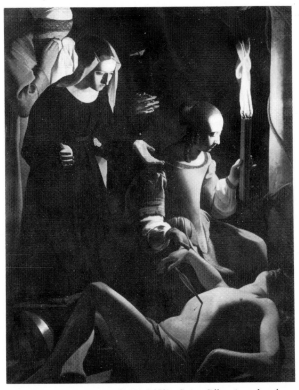

GEORGES DE LA TOUR (1600-1652), *Saint Sébastien pleuré par Sainte Irène*. Berlin, Kaiser Friedrich Museum. (Photo Giraudon)

NICOLAS POUSSIN (1594-1665), *Orphée et Euridyce* (détail).
Paris, Musée du Louvre. (Photo Giraudon)

8. CLAUDE GELLÉE, dit LE LORRAIN (1600-1682). *Le Château enchanté*. Londres. Collection Sir Arthur Thomas.

CHARLES LEBRUN (1614-1690), *Entrée du Chancelier Séguier*. Paris, Musée du Louvre. (Photo Giraudon)

ANTOINE WATTEAU (1684-1721), *L'amour paisible* (détail).
Potsdam, Palais Neuf. (Photo Giraudon)

JEAN-BAPTISTE-SIMÉON CHARDIN (1699-1769), *Jeune dessinateur taillant son crayon*. Paris, Collection particulière. (Photo Giraudon)

FRANÇOIS BOUCHER (1703-1770), *Cupidon.* Londres, Collection
Wallace. (Photo Giraudon)

JEAN-HONORÉ FRAGONARD (1732-1806), *L'escarpolette*.
Londres, Collection Wallace. (Photo Giraudon)

HUBERT ROBERT (1733-1808), *Ruines d'un temple*. Paris
Collection particulière. (Photo Giraudon)

lui ont dû l'ampleur des desseins. Le moindre objet sera, pendant des générations, marqué du sceau de Le Brun.

Cependant la grande victime faillit bien être la peinture. De l'enseignement de Poussin, Le Brun n'avait entendu que l'extérieur. C'est-à-dire l'affirmation du rôle joué par la réflexion et le calcul, ainsi que la subordination au dessin de toutes les autres parties de l'art. S'il n'avait fait que développer cette leçon à travers les travaux des Gobelins, le mal aurait été minime et vite réparé. Mais il s'est trouvé que cet homme qui, dès sa quinzième année, s'était posé en rival des plus grands et qui n'avait jamais douté que sa vocation était de régenter son temps, fonda tout un système pour maintenir la rigueur de la doctrine et que le système lui survécut. Née d'un conflit entre les corporations de peintres et les brevetés — c'est-à-dire les artisans privés des grands — l'Académie devint, par Le Brun, un système de formation rigide de l'art. Fondée sur la copie du modèle vivant, puis des œuvres considérées comme des normes immuables de la Beauté, garantie par un privilège rigoureux, possédant en outre le droit de faire seule des expositions, c'est-à-dire d'assurer la liaison des artistes avec le public, ayant à Rome même une succursale où se poursuivait la formation des meilleurs élèves définitivement sélectionnés et assurés ensuite des commandes, l'Académie devint vite un terrible instrument de dictature intellectuelle. Pendant un siècle, jusqu'en 1789, elle a marqué l'école française, perpétuant non seulement la tradition des grands sujets, mais obligeant les vrais talents à s'affirmer aventureusement en dehors de l'école.

On se demande toutefois si, parfois, on n'a pas exagéré l'influence exercée après Le Brun par l'Académie. De son vivant déjà, il y a des preuves du développement indépendant de courants autonomes et originaux dans l'école française. Non, certes, quand il s'agit de Mignard, tout autant que lui peintre médiocre et pur imitateur de courants internationaux, qui ne le remplaça, par la grâce de Louvois, que pendant peu d'années à la surintendance des bâtiments et des beaux-arts. Mignard, plus mou, médiocre coloriste, est homme du monde plus que grand artiste. Le renouveau ne venait pas non plus de ceux que l'on appelle les provinciaux. Ni des Jouvenet, ni des La Fosse, ni des De Troy. Représentants des rubénistes, ils sont aussi conventionnels que les disciples de Le Brun, tenants d'un poussinisme réduit à ce qui n'est pas le génie de Poussin. Tout de même qu'au début du siècle les Tassel et les Bourdon, les Vignon et les Blanchard, ils ne représentent que des formules internationales. Ce n'est pas le rubénisme en tant que pratique du coloris opposée à la pratique du trait qui pouvait sauver une école. Le seul intérêt de la polémique soulevée, en pleine Académie et devant le public parisien, par les théoriciens — surtout par Dufresnoy et par Roger de Piles — c'est d'attester que la dictature de Le Brun était ressentie comme un poids.

La véritable opposition est venue du milieu parisien, amateurs ou curieux qui avaient fait le succès de Poussin et qui réclamaient non pas un art à la mesure du seul souverain mais à la dimension de leur vie privée, de leurs intérieurs et de leurs plaisirs. Comme dans la sculpture, cette opposition se manifeste, en peinture, par la vitalité des genres dits secondaires ou petits genres. La petite manière où triomphera le XVIIIe siècle est déjà en puissance dans plusieurs séries d'ouvrages du Grand Siècle. Sans parler de tout le lot des travaux d'art inspirés par Le Brun mais assouplis par le goût romanesque de nombreux artisans, Paris a montré son goût pour le portrait, pour le paysage et pour le théâtre dès le règne de Louis XIV et de ses deux puissants conseillers Colbert et Le Brun.

D'Antoine Le Nain à Largillierre le XVIIe siècle nous a laissé une galerie de portraits caractéristiques de chacune de ses phases. Il est vrai que le portrait a été en grande partie dirigé comme le reste après 1660 par le premier peintre qui a trouvé la complicité des grands mécènes heureux de se faire représenter en quasi souverains. La vanité, qui a servi de ressort à la toute-puissance de Louis XIV, a inspiré le style d'apparat des Largillierre et des Rigaud, des Vivien et des Nanteuil. Quelques morceaux, pourtant, comme les portraits de la mère de Rigaud, nous montrent ces artistes eux-mêmes épris d'observation psychologique et de techniques moins sèches que celles de l'école. Par un curieux paradoxe, le rubénisme, proscrit des

grandes compositions, se développe à travers le portrait
d'apparat par la vertu de l'amour propre et le désir du luxe, —
grâce à quoi le xviiiᵉ siècle trouvera toutes prêtes des méthodes
qu'il appliquera à d'autres propos. Simultanément, mêmes les
plus officiels de ces portraits révèlent une observation souvent
très aiguë du modèle. Le portrait psychologique est en germe
dans l'œuvre du Grand Siècle.

Quant au paysage, la tradition flamande y est l'antidote de
l'académisme. Notamment chez Van der Meulen, neveu par
alliance de Le Brun et qui le trahit pour Louvois et Mignard.
Toutefois, les sources véritables du paysage moderne ne sont
pas chez lui, mais chez un Desportes portraitiste non officiel et
peintre des chiens et des formes libres de l'existence, auteur
aussi de quelques esquisses d'après nature qui prouvent bien
que la tradition des techniques libres s'était conservée vivante à
travers la période la plus agressive de l'académisme.

Enfin, toute la fantaisie du siècle se donne libre cours dans le
théâtre, principalement dans l'opéra qui remplace, vers 1675,
les fêtes si chères aux générations précédentes. Qu'on n'oublie
pas que, pour séduire Louis XIV, Le Brun avait, d'abord, été
grand ordonnateur de spectacles ; le dessein de Versailles est né
des *Plaisirs de l'Ile Enchantée*. Lorsque le prince, de plus en plus
vieilli et soucieux de politique davantage que d'amour et de
société, se détourna de plus en plus de tous les spectacles qui
établissaient un lien entre lui et la nation, ce fut le théâtre qui
devint le terrain d'expérience et de réaction du public et des
artistes. Ce sont des décorateurs de théâtre, Audran, Oppenord,
Lajoue qui amorcent dans les dernières années du règne de
Louis XIV l'évolution du goût. Après la disgrâce de Le Brun, il
n'y eut pas de style Maintenon. La Cour n'est plus qu'autorité
et politique. C'est Paris qui se prépare à relever les puissants.

Quatrième partie

LE XVIIIe SIÈCLE

Le 30 juillet 1712, l'austère Académie Royale fut le théâtre d'une scène de conte de fée : un jeune homme timide et modeste, inconnu de tous, apporte sous son bras deux tableautins et les accroche dans la salle où passent ordinairement ces messieurs de l'Académie de Peinture et de Sculpture. Aussitôt, on les admire, on convoque l'auteur ; quelqu'un lui déclare qu'il en sait plus long que tous les membres de l'Académie — qui sera heureuse de le compter parmi les siens. Le jeune peintre était Watteau, alors âgé de vingt-huit ans ; l'académicien célèbre qui lui décerna les éloges, La Fosse, peintre d'histoire, à qui l'on doit les plafonds de l'actuel British Museum ; le rapporteur de la charmante histoire, Gersaint, marchand de tableaux et ami de Watteau.

L'aventure est trop belle pour être vraie ! A-t-on jamais vu les augures des corps constitués se comporter de la sorte ? D'autant plus que, seize ans plus tard, la même scène se serait, dit-on, répétée pour Chardin, introduit à l'Académie dans les mêmes conditions, — à ceci près que La Fosse, mort en 1716, est remplacé par Largillierre.

Vrai ou embelli, ce témoignage, venant directement des contemporains des deux peintres, nous fait, en tout état de cause, toucher du doigt deux réalités de ce début du XVIIIe siècle qui n'ont peut-être pas toujours été suffisamment considérées. D'abord, la difficulté où se trouvaient les jeunes artistes pour se faire connaître. Depuis 1704, en effet, les Salons de l'Académie étaient fermés et ils ne devaient rouvrir qu'en 1737. L'Académie de Saint-Luc, où l'on exposait annuellement, n'avait qu'un caractère de maîtrise artisanale et il ne restait aux artistes que la ressource des expositions en plein vent, avec tout le jeu des hasards qu'elles comportaient ; ou enfin — pour s'ouvrir l'accès des milieux officiels — la voie du subterfuge, comme celle que furent censés adopter et Watteau et Chardin. En second lieu, l'existence même de la légende prouve que, non-obstant ces difficultés, l'apparition de Watteau d'abord, de Chardin ensuite, furent très vite considérées dans les milieux artistiques comme un événement.

Ce qui est certain, c'est que Watteau fut « agréé » en 1712 sans difficulté. Et aussi que le voyage de Rome — qui était l'objet véritable de sa démarche — ne fut pas jugé nécessaire pour lui par ces messieurs. Signe des temps ! La peinture d'histoire, celle pour qui la formation romaine était la condition indispensable, était, certes, toujours, dans la hiérarchie artistique, la « grande peinture ». Mais tout le monde, artistes et public, en était las, comme on était las de la guerre, de l'héroïsme et de la grandeur du règne. Irrésistible-ment, sinon très ouvertement, le goût allait — dès avant la mort de Louis XIV — vers la détente, la vie quotidienne, les plaisirs mondains et les spectacles.

Les deux tableaux qui valurent à Watteau son « agrément » à l'Académie répondaient à ce goût-là. Si l'on en croit Gersaint, c'étaient deux tableaux militaires les *Recrues allant joindre un régiment* et la *Halte du détachement*. De son côté, Mariette, suivi par Louis Gillet, affirme qu'il s'agissait d'arlequinades. Et le procès-verbal de l'Académie se tait sur les titres des ouvrages présentés. Peu importe, après tout, puisque, dans l'un comme dans l'autre cas, il s'agit de peinture de genre.

Le genre, bien entendu, était connu des Parisiens qui, depuis longtemps, étaient amateurs de petits maîtres hollandais et flamands ; il en était de même pour les scènes de théâtre, sujet favori de Claude Gillot, premier maître authentique de Wat-teau, dont l'œuvre, largement répandue par les graveurs, était fort à la mode. Aux dires de Gersaint, Watteau « se débrouilla » chez Gillot complètement. Pourtant, voyez la différence entre les œuvres du maître et celles du disciple ! Côte à côte au Louvre avec quelques Watteau, enfermés dans une sorte de boîte constituée par les façades des maisons qui encadrent une place publique, les personnages de Gillot (ceux de la *Scène des*

Carrosses par exemple) font irrésistiblement penser à des
marionnettes. Amusants, certes, plaisants, mais doués surtout
de cet humour à base d'automatisme qui provoque les grands
éclats de rire au Guignol. Le public éclairé, les amateurs,
comme Crozat ou Julienne, qui ont inlassablement soutenu
Watteau durant sa courte carrière, ne s'y sont pas trompés.
Dès ses premières œuvres, ces tableaux militaires dont il
commença la série durant son séjour chez Audran, son second
maître, et qu'il continua pendant un court voyage dans sa ville
natale de Valenciennes, dès les scènes de la vie de campagne
qui sont de la même période, dès les premières arlequinades, la
marque de Watteau est apposée partout : c'est l'élément affectif.
Et ce sera là, la grande nouveauté d'un siècle, tout entier
caractérisé par un glissement permanent de la raison raison-
nante vers la découverte du *sentiment*, de ses subtilités et de ses
illogismes, et qui devait aboutir, en définitive, au grand éclat
romantique.

On a dit et redit — avec raison — que Watteau était poète
et c'est, assurément, cette qualité poétique qui frappa ses contemporains, sevrés de poésie en matière de peinture depuis des
siècles. Mais il y a différentes manières d'être poète. Chardin le
fut aussi, à sa façon, qui sut conférer la vie à des objets inani-
més. Et presque tous les grands peintres du siècle — les La
Tour, les Boucher, les Hubert Robert, les Fragonard — le
seront et en cela, comme le public qui les admire, ils sont de
leur temps. Mais Watteau est le premier de la série et sa poésie
atteint l'intensité de la vraie création. Il est le poète du fugitif,
du moment qui passe et ne revient pas, dont on sait et le prix
et les retours amers qui le suivent. Ce dessinateur incomparable, le plus grand peut-être qui soit apparu en Occident, ne
note que les attitudes que l'être humain ne garde jamais longtemps. Feuilletez les *Figures de différents caractères :* un regard
lancé comme un coup ou jeté à la dérobée, un fléchissement de
la taille, une inclinaison de la tête, un geste gracieux et spon-
tané, un musicien au comble de l'exaltation qui rejette la tête
en arrière et cambre les reins, cet autre qui ploie sur sa guitare,
un pas de danse élancé, une génuflexion, un tablier tendu en

avant pour y recueillir quoi?... Et il en est de même de ses
paysages, qui s'éclairent d'un rayon en train de disparaître, où
le frémissement des feuilles encore fripées de l'emprise des
bourgeons, le petit nuage, rendent sensible et précieuse la
fragilité des choses. Un arrière-plan de mélancolie subsiste dans
tout ce qu'il entreprend sans jamais atteindre pourtant le
drame ou la passion. Dans les scènes de guerre qu'il peint, ce
sont les moments de détente qu'il retient : la *Halte*, le *Retour
de campagne*, le *Camp volant*, la vie d'arrière-front avec son
cortège d'amusements et de femmes qui tournent autour des
soldats ; son côté pittoresque, l'*Escorte d'équipages;* tout au plus
les *Fatigues de la guerre* — lorsqu'un âne rétif se refuse à passer
un pont —, mais aussi ses *Délassements*. Tout au fond, pourtant, de ces scènes paisibles où point l'humour, on sent peser la
menace et la peine.

Tout est en plein air ; les intérieurs fixent trop et emprison-
nent le moment. Lorsqu'en de rares occasions, il peint un
Intérieur de cuisine, on se croirait plutôt dans une cour largement ouverte sur le dehors. Quelle différence d'atmosphère
avec Chardin, ce peintre du durable qui a perpétué jusqu'à
nous tout le mode de vie d'une époque ! Amoureux de la matière, de sa pesanteur, de sa substance, Chardin lui donne la
chair et le toucher voluptueux. Cette fontaine de cuivre qui, à
elle seule, suffit à remplir un panneau, non seulement on en sent
le poids et le poli, les inégalités du martellement fait à la main
et le volume qui se carre avec assurance, mais elle constitue
une *présence*, tout comme un portrait qui impose sa personnalité. Les intérieurs sont bien clos, ils sont un monde qui garde
ses secrets. Les grosses dalles des murs de cuisine, fermes,
épaisses, solides attestent la permanence des choses, et l'on
sent que la femme qui vaque aux travaux du ménage répète
le geste de l'aïeule et qu'elle le transmettra à sa fille.

Aussi, les deux peintres qui, à quinze ans d'intervalle, partent
de thèmes analogues — la vie des humbles — s'acheminent vers
des voies opposées : par un curieux paradoxe, Chardin, le
Parisien, s'attache à l'objet et Watteau, le Flamand, au moment.

C'est assurément son caractère éphémère qui a attiré Watteau vers le théâtre. Là encore, il transpose, il allège. Les « scènes de comédie », dont est pleine son œuvre, n'en sont point, si on les regarde de près, car jamais Watteau ne raconte une histoire. Jamais il ne s'attarde sur un fait précis, une action suivie. Il note les attitudes des comédiens, il habille ses amis avec des costumes de théâtre, en fait des croquis divers. Puis, il les transporte sur un fond de paysage qui, tantôt, n'est — comme dans l'*Indifférent* ou la *Finette* — qu'un léger frottis vague et suggestif, tantôt — le plus souvent — une clairière dans un bois ou le fond d'un parc baigné d'une lumière douce filtrée par les feuillages, et là, il les dispose en groupes de fantaisie dont le lien anecdotique est aussi vague et aussi général que possible : l'Amour, la Fête, la Danse, la Promenade ou simplement l'enchantement et le plaisir d'une belle journée, ou comme on disait dans le langage du temps les *Charmes de la Vie*. C'est ainsi que scènes de comédie et scènes galantes, mondaines ou populaires se confondent en un seul défilé d'images charmeuses. Voyez Arlequin et Colombine dans *Voulez-vous triompher des Belles* ou l'*Amour au théâtre français* et n'importe laquelle des scènes galantes non théâtrales — l'*Accord Parfait*, le *Concert* ou l'*Accordée de Village*. Aucun contenu de fond ne les sépare. Quelques costumes d'acteurs italiens indiquent, dans les unes, qu'il s'agit de comédiens, mais, partout, c'est le même chatoiement d'étoffes rendu avec une maîtrise jamais égalée par des rehauts de blanc qui accrochent la lumière, même air, même lumière, même atmosphère infiniment complexe de fête galante mêlée d'un peu de mystère, d'un peu d'incertitude, de tristesse et... de pitié indulgente.

La facture des œuvres de cette époque est à base d'huile très grasse. L'usage des glacis lui venait de Rubens dont il était l'admirateur fervent et avec qui il s'était familiarisé durant son séjour chez Audran, conservateur du Luxembourg où se trouvait alors la Galerie Médicis, aujourd'hui au Louvre. Des Vénitiens aussi, qu'il put contempler chez Crozat, le financier, qui lui avait offert l'hospitalité et qui possédait le plus beau Cabinet de dessins et de peintures de Paris. Mais, au témoignage unanime de tous les contemporains, possédé qu'il était de fièvre

et d'impatience, il faisait, afin d'aller vite, un grand abus de
l'huile qui permet d'étaler rapidement la couleur, mais qui
amène, aussi, en peu de temps, une altération complète des
toiles — dont certaines furent irrémédiablement perdues du
vivant même de Watteau. Seul Gersaint apporte un discerne-
ment dans ce concert de reproches. Comme les autres, il
déplore l'usage immodéré de l'huile fait par son ami, « mais,
dit-il, ceux (de ses tableaux) qui se trouvent exempts de ce
défaut sont admirables et se soutiendront toujours dans tous les
cabinets ». Il semble bien, en effet, que ce soit affaire de soins
et que, suivant l'humeur changeante du peintre, on peut noter
l'emploi plus ou moins abondant d'huile grasse et de fonds
sombres pendant toute cette période. Pourtant, lors de l'achè-
vement en 1717 de l'esquisse de l'*Embarquement pour Cythère*,
morceau de réception définitive à l'Académie, la technique de
Watteau marque un changement : elle s'éclaircit, s'illumine par
l'emploi de fonds bistres légers et la réduction de l'emploi de
l'huile, soit que le peintre se fût rendu compte, au cours d'une
exécution forcément plus soignée que les autres, des inconvénients du procédé jusqu'alors employé, soit qu'il ait cédé aux
instances de ses amis.

Qui donc oserait, après Rodin, faire l'analyse de l'*Embarquement pour Cythère*? Du moins, peut-on essayer de
marquer son rang dans l'œuvre du peintre et sa place dans le
siècle. Inspiré d'une chanson de comédie — « Les trois cousi-
nes », de Dancourt —, l'*Embarquement* est la synthèse de
l'œuvre galante qui le précède, son suprême aboutissement. On
a trop dit que toute la carrière de Watteau tenait dans les cinq
années qui séparent ce chef-d'œuvre de sa mort. On n'invente
pas une œuvre aussi riche et accomplie de toutes pièces. Elle est
la leçon tirée des expériences qui la préparent, des réussites aussi
bien que des fautes. Nous l'avons vu par l'exemple de la
technique et, par ailleurs, des tableaux comme *L'Assemblée
dans le Parc* et *L'Ile enchantée* sont des étapes qui, pour l'œil
le moins averti, conduisent tout droit à *Cythère*. Mais l'épa-
nouissement des forces créatrices y est subit comme une ex-
plosion et il en restera quelque chose qui marquera l'œuvre

ultérieure, pour la séparer de celle qui précède, même quand il
s'agira de tableaux de moindre envergure, tels que *L'Amour
paisible*, *La Danse*, *Les Comédiens* ou *Les Bergers*.

Dans *L'Embarquement*, Watteau ne se contente plus de saisir
le moment. Il cherche — Rodin l'a dit — à rendre la succession.
L'éphémère reste, pourtant, le vrai sujet. Simplement, il se
décompose : on hésite à se laisser persuader, on se décide avec
un geste de regret, on part en jetant un regard en arrière, on
avance, on s'embarque. Après ? La question, la même qui se
lit sur les visages des Mezzetins et des Colombines, plane au-
dessus des partants pour l'Ile enchantée — comme ces petits
Amours qui se perdent dans la brume dorée de l'inconnu.

Comment Watteau ne serait-il pas le peintre de l'éphémère ?
Il assiste, en 1714, à la conclusion de la paix qui, dès 1717, est
de nouveau menacée pour s'évanouir en 1719. Il assiste, à
l'âge où l'homme juge avec lucidité déjà, mais avec ardeur
encore — il a vingt-neuf ans en 1715 — au changement d'un
règne qui pensait fonder pour l'éternité et dont toutes les assises,
du moins apparentes, se trouvent balayées d'un seul coup. En
1716, c'est la fondation de la Banque Générale de Law et la
frénésie de spéculation qu'elle entraîne. Autour de lui, les for-
tunes se font et se défont en quelques jours. La monnaie
s'effrite. Le peuple est misérable et les riches — les nouveaux
riches surtout — étalent partout un luxe éclaboussant. Le
« Système » s'écroule au bout de quatre ans d'existence dans un
fracas de faillites innombrables. Rien n'est stable, aucun
moment, si beau soit-il, n'offre de garantie de durée. Watteau,
ce timide qui est un sensible, ce malade dévoré par la fièvre qui
ne sait nulle part s'installer à demeure, assiste au spectacle sans
y prendre part, le sourire indulgent, le regard sceptique. La
robustesse en moins, il est comme *Gilles*, son autre chef-d'œuvre, debout, immobile, géant qui regarde passer... On sait bien
que Watteau n'a jamais, sans doute, pensé à tant de symboles !
Dans ce *Gilles* — qui est plus exactement un Pierrot, le Pierrot
créé par Molière dans le « Don Juan » — il a surtout voulu
faire une harmonie en blanc, gageure et réussite incomparable.
Et comme, à la suite du demi-échec que fut l'agrandissement

de la réplique de *L'Embarquement* destinée à Frédéric II de
Prusse, on allait répétant autour de lui qu'il ne réussissait que
dans les petits formats, il a voulu s'attaquer à une grande
figure. Qu'on ne dise plus, après Pierrot, que le xviiie siècle
n'a jamais spéculé sur l'espace ! Cette immense figure qui se
détache sur le ciel et creuse un vide derrière elle, ne tient aucun
compte des proportions normales qui ordonnent une perspective bien réglée. C'est en cela que consiste son aspect
saisissant. Mais, en plus, il y a ce visage, sans lequel le chef-
d'œuvre ne serait pas ce qu'il est, et qui — résultat voulu ou
non — dit la complexité des choses de ce monde.

La réussite dans le grand amena une nouvelle entreprise.
Un jour, au retour d'un voyage en Angleterre, il proposa à
Gersaint de lui faire un « plafond » — c'est ainsi qu'on
désignait alors les enseignes — pour sa boutique. « Ce morceau
— dit le *Mercure de France* de novembre 1732 — qui a 9 pieds
6 pouces de large sur 5 pieds de haut, a toujours été regardé
comme le chef-d'œuvre de cet excellent peintre. Il représente
le magasin d'un marchand qui est rempli de différents tableaux
des plus grands maîtres ; on y reconnaît le caractère et le goût
de chacun de ces maîtres. » Ce que dit le *Mercure*, c'est que le
tableau, bien que grand, — il a dû être coupé en deux plus
tard, sans doute pour être plus facilement manié — emporta
tout de suite les suffrages, malgré le préjugé dont on vient de
parler. Ce qu'il ne dit pas, c'est qu'en plus des tableaux dont
est rempli le magasin, on y trouve aussi douze personnages et
que c'est eux qui font la valeur du tableau. La nouvelle technique amorcée dans *L'Embarquement* donne ses fruits, tout
est clair ! Les robes des dames sont satinées ; il y a des roses qui
auparavant ne dominaient jamais ; les rehauts de blanc s'étalent
en larges plans soyeux au lieu de s'accrocher aux arêtes. Qu'on
déplore ou non ce changement de manière, sa présence est
incontestable. On constate aussi un léger changement de ton :
le beau monde des scènes galantes, s'est donné rendez-vous
dans la boutique du marchand mais, si peu soit-il, il s'y occupe.
On cause, on regarde les tableaux, on choisit. En regard, il y a
trois garçons emballeurs qui mettent des tableaux dans des

caisses. Sans fièvre, certes, ni fatigue, ils travaillent. Le dernier tableau de Watteau — qui mourait à trente-sept ans, en 1721 — tout brillant, tout chatoyant qu'il soit, est un tableau de mœurs à la française et ouvre par là une veine féconde à ses successeurs.

Quand sept ans plus tard, Chardin remportait, avec sa *Raie Ouverte* et quelques autres natures mortes, son premier succès à l'exposition en plein vent de la place Dauphine, la peinture française ne vivait que de l'héritage de Watteau. Pater (1696-1736) reprenait ses scènes galantes et ses comédiens de foire. Lancret (1690-1743), sans avoir été comme Pater, l'élève de Watteau, l'imitait de très près, se bornant seulement à adopter une tonalité plus bleue et plus claire que celle du maître. Il fut reçu, en 1719, à l'Académie avec le titre de peintre de « Fêtes galantes ». Il produira des œuvres charmantes, en particulier le *Déjeuner de jambon* de 1735, et connaîtra vingt ans de succès, mais il restera toujours fidèle à sa formation initiale. De Troy lui-même, qui plus tard donnera sa mesure, ne produit, pour le moment, que des sujets galants — un peu académiques — qui constituent son principal apport à l'Exposition exceptionnelle organisée par l'Académie en 1725.

Dans ce concert de galanterie, auquel manque le fond complexe de Watteau, Chardin frappe une note nouvelle. Les héros de Chardin, on l'a dit, sont des objets. Chacun d'eux fournit le thème d'une série de tableaux dont le caractère change suivant le rôle assigné aux objets les uns par rapport aux autres. Il est curieux de suivre l'évolution d'un thème chez cet artiste qui ne se détache qu'à regret d'un sujet une fois choisi. Tel le *Chat friand d'huîtres*. Le sujet principal est le chat, mais dans le fond de la toile, Chardin place pour l'équilibrer, une raie dépouillée. La raie lui plaît. Elle devient, à son tour, le centre de la *Raie Ouverte*, et le chat, toujours présent, est relégué au second plan. La raie, centre d'intérêt, fournit deux autres variantes, puis le thème s'épuise. Une nouvelle héroïne fait son apparition sur la table de cuisine (toujours la même) : la marmite de cuivre. Elle règne dans plusieurs variantes, puis recule dans un coin. Et la raie reparaît. Plus modeste que dans les tableaux où elle jouait les premiers rôles, elle partage désormais — dans la *Table de cuisine avec une raie* — les honneurs avec la marmite, et un nouveau personnage se pousse déjà en avant : le fromage entamé, accompagné de trois œufs. On pourrait ainsi retracer l'histoire de presque tous les « héros » familiers de Chardin : le lièvre mort, la paire de grands poissons, le chaudron, la fontaine.

La personne humaine n'apparaît dans son œuvre qu'en 1733. Après un essai de scène presque galante, à la De Troy — la *Dame cachetant une lettre* — qui ne le satisfit point, Chardin plaça ses femmes et leurs enfants là où il les voyait le plus souvent, dans leurs intérieurs, dans cette humble maison d'artisan de la rue du Four qu'il habitait avec sa première femme d'abord, dans la maison plus cossue de la rue Princesse où il s'installa après son second mariage. Il les fixe au milieu de leurs travaux et de leurs occupations domestiques, entourés d'objets qui lui restent toujours chers.

Peintre de la bourgeoisie, — l'étiquette est collée à Chardin, comme celle de poète à Watteau. Bien sûr. *La Mère Laborieuse*, la douce maman du *Bénédicité*, celle de la *Toilette du matin*, la dame de la *Serinette*, celle des *Amusements*, sont des bourgeoises. Mais les échevins de Largillierre ne sont-ils pas des bourgeois? Et tout aussi vrais? Et croit-on que les galants pique-niques des Champs-Élysées dont on ne se lasse plus depuis Watteau soient réservés à la seule noblesse? Ce que peint Chardin c'est, avant tout, ce qu'il voit autour de lui, dans le cercle restreint de la stricte intimité domestique et familiale. Son univers se limite à son entourage le plus proche. On sait qu'il lui fallait le modèle sous les yeux jusqu'à la dernière touche donnée au tableau et qu'il n'entreprenait jamais plus d'une œuvre à la fois, tant était forte la concentration laborieuse qu'il apportait à l'étude de chaque détail. Pourtant, les détails s'effacent dans la synthèse finale et comme il s'agit d'art authentique, les deux personnalités opposées — de Watteau qui s'évade de lui-même et cherche sa nourriture au-dehors et de Chardin qui se concentre avec un prodigieux pouvoir de délimitation sur un minuscule univers gravitant autour de sa personne — aboutissent à un phénomène analogue : la création d'une œuvre qui prend un sens général et universel, où chaque tableau joue comme un symbole. Chaque bourgeoise moyenne se reconnaît dans la femme de Chardin ; chaque petite bonne se retrouve dans celles de la rue du Four : la *Pourvoyeuse*, avec, sous le bras, ses miches de pain doré dont on respire, à travers un siècle, la bonne odeur, la *Blanchisseuse*, la *Récureuse*, la femme qui puise de l'eau à la *Fontaine*. Et de même tous les petits garçons et les petites filles — la *Petite Fille aux Cerises*, le gamin de la *Gouvernante*, celui du *Jeu de Cartes*, l'*Enfant au Toton*, le *Petit Dessinateur* — qui étaient les enfants du peintre et ceux de ses voisins les plus proches — nous permettent d'apprécier d'un seul coup d'œil et le mode de vie et le système d'éducation, et le caractère et les amusements d'un vaste milieu, d'où allait sortir la génération pondérée et ardente qui devait assurer le triomphe de son état.

Bien plus, non seulement cet art, issu des quatre murs d'une modeste maisonnette, devient un miroir où se reflète une classe sociale, mais il agit. Cette classe — la roture — il la confirme dans sa dignité, il lui confère une sorte de consécration qui ne reste jamais sans effet dans une société en train d'évoluer, comme c'est le cas au XVIIIe siècle.

Depuis le branle-bas de la Régence, bien des choses ont changé. À partir de 1726, la monnaie se stabilise et ne variera plus jusqu'à la Révolution. Aux temps de la disette succède une prospérité agricole, non point brusque ni miraculeusement survenue, comme se contentent de le dire la plupart des historiens, mais parce qu'à la suite d'un long effort de propagande, on abandonna dans les campagnes le système de la mise en jachère pour adopter la culture intensive qui double et triple le rendement. En conséquence, et grâce au développement du trafic maritime, le commerce s'anime, le petit comme le grand. Les bourgeois, enrichis, actifs, travailleurs, ayant constaté l'échec du gouvernement aristocratique qu'avait tenté de restaurer le Régent, prennent conscience de leur valeur, cherchent à l'affirmer et applaudissent tous ceux qui y contribuent. Or, il n'est pas, dans une société civile, de consécration plus haute

que la représentation par les arts. Les bourgeois le savent pour
l'avoir constaté chez les nobles. Le portrait personnel est la
forme la plus directe de la consécration et alors qu'au xviiᵉ
siècle le portrait est uniquement réservé aux grands, au xviiiᵉ
tout le monde veut avoir le sien.

Là encore, Chardin reste fidèle à lui-même. Malgré le vif
succès dont il jouit, jamais il n'exécute une commande de portrait, qu'elle soit officielle ou privée. Lorsqu'en 1757, il abandonna la rue Princesse pour occuper un atelier au Louvre, il fit
quelques portraits de ses voisins d'atelier, artistes comme lui :
d'Aved sous le nom du *Souffleur* ou du *Chimiste dans son
Laboratoire*, de Sedaine, l'écrivain, peut-être de Rameau. Mais
le vrai portrait de son œuvre, le seul où éclatent ses qualités
de peintre telles que les font connaître ses natures mortes et ses
scènes d'intérieur, est celui qu'il fit au pastel de lui-même et de
sa seconde femme Marguerite Pouget, à la fin de sa vie (1774
et 1775). Du coup, alors que les autres figures restent falotes
et hésitantes, c'est le portrait de toute sa génération vieillissante
qu'il nous livre dans ce dernier chef-d'œuvre.

D'autres peintres furent moins égocentriques et le domaine
du portrait fut essentiellement celui de la commande. La tradition du xviiᵉ siècle transmise par François de Troy (1645-1730),
Largillierre (1656-1746) et Rigaud (1659-1743) perpétua
pendant quelque temps le portrait fastueux et décoratif. Mais
si François de Troy appartient tout entier par son style au
siècle passé, Largillierre et Rigaud, sans renoncer au grand
apparat, arrivent, dans certaines toiles, à saisir la note du siècle
nouveau. Le premier place ses femmes — avant les Anglais —
sur un fond de verdure et, surtout, ne dédaigne point de
recruter sa clientèle hors de la Cour, qui reste l'apanage de
Rigaud et plus tard de Nattier. Cédant à l'engouement du
siècle, il peint des portraits d'actrices, comme la Duclos qu'il
représente en Ariane, ou d'artistes comme le peintre Oudry,
son élève, le sculpteur Jean Thierry et plus volontiers encore les
échevins de Paris qui paient largement et n'y regardent pas
de trop près. Portraits individuels et portraits de corps collectifs, comme cet *Ex-voto à Sainte Geneviève* — le seul des quatre

commandés par la Municipalité de Paris que la Révolution ait épargné. Mariette prétend qu'on trouverait de 1200 à 1500 portraits de lui dans Paris, chiffre qui indique la vogue du genre.

De son côté, Rigaud, roi des peintres et peintre des rois, possédait en guise d'atelier une véritable usine à portraits avec de nombreux collaborateurs travaillant sous sa direction, de sorte qu'il est extrêmement difficile de définir sa part propre dans cette production quasi industrielle. Cet artiste qui, d'après les calculs d'Angiviller, directeur des bâtiments du Roi, « a peint cinq monarques, tous les princes de sang royal et les personnages les plus distingués d'Europe », s'est surtout gravé dans la mémoire de la postérité comme peintre du Roi-Soleil. Un portrait de Louis XIV, de 1701, le second des portraits officiels, celui du Louvre, incarne tout le faste et tout le style du XVIIe siècle finissant. Pourtant, il serait injuste d'oublier que dans certains ouvrages, comme dans le *Pierre de Gueydan*, président à mortier au Parlement de Provence (1738) dont on sait, au surplus, grâce au « livre de raison » de l'artiste, qu'il était « une figure entièrement originale », c'est-à-dire de la main du maître lui-même, ou dans les deux pendants exécutés pour François de Castagnier (ou Castagné), représentant l'un les peintres *Charles Le Brun et Pierre Mignard*, l'autre *Rigaud peignant le portrait de François de Castagnier* (1730), tout l'esprit du XVIIIe est présent : la finesse, la grâce, l'aisance de l'attitude, sans parler des glacis à la Rubens qui imprègnent l'air léger de tons chauds et vaporeux.

Une variante du grand portrait d'apparat, mais plus libre, plus conforme à l'esprit badin du siècle, fut le portrait mythologique, suite naturelle du portrait en travesti connu du XVIIe siècle. Si François de Troy, avec sa *Comtesse de Cassel représentée en Vénus* dans une conque marine et son inconnue de 1724 en Cérès, en est l'inventeur, Nattier (1685-1766) en fut le grand homme. Reçu à l'Académie comme peintre d'histoire, puis ruiné par la débâcle du Système, il se rejette sur le portrait qui rapporte mieux. Sa réputation établie par une *Mlle de Clermont en Nymphe et Mlle de Lambesc en Minerve*, il devient, de 1730 à 1742, le portraitiste à la mode, multipliant portraits et répliques de portraits en série. C'est surtout par ceux de sa propre famille, exécutés avec soin et amour, qu'on peut se rendre vraiment compte de ses qualités charmantes de peintre. En 1742, au faîte de la renommée, il devient le peintre attitré de la Famille royale. Il peint *Mme Henriette en Flore*, *Mme Adélaïde en Diane* et aussitôt toutes les dames de la Cour veulent avoir leur portrait en déesse. La marquise de Flavacourt se fait représenter en *Allégorie du Silence*, — l'Olympe ne pouvant plus suffire à fournir des déesses en nombre suffisant — et la marquise de Tournelle en *Point du Jour*. Ensuite, Nattier alla peindre les cadettes de la Maison de France au couvent de Fontevrault où elles étaient élevées et qu'il représenta au naturel. Ce sont ces portraits non travestis qu'aujourd'hui nous goûtons le plus dans son œuvre : ceux des cadettes, en particulier de *Louise de France*, âgée alors de onze ans, ceux de Mesdames, de la seconde série faite en 1754, *Mme Henriette jouant de la basse de viole*, *Mme Adélaïde faisant des nœuds*, ou le charmant portrait de la *Marquise d'Antin* du Musée Jacquemart André, ou le sien propre avec sa femme devant un piano et ses enfants, qui est à Versailles.

La mode mythologique ne fut d'ailleurs pas de très longue durée. Louis Toqué, lui-même (1696-1772) gendre et élève de Nattier, l'abandonne très vite pour reprendre une formule plus classique, François-Hubert Drouais se spécialise en portraits d'enfants parés et pomponnés, enfants de grandes familles. Aved fait d'honnêtes portraits bourgeois.

Le véritable engouement de la société du milieu du siècle fut pour le pastel qui, lancé par la Rosalba lors de son triomphal passage à Paris, trouva deux interprètes français qui, d'un art d'agrément, firent un art tout court et renouvelèrent, en même temps, le principe même du portrait.

Quand Maurice Quentin de la Tour (1704-1788) débarqua de Saint-Quentin à Paris, il comprit vite que, dans tous les domaines de la peinture consacrée, les places étaient pourvues. Le pastel seul était à prendre, il le prit. En 1737, il fut agréé à l'Académie sur le portrait de Restout, son maître, et de Dumont le Romain. Ce fut aussi l'année où les Salons recommencèrent à s'ouvrir régulièrement. Il y présenta successivement des figures connues sur le pavé de Paris, devant lesquels des foules défilèrent ravies de les reconnaître. Enfin, en 1741, il exposa le *Président de Rieux*, en pied, le plus grand pastel qu'il ait jamais fait, véritable gageure d'exécution détaillée dans la technique si ingrate du pastel. La partie était gagnée. Son rival Perronneau, excellent coloriste, artiste fin et sensible, quoique moins observateur que La Tour, eut surtout la malchance de naître onze ans plus tard que son devancier. En 1743, en effet, l'Académie effrayée par le succès foudroyant de La Tour, déclara ne plus recevoir de pastellistes de crainte que le portrait à l'huile n'en pâtisse. Force fut à Perronneau, qui préférait pourtant le pastel et commençait — difficilement il est vrai — à se faire une clientèle parmi les bourgeois, de présenter des morceaux à l'huile : *Mme de Sorquainville*, à « l'agrément », le *peintre Oudry* et le *sculpteur Adam* à la réception définitive.

La Tour, lui, avait de la clientèle dans tous les milieux, à commencer par la Cour où il a peint le Roi, la Reine, la Dauphine, Mesdames, la marquise de Pompadour, le duc de Provence, futur Louis XVIII, le duc de Berry, futur Louis XVI, et la plupart des princes du sang. Toute la société, tout ce qui compte dans le siècle, défile devant nous dans ces crayons évocateurs : peintres : Chardin, Nattier, Rigaud ; écrivains, philosophes et hommes de lettres : d'Alembert, Crébillon, Beaumarchais, Helvétius, Diderot, Rousseau, Marmontel, Marivaux, La Chaussée ; savants : Buffon, Fontenelle, l'abbé Nollet ; compositeurs et musiciens : Rameau, Haendel, Gluck ; architectes : Gabriel et Briseux. On croirait lire une histoire de la civilisation ! Il y a aussi le monde du théâtre où se retrouvent les célébrités de l'Opéra, de la Comédie-Française et de la troupe italienne, les Camargo, les Desmares, les Adrienne Lecouvreur et les Le Kain. Ses plus belles « préparations » sont celles de Mlle Dangeville et de Mlle Fel. Le monde de la finance — qui est la bourgeoisie triomphante — ni la noblesse de robe ne sont négligés. Banquiers, administrateurs, magistrats, fermiers généraux se présentent à nous si bien campés dans leur rang et leur état social que, sans consulter la légende,

on les classe d'emblée dans leur catégorie respective. Fait plus
curieux encore, à côté d'un Orry, ministre du roi, d'un Mon-
martel, illustre financier, d'un Julienne, le protecteur de
Watteau, on trouve des noms obscurs, ceux d'un François
Dechery, bourgeois de Saint-Quentin, d'un Philippe, employé
des aides, qui prouvent, avec plus de force encore que les noms
illustres, à quel point la vogue de l'artiste et du portrait en
général pénétrait partout.

Pour nous, ce qui est peut-être plus précieux encore que de
goûter tel ou tel portrait, si charmant soit-il, c'est cet effet de
masse de toute une société, présentée en suites de personnages
vivants, dépouillés enfin du grand apparat pratiqué par les
Rigaud, les Largillierre et les Nattier, qui nous fait toujours
l'effet d'une mise en scène artificielle. Par ailleurs, l'abandon
du déploiement d'accessoires s'explique en partie par l'incroyable fécondité du pastelliste, groupée surtout en vingt années de travail, de 1740 à 1760. Les seuls portraits en pied qu'il
ait fait sont ceux du président de Rieux qui servit à décrocher
le succès et de la marquise de Pompadour qui le patronnait
assidûment et à qui il devait bien cela. Le reste sont des bustes,
souvent seulement des têtes. En revanche, d'après ce que l'on
peut savoir, il les exécutait lui-même, se faisant aider, tout au
plus, pour les étoffes du costume et pour quelques accessoires
quand il y avait lieu.

Au dire des contemporains, la ressemblance de ses portraits
était frappante. Physionomiste accompli, La Tour fut pré-
occupé toute sa vie non seulement de rendre la ressemblance
physique mais aussi l'état social et le caractère moral de ses
modèles. Si l'on en croit Diderot (Salon de 1769), il a beaucoup
raisonné sur son art : « ils croient que je ne saisis que les traits
de leurs visages, mais je descends au fond d'eux-mêmes à leur
insu et je les remporte tout entiers » lui confiait-il. Ou encore :
« ...le... point est de trouver à chacun la juste portion d'altération qui lui convienne, en sorte que le roi, le magistrat, le
prêtre, ne soient pas seulement roi, magistrat, prêtre de la
tête ou du caractère, mais soient de leur état depuis la tête
jusqu'aux pieds. » Voilà, vue et corrigée par Diderot — car le

style véritable de La Tour dans ses lettres n'approche pas, de loin, cette qualité d'expression — l'idée que se faisait La Tour de son art et de sa mission. Ce qui ne l'empêchait nullement de chercher à plaire et de tirer de son prestige vertigineux dans la société le plus grand profit financier.

Aussi sa technique, une fois mise au point et adoptée par le public, ne varie point ; car il se garde bien de toucher à ce qui lui assure son succès. Tout au début de sa carrière, il écouta le conseil d'un ami qui lui enjoignait de dessiner beaucoup avant de se lancer sur l'arène publique. Il s'enferma et ne fit que dessiner pendant deux ans. Il sortit de sa retraite dessinateur à toute épreuve, sachant saisir la ressemblance du premier coup de crayon — les reprises dans le pastel étant une catastrophe dont le tableau ne se remet point. Suivant Diderot, Restout lui avait appris « à faire tourner une tête et à faire circuler l'air entre la figure et le fond, en reflétant le côté éclairé sur le fond et le fond sur le côté ombré » — principe difficile à appliquer de l'aveu même du peintre car, pour peu que l'équilibre de ce jeu d'ombre et de lumière ne soit pas parfait, l'effet est outré et manque le but visé. Avant de faire le tableau « fini », il faisait des préparations devant le modèle et ce sont là ses œuvres les plus exquises. Toute sa vie, enfin, il chercha un vernis qui permette de conserver la fleur du pastel sans altérer la fraîcheur du coloris. Au bout de quelques années, toute la société éclairée s'était prise dans ce jeu et on lui présentait journellement des formules de vernis dont il ne se trouvait jamais satisfait, pas plus d'ailleurs que de celles qu'il utilisait faute de mieux.

Son goût des recherches picturales — sans lequel il n'y a pas de vrai artiste — il le satisfaisait en se prenant pour modèle lui-même. Ainsi, il ne risquait pas de mécontenter une clientèle habituée à un faire qu'elle voulait toujours retrouver. Dans les nombreuses esquisses et portraits qu'il fit de sa personne, on relève des tentatives d'interprétation aussi diverses que la manière est uniforme dans les portraits sur commande. On voit apparaître successivement sa tête en dessin graphique (coll. Camondo), en ébauche de sculpture (Musée de Dijon), en flou lumineux et auréolé de clarté, le rire aux lèvres — qu'on ne voit

jamais non plus aux portraits commandés, — et travaillée avec
des grandes hachures blanches (coll. particulière à Paris), en
masque net et dur aux plans larges, aux lignes accusées et
soulignées de coups de charbon (coll. David Weill), en traitement soyeux et extrêmement souple, sans être ni mou ni rond
(Louvre) ou avec un effet d'éclairage brutal et cru, absolument
inusité ailleurs (Musée de Saint-Quentin).

Le jour cependant, où, pour faire-la nique à Perronneau
qui, lui, brave garçon, imagina d'exposer au Salon de 1748,
en hommage au maître, un grand *La Tour en habit de velours
noir*, beau pastel s'il en fût, le rusé Picard fit, lui aussi, pour le
mettre en parallèle, au même Salon, son propre portrait suivant
ses meilleures méthodes classiques, c'est le pauvre Perronneau
qui, une fois de plus, sortit battu de la comparaison.

Watteau, Chardin, La Tour. Si ces trois noms ouvrent le
chapitre de la véritable création du siècle, cela ne veut point
dire qu'ils représentent seuls toute sa production.

Du temps où Watteau perfectionnait son apprentissage chez
Audran, un homme, de vingt-trois ans plus âgé que lui, était
son compagnon de travail pour la décoration du château d'Anet
et de la Ménagerie de Versailles. C'était François Desportes
(1661-1743) qui, retour de Pologne où il avait fait les portraits
de la famille royale sur l'invitation de Jean Sobieski, renonçait
désormais au portrait pour se faire peintre animalier. Dans
ce genre charmant dont son tableau de Lyon, *Canards, bécasses
et fruits*, résume à la fois les limites et les grâces, il connut un
très grand succès. Le Roi, le Dauphin, le duc d'Orléans lui
passèrent des commandes pour la décoration de Marly, de
Meudon et du château de la Muette. L'Angleterre s'efforça
de l'attirer, les princes allemands lui achetèrent des ouvrages.

À la génération suivante, Jean-Baptiste Oudry (1686-1755)
continua et amplifia cette œuvre qui demande des dons particuliers d'observation, un sentiment de la nature qui ne peut se
contenter de quelques impressions superficielles et l'amour de
l'objet et de l'animal. Il est injuste de prétendre avec M. Louis
Réau que les animaliers sont des portraitistes déchus. Oudry

fit des portraits jusqu'en 1720, sans doute en nombre considérable et il était tout aussi capable — ses esquisses et ses cartons de tapisserie des *Chasses de Louis XV* le prouvent — de camper une silhouette humaine que de rendre le *Combat des Loups et des Chiens* dans un sous-bois. Si donc il abandonna l'homme pour les chiens, les sangliers et les paysages, c'est certainement par goût. Comme on le comprend ! Qu'il est donc plus agréable d'aller suivre une chasse au petit matin, de croquer au vol des corps souples d'animaux, de chercher à fixer dans une étude qui servira ensuite à une grande composition — car, comme Desportes, Oudry peignait devant la nature — un coin de bois, une clairière, un parc solitaire, plutôt que de planter son chevalet devant quelque gros monsieur à perruque ou une dame qui, à la fin de la séance, réclamera des yeux plus éclatants et une bouche en forme de cœur !

Aussi des tableaux comme le *Retour de la Meute* (pour Beauvais) sont autrement frémissants de vie et de poésie que les grands portraits de Largillierre son maître direct.

C'était bien d'ailleurs le sentiment du public. Toute la première moitié du xviiiᵉ siècle se déroule sous le signe de la crise de la peinture officielle, la peinture d'histoire, — suivant l'expression consacrée mais incomplète. Car, en réalité, il s'agissait d'un ensemble plus vaste, concernant à la fois l'histoire, l'antiquité mythologique et la légende biblique, auxquelles est venu se joindre le portrait d'apparat.

Cependant, malgré l'engouement du public pour ce qu'on appelait la « petite manière » — qui comprend le portrait, le genre, le paysage et les bambochades — la « grande manière », le genre des Coypel, de La Fosse, de Jouvenet, continué par leurs élèves Natoire, Lemoyne, Charles Coypel — le dernier de la dynastie —, ne désarme point. Groupée autour de l'Académie Royale, elle prétend se maintenir et — théoriquement du moins — elle se maintient à la première place dans la hiérarchie des arts. Mais elle se heurte à des difficultés matérielles. Ses entreprises sont coûteuses et, pour la décoration intérieure, les amateurs que les grands sujets ennuient, se contentent de dessus de portes, de panneaux amovibles qu'on peut varier, d'ara-

besques et de boiseries qui égaient si agréablement la composition des pièces. Les derniers plafonds peints sont ceux que
Lemoine exécuta pour la chapelle de la Vierge à Saint-Sulpice,
— où il groupa tout le Paradis — et pour le Salon d'Hercule à
Versailles — où il mit tout l'Olympe. À la suite de quoi, il fut
nommé, en 1736, premier peintre du roi. La commande privée
est pratiquement nulle et tous les représentants du grand genre
en sont réduits à des commandes officielles, que détient la
Direction des Bâtiments du Roi. Aussi cette production
dépend-elle bien moins de la qualité de leurs œuvres que de la
politique suivie à divers moments par le directeur et de l'état
du Trésor. Pour toute la première moitié du siècle, au temps du
duc d'Antin et du contrôleur général Orry, les commandes de la
Direction sont minimes. Charles Coypel obtient en 1727
d'exécuter pour les Gobelins une *Histoire d'Armide ;* Natoire,
qui avait décoré avec une *Histoire de Psyché* le salon ovale du
palais de Soubise (les Archives d'aujourd'hui), se voit confier,
en 1741, une *Histoire de Marc-Antoine ;* de Troy, en 1743, une
Histoire de Jason et Carle Van Loo, en 1745, une *Histoire de
Thésée,* toujours pour les Gobelins, unique consommateur,
avec Beauvais, des grandes pièces de cette époque. Même pour
ces quelques pièces, Orry, qui tient les artistes à sa merci,
lésine et abaisse le tarif.

Face à cette déchéance, on distingue très vite, dans les rangs
restés compacts des peintres d'histoire, deux groupes d'artistes.
Les plus doués, les plus sensibles à l'ambiance de leur temps,
cherchent des conciliations. De Troy présente des sujets bi-
bliques sous une forme galante : sa *Suzanne* et sa *Bethsabée au
bain* n'ont rien à envier aux nus les plus licencieux qui sont à la
mode et, à côté des bien mauvaises scènes d'histoire romaine
qu'il fait pour le financier Samuel Bernard, il se permet des
œuvres charmantes qui sont de la peinture de mœurs. Son
Déjeuner d'huîtres (1734) — qui fait pendant à Chantilly au
Déjeuner de Jambon de Lancret, — surpasse en vivacité et en
sève succulente le chef-d'œuvre du peintre attitré des Fêtes
Galantes. Sa *Lecture de Molière,* son *Jeu du pied-de-bœuf,*
restent pour nous la partie vivante de son œuvre. En revanche

dès qu'il put s'assurer la place de directeur de l'Académie de France à Rome, il revint à la grande manière et entreprit les cartons d'une *Histoire d'Esther* et ceux d'une *Histoire de Jason*.

Carle Van Loo lui-même, tout en maintenant sa réputation et sa dignité de plus grand peintre de l'école française, Carle Van Loo, dont Catherine II achète des esquisses «pour servir d'études à son académie de peinture», Carle Van Loo, que Grimm appelle le premier peintre d'Europe et que le « Mercure de France » compare à Apelle, fit quelques portraits fort élégants et nous donna deux tableaux de genre, la *Conversation espagnole* et la *Lecture espagnole* qui font que son œuvre n'est pas devenue une chose entièrement morte.

Charles Coypel, de son côté, colore sa manière considérée comme « grande » en y transposant des pièces de théâtre. Épris de la scène, ayant échoué dans la carrière d'auteur dramatique, il transporte sa passion dans ses cartons de tapisserie : les excellents *Fragments d'Opéra*, la belle tenture en quatre pièces, connue sous le nom de *Scènes d'Opéra, de Tragédie et de Comédie* qui illustre la « Psyché » de Molière, le « Bajazet » de Racine, la « Rodogune » de Corneille et l'« Alceste » de Quinault. Avant de devenir premier peintre du roi (1746), il se laisse aller à faire des portraits de comédiens qui, à vrai dire, présentent les Adrienne Lecouvreur et les Le Kain sous un jour plutôt pitoyable.

Oscillations, en somme, entre les deux tendances opposées : une part faite à l'une et une part à l'autre, dans cette querelle de manière qui se complique encore du conflit entre les partisans de l'école italienne — la grande école, s'entend, qui se réfère à Michel-Ange et à Raphaël — et ceux des maîtres flamands et hollandais, — de Rubens et de Rembrandt, mais surtout de Frans Hals et des petits maîtres contemporains. François Boucher, dont l'œuvre est à part parce qu'elle s'éclaire d'un génie authentique, ne fera pas autre chose.

En face du groupe du compromis, il y a les « purs », les intransigeants, ceux qui, soit manque de moyens, soit ambition, se confinent dans une fabrication où le poncif règne. Natoire, Cazes, Silvestre, Galloche, Collin de Vermont, Dumont le

Romain, Noël Hallé, toute l'élite de l'Académie qui se réclame
des grands Italiens, brosse à l'occasion d'un concours, ou d'un
projet dont l'exécution ne sera pas toujours assurée, des
grandes « machines » où la médiocrité ne le cède qu'à l'ennui
qu'elles dégagent, s'efforçant de soutenir le drapeau vacillant
de l'Histoire.

Vers le milieu du siècle, la Direction des Bâtiments leur
viendra en aide. Succédant à Orry qui s'occupait de tout sauf
des arts, Lenormant de Tournehem d'abord (de 1745 à 1751),
le marquis de Marigny ensuite (de 1751 à 1773) et le comte
d'Angiviller en dernier lieu (de 1774 à 1794) développeront
une politique active qui favorisera, de plus en plus, systématiquement, la peinture d'Histoire et qui aboutira, en dernière
analyse, à préparer le triomphe de David et de l'école néo-
classique.

La Direction disposait de nombreux moyens pour exercer
sa pression sur les artistes. Outre les commandes, c'est elle qui
attribuait les logements et les ateliers au Louvre, qui contrôlait
la liste des pensions, qui subvenait aux besoins de l'Académie
de France à Rome et qui, en accordant plus ou moins de sub-
sides à celle de Paris, réglait à son gré l'enseignement et l'équipe-
ment de l'École. L'avènement de Tournehem marque un temps
béni pour l'Académie Royale. Il en augmenta les revenus à la
fois en relevant la subvention et en suscitant dans les milieux
proches de la Cour un cercle d'amateurs qu'il amena par
snobisme à acheter les tableaux des historiens ; il fonda un
cabinet où les peintres pouvaient venir copier des tableaux,
acheta des moulages d'antiques pour le Louvre, rééquipa à neuf
la bibliothèque de l'Académie. Enfin, c'est lui qui institua
l'École Royale des Élèves Protégés où six pensionnaires, Prix
de Rome, devaient, avant de partir pour l'Italie, faire un stage
de perfectionnement pour mieux profiter ensuite des leçons
qu'allait leur prodiguer la Patrie des Arts. Ce qui indique le
mieux la direction où tendaient ses efforts, c'est le fait que,
dès sa nomination, il abaissa les tarifs des portraits et releva
ceux des modèles pour les Gobelins.

À sa mort, Marigny continua son œuvre avec un zèle qui

ne s'est jamais démenti malgré une nouvelle crise du Trésor à laquelle il se heurta dès sa nomination. A vrai dire, durant tout le règne de Louis XV, l'Académie va de crise financière en crise financière, se croyant même, au temps de l'abbé Terray, sur le point de fermer ses portes et cette impécuniosité chronique freinera, pendant un temps, la remise en honneur, par des moyens qui n'ont rien d'artistique, de la peinture d'histoire. Absorbé comme il fut par les grandes constructions, gêné par le manque d'argent, Marigny s'y emploie pourtant de son mieux. Il s'intéresse à tout, secondé dans sa tâche par Nicolas Cochin, comme Tournehem l'était par Charles Coypel. Il suit de près les progrès des élèves à l'École des Protégés, se fait rendre des comptes sur chaque pensionnaire de l'Académie de Rome, abaisse de nouveau, suivant le procédé de Tournehem, le tarif des portraits pour relever d'un tiers ceux de la peinture d'histoire, remanie la liste des pensionnés. Honnête et cultivé, il n'écrase pas la petite manière — Chardin et La Tour se trouveront portés sur la liste — il se contente de soutenir la grande : toutes les pensions désormais vacantes seront pour les historiens, pour ceux qui, faisant des grands morceaux, auront besoin de place et le poste de « premier peintre du roi », resté inoccupé depuis la mort de Coypel, en 1752, sera de nouveau pourvu en 1762. Son titulaire est Carle Van Loo.

Il est certain, cependant, que tous ces efforts n'auraient jamais porté de fruits sans le secours qui vint au pouvoir officiel du côté le plus inattendu. Car, après tout, on n'était plus au temps de Louis XIV où Versailles dictait le goût. Cette fois c'était la Ville qui arbitrait et Paris était dominé par la classe nouvelle des financiers, des banquiers, des fermiers et receveurs généraux, classe immensément riche, avide de jouissances, de luxe, débordante d'activité. Elle construisait beaucoup, collectionnait avec passion et constituait pour les artistes à la mode une clientèle rêvée qui les dispensait de recourir aux faveurs des officiels. Un La Tour, un Boucher, tous les petits maîtres spirituels et élégants n'avaient que faire de la pension royale. Gagnant ce qu'ils voulaient, ils jouissaient d'une indépendance absolue, car c'est eux qui imposaient leur manière de voir à ces nouveaux potentats de la finance dont aucune tradition enracinée ne guidait la culture toute fraîche. Pour ébranler cette puissance conjuguée, il fallait un autre moyen que l'argent — sur ce terrain, elle restait imbattable — et de toute évidence la Direction des Bâtiments n'en disposait point.

Ce moyen se découvrit dans le camp des philosophes. Chaque fois que l'on considère quelque aspect que ce soit de cette période de formation qu'est le xviiie siècle, il ne faut jamais perdre de vue son caractère profondément et foncièrement optimiste. Et si, côté du large public, cet optimisme se traduit surtout par un débordement de la joie de vivre, il revêt, auprès de tous ceux qui pensent et élaborent des doctrines, l'aspect d'un grand nombre d'articles de foi inébranlables. Ce siècle — que l'on dit cynique — croit au progrès, à la possibilité de supprimer la guerre et l'intolérance ; il croit à la science ; il croit à l'excellence primitive de la nature humaine, faussée seulement par le mauvais usage qu'on en fait et, partant, susceptible d'amélioration au moyen d'une éducation appropriée. Ce qu'il réclame, c'est la liberté, non pas politique, non pas même économique, mais celle de penser et de façonner les hommes suivant un programme fondé sur une morale civique reconnue comme infaillible, sans se douter encore qu'une telle action ne saurait s'arrêter à mi-route. Les doctrines des philosophes, dont l'essentiel est formulé entre 1730 et 1750, deviennent entre 1750 et 1770 — qui est décidément la période où le siècle prend un tournant — une profession de foi des milieux éclairés de Paris et même de la province. Ils n'en retiennent — comme toujours dans des cas analogues — que quelques idées maîtresses, réduites à leur forme simple : l'idée de la Société, l'idée du Progrès, l'idée de l'Éducation. Ils ont, en outre, à la suite d'une série de revers militaires dans ces guerres qui se succèdent en cadence, un sentiment confus de déchéance nationale qui leur fait ressentir une sorte de honte d'une vie heureuse et licencieuse et un vague besoin de rachat. Puisque l'Éducation est censée améliorer l'homme — et en conséquence, la nature des choses — l'Éducation, déduite par la raison, étayée par le sentiment, sera au premier plan des revendications de la société. Or, quel moyen plus propre à éduquer le grand nombre, sinon l'exemple des arts plastiques offerts à la vue sans qu'il faille se donner la peine de déchiffrer laborieusement des textes écrits? L'Église le savait depuis des siècles; la société civile n'y vint que tard, mais elle y mit une ardeur de néophyte.

Un tableau n'est bon que s'il apprend quelque chose, — proclame Diderot. Ce « quelque chose », c'est essentiellement la vertu civique sous les formes les plus diverses. Pour l'illustrer, on cherche des exemples dans la vie moderne — et cela donne la comédie larmoyante et Greuze — mais combien plus facilement encore dans l'Histoire! Le point de rencontre entre le pouvoir officiel et les philosophes est là. Il repose sur un malentendu profond : c'est au nom du Progrès que les philosophes cherchent à éduquer, au nom de la tolérance et de la paix qu'ils fouillent l'histoire et c'est pour rétablir la tradition, pour maintenir l'ordre, pour sauvegarder le régime que la Direction des Bâtiments du Roi proclame la nécessité de restaurer le prestige d'une peinture qui instruit et honore. N'importe! Leurs voies désormais convergent et le public finira par se laisser entraîner.

La Direction, qui, au début, ne se souciait que d'Histoire pure a vite su adopter la nuance éducative. Cochin, qui était ami de Diderot, l'y aida. Il trouva les sujets qu'il fallait : *Auguste fermant les portes du Temple de Janus, Marc-Aurèle soulage son peuple dans un temps de famine et de peste, Titus délivrant les prisonniers.* Désormais, on cherchera systématiquement dans l'histoire romaine — et plus tard moderne — des sujets *tendancieux* dont la Direction passera les commandes pour le plus grand bien de l'humanité et... de la Royauté.

Nous sommes en 1764, une nouvelle école, « sévère », commence à se former : Vien, Deshayes, Doyen, Pierre et quelques autres. On ne va pas s'arrêter à mi-route dans un si beau chemin. Lorsqu'en 1774, le comte d'Angiviller accédera à la Direction, la politique de celle-ci sera tout à fait définie et, Turgot ayant remplacé avec le changement du règne l'abbé

Terray, les fonds afflueront permettant le développement d'une pression active. Cette fois ce sera une véritable dictature : on ne se contente plus de favoriser les historiens, on s'attaque délibérément à l'adversaire. Malgré l'avis du Jury, les petits tableaux « indécents et licencieux » se trouvent éliminés du Salon ; l'École des Élèves Protégés, cette excellente école où régnaient pourtant les traditions de Carle Van Loo, est suspectée d'« anarchie » et supprimée en 1775. Puis l'on s'attaque à la maîtrise. L'Académie de Saint-Luc est fermée, un an plus tard, avec toutes les jurandes, maîtrises, communautés et confréries d'Arts et Métiers. Les petits salons, le Salon du Colisée, le Salon de la Correspondance, malgré une résistance qui dura près de six ans, se voient imposer l'interdiction d'exposer. Ainsi l'Académie Royale triomphe. La maîtrise écrasée, toute manifestation publique en dehors d'elle interdite, elle détient seule, désormais, le monopole d'enseigner et d'exposer, fait sans importance majeure pour les peintres déjà formés et connus du public, mais infiniment grave pour les débutants. Elle-même, d'ailleurs, est soumise à un contrôle sévère des Bâtiments. Toutes les élections, y compris celles des professeurs, doivent, suivant les nouveaux statuts, être soumis à l'approbation du roi sur le rapport de la Direction des Bâtiments qui en profite immédiatement pour éliminer, contre l'avis même des académiciens, tous les professeurs portraitistes. En revanche, tous les ans, quatre tableaux d'histoire — d'histoire « moderne », c'est-à-dire celle de la France — lui seront commandés régulièrement pour le Salon.

Ce dirigisme forcené auquel Diderot applaudit au nom de la vertu aura deux conséquences directement opposées.

D'une part, la source créatrice se tarit. Si, dans la première moitié du siècle, la peinture dite d'histoire pouvait encore se prévaloir de quelques talents, si un Lemoyne, un Carle Van Loo ou un Charles Coypel produisaient, dans ce genre, des œuvres dont le mérite restait honorable et le métier très pur, l'impulsion artificielle et arbitraire donnée au mouvement par l'Académie et les Bâtiments eut pour résultat une détérioration rapide de la qualité. Un Vien, pour ne nommer que ceux qui connaissent le succès, un Doyen, dont pourtant le *Miracle des Ardents* (1767) à Saint-Roch fait courir tout Paris, n'ont plus d'artiste que le nom. La recherche laborieuse des sujets qui, pour être à la fois glorieux, instructifs, décents et éloquents, n'étaient pas faciles à trouver, reste la préoccupation unique. On appelle à la rescousse l'histoire de France — et l'on vit apparaître des tableaux célébrant Du Guesclin, le chevalier Bayard, l'amiral de Coligny, voire le président Molé. La découverte récente des ruines de Pompéï et d'Herculanum remet à l'ordre du jour une mode qui devait connaître par la suite un essor vraiment prodigieux : celle de la manière antique.

Tous ces efforts ne réussissaient pas à sauver l'art. Les peintres qui n'adoptèrent pas d'une façon franche l'opposition directe à la tendance imposée se laissèrent tous aller à corrompre leur talent. Ce fut le cas de Greuze. Car, il est incontestable que Greuze était né artiste, doué de qualités de peintre authentique. Mais il voulait avoir les honneurs et la consécration officielle. Aspirant au rang d'historien, il présenta à l'Académie un *Septime Sévère reprochant à Caracalla, son fils, d'avoir voulu l'assassiner dans les défilés d'Écosse* et... ô suprême ironie ! ce chef-d'œuvre de banalité classicisante fut classé tableau de genre ! Ne faisait pas d'Histoire qui voulait ! Greuze, humilié, se rabattit sur le genre mais il entreprit de le rendre noble. Il ne réussit qu'à le rendre équivoque ou prétentieux. Sensibilité fausse, décence suspecte, grâce édulcorée, les *Cruche Cassée* et les *Malédiction Paternelle*, si bien peintes qu'elles soient, ne manquent jamais de nous plonger dans une sorte de malaise. Et Diderot, qui se pourlèche les babines à la vue de toute cette littérature peinte, y puise le courage de lancer l'anathème contre François Boucher.

Car si Greuze transige, Boucher résiste et, autour de lui, les résistances s'affirment. Ce sera la seconde conséquence de la politique de l'Académie que de voir un art vivant se reconstituer et s'épanouir en dehors d'elle et contre elle.

Boucher, personnellement, n'avait pas, à vrai dire, à soutenir une lutte héroïque. Aussi longtemps que vivait Louis XV qui, pour son compte, ne goûtait point la morale, même étalée sur

les murs, aussi longtemps que la marquise de Pompadour
veillait, femme de goût, protectrice de La Tour, de Boucher
lui-même et plus amie de Voltaire que de Diderot, un artiste
dont la réputation s'était faite à temps, pouvait passer outre
sans inconvénients majeurs. Et Boucher eut le bon sens de
mourir en 1770, juste avant l'avènement d'Angiviller. Aussi,
tout en fabricant quelques grandes allégories qui devaient
servir son ambition et dont d'ailleurs les nus magnifiques ne le
cèdent en rien aux sujets moins *nobles*, il continua tranquillement ses pastorales, ses fables, ses baigneuses, ses délicieux
petits paysages et ses chinoiseries. Malgré son dédain
affiché pour la doctrine officielle — n'a-t-il pas dit au jeune
Fragonard en l'expédiant à Rome « si tu prends ces gens-là
au sérieux (Michel-Ange et Raphaël) tu es un garçon f...! »
— il fut tout-puissant à l'Académie, qui s'incline devant la
consécration du public. « Pour ma part », dit-il encore à un
autre de ses élèves, « j'ai jadis fait cadeau à Sa Majesté de trois
années du séjour italien qu'il m'avait octroyé, puisqu'au bout
d'un an j'étais de retour à Paris où, m'abandonnant aux leçons
de la nature, je fis de rapides progrès ». On n'est pas plus explicite. La nature, les belles femmes, la vie telle qu'elle éblouit
ses yeux bien décidés à n'en voir que le côté plaisant et non
point les transpositions artificielles d'un passé révolu, voilà
son aliment et sa sève.

On a tendance de nos jours à faire fi de l'œuvre de François
Boucher. Peut-être parce qu'avant lui, il y a Watteau et après
lui Fragonard et qu'il n'a évidemment ni la profondeur du
premier ni l'esprit et la puissante joie du second. Pourtant,
sorti de l'un et aboutissant à l'autre, il est, dans cette chaîne,
bien plus qu'un maillon indispensable. Comme coloriste et
peintre de la lumière, il tient sa place auprès des plus grands
maîtres. À l'encontre d'un Claude Lorrain, il ne peint pas la
lumière à sa source mais sur l'objet. Ses nus nacrés, fermes,
voluptueux, rayonnent ; de ses petits paysages émanent la
clarté et l'infinie variété de ces tonalités bleues qui marquent,
comme une signature, toute son œuvre et n'ont d'égales que
les ors de Frago.

Autour de lui, les petits maîtres animent le siècle, voué sans eux à la pompe officielle qui menaçait de conduire l'art français au désastre. Baudouin, gendre de Boucher, gouacheur exquis et grivois ; Ollivier, — que par aberration d'officialisme l'« Almanach des Artistes » de 1776 qualifie de « peintre d'histoire dans le genre de Watteau » (sic) — attaché au prince de Conti dont il représente les réunions mondaines, les soupers, les fêtes et les chasses ; Gabriel et Augustin de Saint-Aubin, dessinateurs experts et observateurs ; Carmontelle qui nous a laissé la galerie complète de la société du milieu du siècle et dont les « transparents » préfigurent l'art du cinéma en couleur et ces paysagistes délicieux qui, comme Louis Moreau l'aîné, plus personnel encore que son célèbre cadet peintre des mœurs mondaines, vont planter leur chevalet devant le Pont-Neuf, le Louvre, les Tuileries ou dans la campagne proche de Paris pour faire naître cet art fragile et simple, émouvant et direct que, sous Louis XVI, le retour à l'antique allait tuer, — mais qui renaîtra avec Corot. Toute une foule enfin d'illustrateurs, de dessinateurs, de graveurs, d'aquarellistes, petits peintres qui, sans s'élever au sommet du genre, traçaient d'un crayon ou d'un pinceau spirituels, des variations infinies sur les couplets, les chansons, les thèmes à la mode, les scènes de comédie et les plaisirs du monde, entretenant le courant de la vie qui répondait si bien au caractère enjoué du Paris éternel.

Au milieu d'eux se dresse un personnage qui par le « sujet », ce malheureux « sujet », cause de tant de ravages, ne devrait compter, comme eux, que comme un petit maître mais qui, par son génie incomparable, suffirait, à lui seul, même sans le secours d'Hubert Robert, à sauver et à illuminer toute la seconde moitié du siècle. J'ai nommé Fragonard.

La beauté pure n'appelle pas de commentaires. Pourtant ce virtuose du pinceau, qui semble peindre comme on respire, mit de longues années à trouver sa voie. Certes, les difficultés du temps eurent leur part dans ses tâtonnements : venu, presqu'en pauvre, à Paris, à l'âge de quinze ans, de sa ville natale de Grasse, il lui fallut se frayer un chemin dans ce milieu difficile, exigeant, capricieux, redevenu, comme jadis au XIVᵉ

siècle le centre du monde artistique rayonnant sur toutes les
Cours et capitales de l'Europe, mais régi lui-même par des
courants violents et contradictoires, tiraillé de part en part par
les dirigeants officiels, les intrigues de la Cour, la foule des
riches amateurs et celle du petit peuple frondeur qui commençait à réclamer une voix au chapitre. Il lui fallut trouver des
maîtres et il eut la chance de tomber sur Chardin — dont il ne
sut pas profiter — et sur Boucher — qui le marqua pour un
long moment. Il lui fallut — et Boucher l'y aida — entrer dans
le circuit par la seule porte qui restait ouverte aux jeunes
inconnus, celle de l'Académie. C'est à quoi nous devons ce
Jéroboam sacrifiant aux idoles — qui lui valut son Prix de
Rome — et ce *Sacrifice du grand-prêtre Corésus* — sur lequel,
il se fit, à son retour, recevoir définitivement à l'Académie — où
rien, sauf peut-être le parti délibéré de faire clair, ne laisse
devenir l'artiste qu'il sera.

Le succès du *Corésus* fut décisif : le tableau est acheté pour
les Gobelins ; un atelier — celui de Deshays qui meurt oppor-
tunément — est attribué à Fragonard au Louvre, avec la
pension ; les commandes des Bâtiments affluent. Une fois casé
et pourvu, Fragonard, tranquillement, « laisse tomber » l'Académie. Sans éclat ni scandale, il n'exécute tout simplement pas
les commandes passées par les Bâtiments et cesse ses envois au
Salon. Peintre d'histoire, lui? Il a déjà essayé plusieurs voies à
la recherche de son vrai génie : le paysage — en Italie, la peinture religieuse, pour Grasse, la décoration monumentale, —
mais se faire sérieusement ouvrier de la reconstruction d'un
passé tout littéraire n'a jamais effleuré son esprit primesautier
si bien imbu des principes de Boucher. Aussi, malgré les cris
d'orfraie que pousse Diderot, il continuait à tâtonner lorsqu'une commande imprévue lui permit de se reconnaître.

Sur le refus de Doyen à qui il s'adressa d'abord, Monsieur
de Saint-Julien, receveur du clergé, lui commanda, en 1767,
un tableau dont il avait lui-même imaginé le sujet. Voilà,
d'après Doyen, en quoi il consistait : « Je désirerais que vous
peignissiez Madame — disait-il, en désignant sa maîtresse —
sur une escarpolette qu'un évêque mettrait en branle. Vous me

placerez de façon, moi, que je sois à portée des jambes de cette belle enfant et mieux même si vous voulez égayer davantage votre tableau. » Si Doyen refusa, blessé dans sa dignité de peintre noble, Fragonard accepta avec joie. On peut l'affirmer sans crainte de se tromper, car voilà le premier tableau où il se révèle.

Ces *Hasards heureux de l'Escarpolette* n'ont pas encore la plénitude de la *Surprise*, ni le lyrisme presque mystique de la *Fontaine d'Amour*, ni la grande touche rapide des portraits de *Saint-Non*, d'*Hubert Robert* ou de la *Liseuse* qui feront de Fragonard, sur le plan technique, le véritable précurseur des peintres du XIXe siècle, d'un Gros, d'un Delacroix, d'un Cézanne. Ils n'ont pas cet éparpillement impalpable de poussière colorée, entrecoupée de larges coups de brosse, dont il entourera sa *Guimard* et qui annonce Renoir. C'est encore un peu appliqué, un peu trop fini, — bien que ravissant. Mais la vraie conception qu'il se fera désormais de son art y apparaît tout entière. Le sujet s'efface, tout grivois qu'il est. Qui songe à prêter la moindre attention au « guerluchon » tapi dans les herbes ou à l'évêque tirant sur les cordes ? Seule attire le regard la balanceuse dans l'envol lumineux de ses jupes, la gracieuse et savante arabesque claire de son corps prolongée dans les airs par le panache de plumes blanches à laquelle correspond, juste à la bonne distance, légèrement désaxée, l'arabesque sombre d'une branche d'arbre contournée qui semble continuer son vol.

Parti de là, Fragonard n'aura plus à chercher pour savoir s'il sera peintre de mœurs, bambocheur, portraitiste ou paysagiste. Il prend à pleines mains ce qui s'offre et, là où les autres content des historiettes, imitent la ressemblance ou étalent des fadeurs, il fait, lui, de la peinture. Il peut faire et refaire des *Baisers* et des *Sacrifice de la Rose*, tant vus dans ce siècle galant ; il peut reprendre un *Colin-Maillard* dont les versions ne se comptent plus ; il peut montrer, après les Le Nain, des scènes de la vie de campagne, que ce soit les *Beignets*, le *Four Banal de Nègrepelisse* ou la *Visite à la Nourrice* ; il peut même, après Watteau, s'attaquer aux grandes fêtes en plein air et après

Chardin à l'intimité chaude des intérieurs où règnent des enfants blonds et des mères capiteuses ; il peut après La Tour,
affronter le portrait, chaque fois le charme opère et l'œuvre
sort, toute neuve, de ses coups de brosse rapides, enlevés, tout
en vivacité, en mouvement et en lumière, loin des reproductions
fidèles, et combien sûrs cependant, combien aptes à fixer la
véritable ambiance dont chaque chose s'entoure. L'Allégorie
elle-même ne parviendra pas à lui faire du mal.

L'Amour est le grand thème qui domine l'œuvre. Non pas
l'Amour tragique, mais l'Amour joyeux ou passionné ou
serein, depuis le badinage léger de l'*Escarpolette*, la langueur
du *Serment d'Amour*, la verve sensuelle du *Verrou tiré*, jusqu'à
l'élan lyrique des amants de la *Fontaine*, jusqu'à la grâce et à
l'harmonie de la *Poursuite*, du *Rendez-vous*, des *Lettres
d'Amour*, de l'*Amant Couronné* et de l'*Abandon*, cette série de
cinq panneaux commandés puis refusés par Mme Du Barry
et qui trouvèrent un refuge à Grasse au début de la Révolution.
L'amour maternel n'en est qu'une variante, tant sont étroitement mêlées aux scènes où trône le berceau, ses effluves invisibles — quand elles ne sont pas matérialisées par quelque galant
indiscret. Et le portrait lui-même, entre dans la chaîne, car,
en dehors de quelques amis, Hubert Robert, Saint-Non ou
l'inévitable Diderot, Fragonard a surtout peint ses amoureuses,
celles en particulier qui lui ont plus ou moins résisté : la Guimard, la célèbre danseuse dont la rupture provoqua son second
voyage en Italie, sa jeune belle-sœur, Marguerite Gérard qui
semble s'être défendue.

À côté de l'Amour, un seul autre thème attire son intérêt :
la Nature. Tout le XIXᵉ siècle aima la campagne romaine
à travers les dessins de Fragonard. Mais là, quelle que soit la
poésie dont il sut entourer les cyprès de Tivoli et les cascatelles
de la Villa d'Este, il avait trouvé son maître. Son vieil ami de
l'École de Rome, Hubert Robert.

Le cas de Hubert Robert — à qui décidément on ne prête
pas assez d'attention de nos jours — est plus complexe que celui
de Fragonard. On ne peut guère dire de lui qu'il résista au goût
de l'antique déclenché par l'École de Vien, puis de David,

puisqu'au contraire, il se spécialisa dans le genre de la peinture
de ruines et que c'est lui qui lança la mode des antiquités de
Provence — *le Temple de Diane à Nîmes, la Maison Carrée, les
Arènes et la Tour Magne à Nîmes, l'Arc de Triomphe et l'Amphi-
théâtre d'Orange* et *le Pont du Gard*, dont il fit, pour le roi, une
série de quatre tableaux. Mais — comme Frago pour l'his-
toriette — Robert, tout en adoptant le sujet, n'adoptait pas la
manière. De ses ruines, de ses antiquités, il fit des paysages
modernes, les intégrant dans le goût et la sensibilité poétique
de son temps, les animant des silhouettes familières de l'époque.
Jamais, à l'instar d'un Machy, son rival, ou d'un Vien, il ne
tenta la reconstruction du passé. Jamais il n'habilla ses personnages qui peuplent avec tant de grâce ses lieux, précis ou non,
à l'antique. Il montre, au contraire, les ruines envahies par la
végétation des siècles, faisant partie du sol qui les abrite, continuant parfois comme le Ponte Rotto à Rome à rendre aux
contemporains les mêmes services auxquels les destinaient les
ancêtres lointains de l'Antiquité et tellement fondues, tellement enracinées dans la vie courante qu'il est parfois difficile
de les distinguer de ce parc moderne ou s'activent les *Lavan-
dières* ou de ce coin de Versailles qu'on est en train de transformer en jardin anglais.

Par là, il prend sa place, tout naturellement, parmi les paysagistes du siècle dont la série s'ouvre avec Watteau et qui, à
travers Desportes, Oudry, Louis Moreau, Joseph Vernet — ce
paysagiste un peu officiel à qui l'on doit tous les ports de France
et une grande quantité de marines — aboutit à Fragonard.
Cette place est en tête. Personne, comme lui, pas même
Fragonard, plus timide lorsqu'il entreprend de transfigurer un
paysage que quand il s'agit de la femme, pas davantage les
Italiens qui lancèrent le genre — les Piranèse, les Pannini, les
Servandoni — ne sait construire un paysage en le faisant valoir
par lui-même, sans fond ni anecdote, au moyen de la sélection
raffinée des éléments qui le composent. Car, si l'on y fait attention, les luxuriants paysages d'Hubert Robert sont très dépouillés. Une seule branche fleurie, au premier plan, quelques
indications très frappantes, des massifs de verdure, un détail

agrandi et mis en vedette par-ci, un renversement des règles habituelles de la profondeur par-là, et l'abondance se refait, plus suggestive que si elle était réelle, par l'enchantement d'une science de l'organisation dont il faudra attendre le renouvellement pendant un siècle. Il n'est que des peintres de notre époque, un Cézanne, un Dufy, pour se sentir à l'aise dans un semblable démontage et un pareil regroupement.

D'une manière ou d'une autre, ce xviiie siècle qui n'a jamais voulu jouer au novateur, qui avait accepté, sans révolte de principe, les traditions techniques léguées par le passé, a pourtant tâté, en se jouant, de toutes les hardiesses qui, plus tard, devaient provoquer tant de discussions et tant de bouleversements.

Aimable, léger et savant jusqu'au scepticisme, certes, il n'insista pas. Qui plus est, il finit par se laisser reconvertir à la conception traditionnelle de la grande peinture qui, sous la forme antiquisante, continuait l'esprit des Michel-Ange et des Raphaël pour aboutir au néo-classique. Néanmoins ce fut lui qui, le premier, sapa les assises sur lesquelles reposait le bloc puissant de la Renaissance académique qui menaçait de figer la peinture de l'Europe entière dans l'immobilisme. Aujourd'hui, lorsqu'on parcourt un musée dans le genre du Musée Pitti à Florence, on se rend bien compte de ce qui attendait la peinture si elle avait continué dans la même voie. Rien ne pouvait pallier au vide complet, à la gratuité insipide de ces exercices académiques dictés par une routine deux fois séculaires.

Pour échapper au péril, il fallait, comme au passage du Moyen Âge à la Renaissance, un changement radical de vision.

Avec les petits maîtres et les paysagistes hollandais, le xviiie siècle français fit une première brèche, non pas encore dans la vision plastique, mais dans la conception du rôle que devait jouer la peinture et l'art en général, brèche indispensable en tant que point de départ pour qui voulait s'attaquer à l'édifice tout entier. La première moitié du xviiie siècle est le théâtre de la première des révolutions dont le retour répété, au siècle suivant, ruinera la structure de la Renaissance. Peu importe qu'il y eût, ensuite, une vague de retour en arrière. Le germe était jeté. Peu importe, même, que les héritiers de cette révolution aient parfois renié leurs origines, que les romantiques aient cru se lever en bloc contre tout le siècle précédent considéré comme une entité, qu'ils n'aient point vu, dans Watteau et dans Fragonard, leurs ancêtres, qu'aujourd'hui encore les noms de Fragonard et de Hubert Robert n'évoquent que mépris auprès de nos peintres d'avant-garde qui leur doivent, pourtant, la première marche sur la voie de l'émancipation. Aucune chose accomplie ne passe sans laisser de trace. Ignoré ou non, méconnu ou non, le xviiie siècle est à l'origine du monde que nous nous efforçons encore de construire.

FIN DU PREMIER VOLUME

Notices biographiques des peintres français
du moyen âge au XVIIIe siècle
par Maurice Bex

B

BAUGIN (connu en 1630).

Pour être devenu en une vingtaine d'années l'un des « maîtres de la réalité » les plus illustres, Baugin n'en reste pas moins mystérieux.

L'auteur à qui Baugin doit le plus, M. Charles Sterling, nous dit seulement que, d'après une inscription sur l'une des trois œuvres qui lui sont données, « on sait que le peintre habitait à Paris en 1630, mais on ne peut décider si la lettre *A* qui précède son nom est l'initiale de son prénom ou partie d'une adresse de lettre, car c'est sous cette forme qu'est signée la nature morte [en question] ».

Ce mystère sur dates et prénom n'empêche pas Baugin d'être reconnu auteur de trois chefs-d'œuvre : *Le Dessert de Gaufrettes* (anc. Coll. Georges Gairac, acquis par le Musée du Louvre), *Les Cinq Sens*, de composition plus archaïque (offert au Musée du Louvre en 1935 par M. van Gelder) et la *Nature Morte à la Chandelle* de la Galerie Spada, sur laquelle figurent les seuls renseignements connus sur le peintre (Exp. Peintres de la Réalité, 1934, no 2).

BELLEGAMBE, Jean (vers 1470-1534).

Jean Bellegambe appartient autant à l'école flamande qu'à la française.

Peintre de la Flandre française, né à Douai vers 1470, de famille bourgeoise, fils d'un ébéniste. Formé vraisemblablement à Valenciennes au contact de J. Provost dans l'ancien atelier de Simon Marmion, il dut acquérir la maîtrise vers 1492. Cité dans les archives chaque année entre 1504 et 1533. Mort en

1534. Travaille essentiellement comme peintre de retables. Premier d'une lignée de peintres que l'on suit jusqu'au XVIIIe siècle. Son œuvre maîtresse, le retable de Saint-Maurand peint pour l'église Saint-Amé en 1526-1528, est perdue, mais ses principaux retables subsistent à Douai et Arras. Le Retable de l'Abbaye d'Anchin, — aujourd'hui reconstitué au Musée de Douai, — représente, ouvert *L'Adoration de la Sainte Trinité* en cinq panneaux, et, fermé *L'Adoration de la Croix* en quatre panneaux ; il fut exécuté entre 1511 et 1520.

Très important également est le Retable du *Jugement dernier*, vers 1520 (Berlin, Deutsches Museum) dont les nus de *L'Enfer* et du *Paradis* annoncent ceux de l'École de Fontainebleau.

Cependant, Jean Bellegambe, de tempérament conservateur, reste un peintre du Moyen Âge à l'aube du XVIe siècle.

On ne le connaissait que par l'étude du Chanoine Dehaisnes (1890) ; M. Robert Genaille nous a révélé de lui de nouveaux aspects (Cat. Exp. Arras, 1951 ; R. des Arts, 1953).

BLANCHARD, Jacques (1600-1638).

Né à Paris, le 1er octobre 1600, il fut d'abord élève de Nicolas Bollery, son oncle maternel, peintre du roi. A vingt ans, il résolut d'aller en Italie, mais s'arrêta à Lyon, où il demeura quatre ans. Il y travailla sous la direction d'Horace Le Blanc qui lui enseigna un dessin maniériste, aux figures allongées, au coloris en camaïeu brun tirant rarement au clair. À la fin d'octobre 1624, il gagna enfin Rome. Dix-huit mois plus tard, le voici à Venise où il va rester deux ans à étudier, particulièrement le Titien, avant de se fixer définitivement à Paris (1629), après avoir séjourné à Turin, puis à Lyon.

Membre de l'Académie de Saint-Luc, il fut un décorateur réputé, ayant le goût de la vie robuste et des chairs épanouies comme le prouvent sa *Sainte Famille* (Cherbourg), son *Saint Jérôme* (Budapest), *Angélique et Médor* (New York), *Cimon et Ephigène* et *La Charité* (Louvre), *Cérès* (Rouen) ou la *Bacchanale* (Nancy).

Jacques Blanchard est mort, à Paris, en 1638.

BOSSE, Abraham (1602-1672).

Né à Tours en 1602, fils d'un tailleur, Abraham Bosse vint à Paris dès l'âge de quinze ans pour se perfectionner dans l'art du dessin.

Selon Mariette, c'est l'exemple de Callot qui l'aurait conduit à s'initier à la gravure.

Il dessinait et gravait avec une aisance exceptionnelle. Son très vif esprit d'observation n'exclut ni la satire ni l'agrément : il reproduit les mœurs de son temps, la vie de tous les jours au temps de Louis XIII.

Sa rencontre avec le mathématicien Desargues lui ayant fait étudier spécialement la perspective, il fut chargé de l'enseignement de cette branche quand fut fondée l'Académie. À la suite de démêlés assez confus avec des rivaux, conflits où son esprit caustique malmena fort ses adversaires, il n'en fut pas moins exclu en 1666. Bosse retourna alors à Tours, mais pour peu de temps, et il mourut à Paris le 16 février 1672.

On ne connaît de lui que très peu de tableaux, mais il a laissé plus de 1400 pièces gravées. Il a publié en outre un *Traité de la manière de graver en taille douce sur l'ancien*.

BOUCHER, François (1703-1770).

Né à Paris, rue de la Verrerie, le 29 septembre 1703. Son père, Nicolas Boucher, artisan plus qu'artiste, dessinait des ornements pour broderies et était marchand d'estampes. Il enseigna les rudiments à l'enfant dont la vocation s'était affirmée de très bonne heure. L'élève fit de si rapides progrès que Nicolas éprouva sans tarder la nécessité de donner à son rejeton un maître digne de ce nom. Le néophyte devint élève de Lemoyne et imita si bien le style de son professeur que jusqu'au milieu du XIXe siècle les experts attribuèrent avec persévérance à Lemoyne la *Naissance d'Adonis* bien que cette toile fût signée des initiales F. B.

Boucher avait dix-sept ans à peine lorsqu'il acheva son premier tableau *Le Jugement de Suzanne*, qui eut le don de laisser Lemoyne confondu par l'incroyable talent précoce dont elle témoignait. Pour quelle raison, trois mois plus tard, Boucher, ayant quitté l'atelier de son maître, était-il devenu l'élève du graveur Cars? Ses biographes nous renseignent mal sur ce point. Assuré là d'un emploi rémunéré, du gîte et de la nourriture, il y apprend l'art de la gravure et ne tarde pas à le pratiquer avec tant d'habileté que Julienne offre au jeune artiste vingt-quatre livres par jour pour reproduire les œuvres de Watteau. Boucher en reproduisit cent vingt-cinq. Il ne négligeait pas pour autant la peinture. En 1723, il remporte le premier prix de l'Académie avec *Evilmerodach délivrant Joachim*. Une coutume ancienne autorisait, le jour de la Fête-Dieu, les artistes à accrocher leurs toiles aux draperies tendues place Dauphine le long des maisons devant lesquelles passait la procession. Boucher en profita et ses œuvres firent florès. Le voici lancé du coup. Il ne se laisse pas griser par la chance, rêve plus que jamais d'aller parfaire son talent en Italie, et un beau jour, prend la route avec Carle van Loo. Il restera à Rome de 1727 à 1731 et ne manquera pas de subir l'influence de l'art italien. Durant son séjour au delà des Alpes, il peint volontiers des sujets historiques ou religieux : *Rencontre de Rachel et de Jacob*, *Crucifixion de Jésuites au Japon*, *Le Mariage des Enfants de Dieu avec les Enfants des Hommes*. S'il croyait alors avoir trouvé sa voie, il se trompait lourdement. Sa vraie manière, son style personnel, il ne les découvre véritablement qu'avec *Vénus commandant à Vulcain des Armes pour Énée*. Il va devenir désormais le peintre des mythologies galantes et des amours pastorales. Il abandonna un moment ses pinceaux pour illustrer les œuvres de Molière et les *Contes* de La Fontaine. Il est admis en 1734 à l'Académie où il a présenté *Renaud et Armide*. Il a tout juste 31 ans. Quelques mois plus tôt il s'est marié, le 21 avril 1733, avec une fort belle Parisienne de 17 ans, Marie-Jeanne Buzot. Il aime la prendre pour modèle. Armide emprunte les traits de Marie-Jeanne.

Boucher se montre curieux de tout. Il peint des scènes familiales, moins avide de détails précis que d'expression idyllique, meuble ses toiles d'*ignudi*, décore des intérieurs, des meubles, des porcelaines, des éventails. Décorateur en chef de l'Académie royale de musique (1744-1748) il excella dans la peinture de toiles de fond représentant de riants coteaux et d'accueillants hameaux où se reflètent les tendances bucoliques de l'époque.

Depuis 1740, il expose au Salon. Ce fut, pour ses débuts : *Naissance et Triomphe de Vénus*. Deux ans plus tard ce sera : *Diane sortant du bain avec une de ses compagnes*. Dès 1745, il imagine d'exposer au Salon ses dessins et de les vendre. On s'arrachent ses sanguines. En 1752, grâce à la protection de Marigny, surintendant des Beaux-Arts, il obtient une pension et un logement au Louvre, pour le dédommager du retard que l'on met à lui accorder le titre envié de Premier peintre du Roi, qui ne lui fut octroyé qu'après la mort de Van Loo, en 1765.

Dix ans plus tôt, il avait succédé à Oudry en qualité de sous-inspecteur de la Manufacture des Gobelins. Il n'avait pas attendu si longtemps pour parvenir à l'apogée de sa renommée. La faveur de la Cour et la protection de la marquise de Pompadour, dont il n'a pas brossé moins de sept portraits, lui étaient acquises. Il jouissait d'une rente sur la cassette royale et les commandes officielles ne lui étaient pas ménagées.

En 1765, la mode change. Elle s'engoue soudain de Greuze. Diderot, dans ses *Salons*, s'acharne contre Boucher, qui fait contre mauvaise fortune bon cœur et se montre beau joueur. Les décès de ses gendres et élèves, celui de Deshayes en 1765, puis celui de Beaudoin en 1769, lui portent deux coups infiniment plus rudes. Il ne s'en remettra pas.

François Boucher est mort le 30 mai 1770.

BOURDICHON, Jean (1457-1521).

L'œuvre de Bourdichon nous est incomplètement connue, et presque uniquement par documents d'archives. On sait par eux qu'il fut peintre des rois Louis XI, Charles VII, Louis XII et François Ier, mais la majeure partie de son œuvre nous échappe.

Né à Tours vers 1457, il y mourut en 1521.

Son œuvre principale, — et certaine, — qui suffirait à sa gloire est l'admirable ensemble des *Heures d'Anne de Bretagne* (Bibl. Nationale), où il se montre, notamment dans les décors de fleurs, d'une ingéniosité et d'une délicatesse rares.

On lui donne aussi quelques portraits : dont ceux de Philippe le Beau et d'Anne de Bretagne.

BOURDON, Sébastien (1616-1671).

Né à Montpellier, il fut dès l'enfance envoyé à Paris où un peintre nommé Barthélemy lui enseigna les rudiments. Impatient de travailler à son compte, Bourdon, au seuil de l'adolescence, quitta son maître, parcourut les provinces et ne tarda pas à sombrer dans la misère.

Afin d'y échapper il s'engage, obtient bientôt par faveur son congé, dépose le mousquet et reprend pour toujours la palette. À dix-huit ans, le voici en Italie où son habileté à contrefaire la manière d'autrui, à peindre des paysages à la façon de Claude et des scènes qui rappellent celles de Bamboche lui permet de se tirer d'embarras.

Revenu à Paris en 1637, protégé par l'amateur Hesselin, estimé par Vouet, non content de décorer comme on lui en fournit l'occasion, églises et riches demeures, il peint des tableaux de genre. Il y gagne une telle vogue que bien qu'il s'écarte ainsi de l'art noble, il sera choisi comme un des fondateurs de l'Académie.

Mandé en Suède en 1653 par la reine Christine qui le nomme son premier peintre, chargé de faire le portrait de la souveraine, du prince héritier et des capitaines qui s'étaient distingués dans les armées de Gustave-Adolphe, sa réussite dépasse toute espérance. L'expansion de l'art français dans les pays nordiques date de là.

Un an plus tard, Christine ayant abdiqué, Bourdon revint en France non sans avoir admiré en traversant les Pays-Bas, les portraits de Van Dyck. Son *Portrait* (Louvre) et celui de *Fouquet* (Palais de Versailles) montrent quel parti il a su tirer de cette révélation. Elle lui apprit à substituer la richesse d'un style d'apparat à la sobre apparence d'un simple document.

Il est mort à Paris en 1671.

BROEDERLAM, Melchior (connu entre 1381-1409).

Né à Ypres, Melchior Broederlam passa dans sa ville une grande partie de sa vie ; le reste en Bourgogne. Il fit un séjour à Paris, en 1390-92. On le voit travailler pour le comte de Flandre, Louis de Mâle en 1381. Mais il répond à l'appel de Philippe le Hardi et vient à Dijon, à la Cour de Bourgogne, en 1385. Il est alors mentionné comme « peintre et valet de chambre » du duc.

On sait qu'entre 1392-1394 et 1399 il exécute, à Ypres, pense-t-on, les triptyques de deux autels de la Chartreuse de Champmol (près de Dijon), commandés par son maître, et dont Jacques de Baerze, de Termonde, réalisa la sculpture. Le retable conservé au Musée de Dijon se compose de deux panneaux figurant des scènes de la *Vie de la Vierge: Annonciation, Visitation, Présentation, Fuite en Égypte.* Ces panneaux peints, de forme assez surprenante dans leur découpure, se présentent comme le « couvercle » extérieur d'un panneau central et de deux intérieurs de volets sculptés.

La critique traditionnelle hésite dans l'attribution d'une telle œuvre à l'école française ou à l'école flamande.

C

CALLOT, Jacques (1592-1635).

Son père était « roi d'armes » à la Cour du duc de Lorraine.
Né à Nancy en 1592, l'enfance de Jacques Callot s'écoule dans
un milieu d'aisance et d'élégance. Mais, dès douze ans, voulant
devenir un « grand artiste » il s'enfuit vers l'Italie avec une
troupe de bohémiens. Ramené de force, il renouvelle sa fugue.
Il finit par avoir gain de cause, et travaille à Rome puis à
Florence, au service de Cosme II de Médicis en 1614. C'est
l'époque de la *Foire de l'Impruneta* et le début de la notoriété.

Tous les spectacles sont pour lui enrichissement, tandis que
son métier se perfectionne. En 1621 il revient à Nancy ; il donne
Les Gueux, *Les Supplices*, *Le Siège de Bréda*. Louis XIII lui
commande *Le Siège de la Rochelle*.

En 1633, le Roi met le siège devant Nancy et la ville doit se
rendre. La Lorraine perd son indépendance. Callot dans *Les
Misères de la Guerre* montre son pauvre pays désolé et ruiné
par les troupes de Richelieu.

Jacques Callot meurt à Nancy le 24 mars 1635, entouré de
vénération par ses compatriotes encore meurtris.

CARON, Antoine (vers 1520-vers 1598).

Quelques précisions utiles sur la carrière de cet artiste remis
récemment en honneur, nous ont été données surtout par deux
articles de Gustave Lebel, auxquels, nous empruntons en
majeure partie ce qui suit.

On pense qu'il naquit environ 1520, à Beauvais, peut-être.

Les comptes des Bâtiments publics le signalent travaillant
en équipe à Fontainebleau, entre 1540 et 1550 et quelque peu
appointé. En 1560, une somme de cinquante livres lui est
attribuée sur ordre du Primatice pour le « rafraichissement tant
en la chambre du Roy qu'en plusieurs lieux dudit château ».
En 1569, il fit marché avec le Bureau de Paris qui préparait les
fêtes pour l'entrée de Charles IX. Caron était chargé avec
Jacques, autre maître-peintre parisien de décorer la Porte
Saint-Denis. Vu la rigueur des temps, l'entrée triomphale fut
remise et n'eut lieu qu'en 1571, mais Caron ne figurait plus au
nombre des organisateurs.

Au cours de 1573, le poète Dorat, le sculpteur Germain
Pilon et le peintre Caron sont chargés d'établir la décoration

de Paris lors des fêtes qui sont données pour l'entrée dans la capitale du duc d'Anjou, élu roi de Pologne. Le 19 octobre 1575, Caron est nommé juré de la corporation des peintres et sculpteurs. En 1581, il fait partie des artistes chargés d'organiser les festivités dont s'accompagnent les noces d'Anne, duc de Joyeuse, avec Marguerite de Lorraine.

Ces quelques détails authentiques permettent de se faire une idée des disciplines italiennes auxquelles fut soumis Caron, à Fontainebleau, pour ses débuts dans la carrière ; du rang qu'il sut obtenir à la Cour et de l'estime que lui accordaient ses collègues. On possède diverses gravures de lui, notamment celles signées Anth. Caron illustrant l'édition parue après sa mort (1617) des *Images et Tableaux de Platte*, un *Portrait équestre d'Henri IV*, portant son nom, gravé par Vœnius. La Bibliothèque de Madrid (Coll. Fenaille) a dans ses cartons 28 dessins de lui pour l'*Abrégé de l'Histoire de France*, le Cabinet du Louvre conserve plusieurs dessins de Caron : l'un représente la *Calomnie d'Appelle*, l'autre la *Flagellation du Christ*. Peintre attitré de Catherine de Médicis, c'est lui qui dessina, en 1562, les cartons de la *Tenture d'Artémise* destinée à rappeler la peine inconsolable de la veuve d'Henri II. Et l'on connaît certain dessin énigmatique de Caron sur lequel on peut voir la même reine Catherine, ses deux peintres : Étienne et Pierre Dumoustier, une de ses dames d'honneur, Mme de Sauve et deux nains.

Quant à ses tableaux, ils sont peuplés de personnages factices, de décors dont le fantastique relève du style théâtral. Les *Massacres à Rome au Temps des Triumvirs Antoine, Lépide et Octave*, actuellement divisés en trois panneaux et montés en paravent quand cet ouvrage fut acheté à Londres, en 1913, devraient à l'origine avoir formé une toile d'un seul morceau, signée et datée : *arte Ant. Caron pict. 1566*. — *Auguste et La Sibylle de Tibur* (Coll. Gustave Lebel), si l'on se fie à une indication empruntée à l'histoire du costume, remonterait environ à 1580, les cols rabattus arborés par les hommes au lieu de fraise le laissent croire. — Dans une collection anglaise, deux panneaux : *Le Triomphe de l'Hiver* et *Le Triomphe de l'Été* (dit aussi *Triomphe du Printemps*.) — L'œuvre de peintre de Caron se limite à ces quatre œuvres.

Antoine Caron, de qui Jean Dorat ne craignit pas d'affirmer dans son « Épithalame sur les Noces d'Anne de Joyeuse »,

« qu'il défiait un Appelle en peinture », serait mort vers 1598.

CHAMPAIGNE, Philippe de- (1602-1674).

Sur le registre de la collégiale Sainte-Gudule, à Bruxelles, où Philippe fut baptisé, le 26 mai 1602, son père est dit fils d'Henri Shampaine. Mais lui, signera ses tableaux Champaigne.

Il reçut dans sa ville natale sa première formation artistique dans l'atelier de Jean Bouillon, passa ensuite dans celui du miniaturiste Michel de Bourdeaux, travailla, en 1619, à Mons, on ignore toutefois chez qui, puis regagna Bruxelles, l'année suivante, pour entrer chez le paysagiste Jacques Fouquières. Plutôt que d'aller à Anvers auprès de Rubens, il préféra entreprendre le voyage d'Italie, mais s'arrêta à Paris, où il devait avoir quelque parent et y demeura. Il venait d'avoir dix-neuf ans.

Logé au collège de Laon, en 1623, il se liera avec Poussin, qu'il ne sera pas sans imiter, notamment dans son propre portrait. Sans renier la tradition réaliste des Flamands, il y mêlera bientôt un souci de vie intérieure et une noblesse de style, qu'il empruntera à sa terre d'adoption.

Sur des dessins de Lallemand, il exécute (1625) une *Sainte Geneviève implorée par le Corps de Ville* (église de Montigny-Lemcoup). À côté de Nicolas Duchesne, il collabore à la décoration du Palais du Luxembourg. En 1627, il retourne à Bruxelles, mais appelé, peu après, par l'intendant des bâtiments de Marie de Médicis à la succession de Duchesne en qualité de peintre de la Reine et de valet de chambre du Roi, logé au Luxembourg et pensionné à 1200 livres, il revient à Paris. Quelques mois plus tard, il épousait Charlotte Duchesne, fille de feu Nicolas. Marie de Médicis lui commande, pour orner l'église des Carmélites, peintures murales et compositions, dont la *Présentation au Temple* (Musée de Dijon). En 1629, il obtient ses « lettres de naturalité ». Il travaille au Carmel, au couvent des religieuses du Calvaire, peint sur ordre de Louis XIII la *Réception du Duc de Longueville dans l'Ordre du Saint-Esprit* (Musée des Augustins, Toulouse). De la même année (1634) date le tableau *Une Religieuse de l'Ordre de Sainte-Brigitte sur son lit de Mort* (Genève, Musée d'art et d'histoire) et environ l'année suivante, le plus célèbre de ses multiples portraits du *Cardinal de Richelieu* (Louvre). Il travaille à décorer, au Palais Cardinal, la Galerie des hommes illustres, compose les cartons de *La Vie de la Vierge* (1636) et peint *Le Vœu de Louis XIII* (1638) (Musée de Caen).

De 1641 à 1644 il décore la coupole de l'église de la Sorbonne, où l'on peut, aujourd'hui encore, admirer une *Gloire d'Anges et de Chérubins* et 4 médaillons représentant *Saint Jérôme*, *Saint Léon*, *Saint Augustin* et *Saint Ambroise*. Le *Portrait de l'Abbé de Saint-Cyran* (Musée de Grenoble) permet de supposer que les relations de Champaigne avec les jansénistes, qui auront sur sa vie une telle importance et laisseront dans son œuvre tant de traces, remontent au moins à 1643.

L'artiste travaille à l'église de l'Oratoire, au Val-de-Grâce, à l'oratoire d'Anne d'Autriche, au Palais Royal, et prend part, en 1648, à la fondation de l'Académie royale de peinture et de sculpture, où il sera nommé professeur en 1653.

De ses deux filles, pensionnaires à Port-Royal, la cadette, Françoise, meurt en 1655, l'autre, Catherine, prend le voile en octobre 1657 et devient sœur Catherine de Sainte-Suzanne. C'est pour rappeler sa guérison miraculeuse que Philippe peindra, en action de grâces, l'*Ex-Voto* du Louvre (1662). Louis XIV lui commande pour la cathédrale de Reims la *Réception du duc d'Anjou dans l'Ordre du Saint-Esprit*.

Sa santé affaiblie, Champaigne n'arrête point son labeur. Il peint en 1671 le *Portrait du Président Lamoignon*, par la suite les *Pèlerins d'Emmaüs* (Musée de Nantes) et l'année de sa mort, pour la chartreuse de Vauvert, *le Christ expirant sur la croix*.

Philippe de Champaigne est mort le 12 août 1674, à Paris. Ses obsèques furent célébrées, le surlendemain, à Saint-Gervais « dans la simplicité », selon le désir qu'il en avait exprimé.

CHARDIN, Jean-Baptiste-Siméon (1699-1779).

Il est né le 2 novembre 1699, à Paris, rue de Seine. Son père, ébéniste spécialisé dans la fabrication des billards, le fit entrer à 19 ans chez le peintre Cazes, qui lui inculqua le culte des Flamands et des Hollandais. Jean-Baptiste devint ensuite l'élève de Nicolas Coypel. En 1728, époque à laquelle il était employé depuis quelque temps déjà par Carle Van Loo en qualité d'auxiliaire pour restaurer à Fontainebleau des fresques du Primatice et du Rosso, Chardin exécuta, à la demande d'un chirurgien, une enseigne. Mise en place, elle fit sensation au point que l'Académie en eut vent et eut l'attention attirée sur

cet inconnu. Le 3 juin de la même année, Chardin exposait
Place Dauphine, entre autres tableaux *La Raie ouverte* (Louvre). Largillierre avait d'abord cru se trouver devant quelque
chef-d'œuvre anversois. Mieux renseigné, il engagea Chardin
à solliciter les suffrages de l'Académie : Chardin fut agréé et
reçu le même jour, le 25 septembre 1728.

Le 1er février 1731, Chardin épousa à Saint-Sulpice Marguerite Saintard. Dans l'année elle lui donnera un fils, Pierre-Jean,
qui s'exercera le moment venu, sans aucun succès à la peinture
et mourra, encore jeune, à Venise. Elle-même décéda le 14 avril
1735. Chardin continue pendant un certain temps à participer
à « l'Exposition de la Jeunesse » qui, traditionnellement, avait
lieu en plein air, Place Dauphine, le jour de la Fête-Dieu. Le
18 août 1737, il expose au Salon. Dorénavant, il ne manquera
plus d'exhiber de Salons en Salons ses natures mortes et ses
scènes familières, que la gravure popularisera jusque dans les
pays étrangers. La critique en louait le rendu exact et les valeurs
étonnamment modulées, mais n'en appréciait pas les sujets.
N'écrira-t-on pas, quelques années plus tard, à propos des
dessus de porte du château de Bellevue (Musée Jacquemart-
André) : « Ces œuvres sont magnifiques dans leur genre, mais
quel genre ! »

En 1744, le 26 novembre, Chardin se marie en secondes
noces avec une demoiselle Françoise-Marguerite Pouget, qui
n'est pas dépourvue d'une certaine fortune, ni d'avarice, ce
qui n'est pas pour déplaire à ce petit bourgeois des plus éco-
nome. Malgré une gloire sans cesse croissante, il vend à bas
prix ses tableaux et les achats de l'étranger même ne lui per-
mettront pas d'accéder à la richesse. La nature morte ne pouvait alors procurer, fût-ce à un Chardin, le moyen d'obtenir
un tel résultat. Il travaille avec persévérance et produit beaucoup, quoique lentement, et il n'entreprend jamais plus d'une
œuvre à la fois. Il obtint un logement au Louvre, en 1757,
continuant par affinité à fréquenter les petites gens, ceux de son
ancienne condition.

Vers 1770, sa vue baissant, il se mit à exécuter au pastel de
vrais portraits et non pas des portraits transformés en scènes
de genre, comme, à part quelques-uns, on en trouve souvent
dans son œuvre. Novice dans cette technique, il peignit au
pastel un portrait de sa femme et trois de lui-même. Ce sont les
plus beaux qu'il ait laissés.

En 1774, il renonça à exercer la charge de Trésorier de l'Académie. Il mourut à Paris, qu'il n'avait jamais quitté, à 80 ans, le 6 décembre 1779.

Il était depuis longtemps bénéficiaire de pensions royales que les années avaient vu s'accumuler. Sa veuve demanda qu'elles lui soient versées sa vie durant. Comme elle était loin de se trouver dans le besoin, sa requête, jugée indiscrète, fut repoussée.

CLOUET, François (vers 1516-1572).

Fils de Jean Clouet et de Jeanne Boucault, François Clouet naquit, croit-on, vers 1516. Il succéda en 1541 à son père dans la charge de valet de chambre et de peintre du roi. Sa réputation fut de son vivant considérable, Ronsard l'appelait « l'honneur de son temps ».

Les lettres du roi en lui faisant don des meubles et immeubles ayant appartenu à Jean Clouet, échus à la Couronne par droit d'aubaine « pour ce que ledict deffunt était estrangier et non natif ne originaire de nostre royaume et n'avait obtenu de nos prédécesseurs Roys ny de nous aucunes lettres de nationalité et congé de tester ». Tout en faisant allusion au grand talent du père, François Ier ajoutait : « En quoi sondict fils l'a déjà très bien imité et espérons qu'il continuera de bien en mieux cy-après. »

Quand François Ier mourut (1547), François Clouet fut chargé de mouler la figure du Roi et de confectionner le mannequin à l'effigie du défunt habillé du costume royal qu'on portait aux funérailles. Devenu peintre d'Henri II, il eut pour sous-ordre Guillaume Bouteloire, peintre blaisois.

Nommé en 1551 commissaire au Châtelet, sans pour cela quitter son office de peintre, il devient huit ans plus tard contrôleur des monnaies. Son testament, rédigé le 21 septembre 1559 dans la maison qu'il possédait rue Sainte-Avoye nous révèle qu'il n'était pas marié et qu'il avait deux filles bâtardes.

Dans l'art de François Clouet, le crayon représente la part la plus importante. C'est en usant de crayons de couleur qu'il traçait ses esquisses d'après le modèle, établissant en hâte un croquis de quelque personnage impatient de se dérober à la contrainte de poser. Les croquis servaient de préparation aux portraits peints qui en gardaient un style linéaire.

On peut voir à Vienne le portrait en pied de Charles IX

portant cette mention : « Charles IX très chrestien roy de
France en l'aage de XX ans, 1563. » Ce fut sans doute le portrait envoyé à la Cour de Maximilien II au moment du mariage de Charles IX avec Elisabeth d'Autriche. La Bibliothèque
Nationale conserve un crayon pris sur le vif de la jeune reine
Élisabeth, dont le portrait peint du Louvre est la fidèle trans-
cription. Le portrait de *Pierre Quthe* (Louvre), bourgeois de
Paris, apothicaire en renom possédant un jardin médicinal
proche de la demeure de son ami François Clouet, mentionne
l'âge du modèle, la date où l'œuvre fut faite suivis de la signature de l'artiste. Il s'agit d'un art évolué où se décèle une connaissance avertie de la peinture italienne.

Mais la peinture constitue ce que les portraitistes d'alors
pratiquaient le plus rarement. Leur clientèle leur demandait
surtout d'établir une effigie et de produire rapidement.

Citons de lui le *Portrait d'Élisabeth de Valois* (Toledo,
Ohio), celui de la *Duchesse de Savoie, Sœur d'Henri II, en deuil
blanc* (Turin), celui d'un *Inconnu tenant les Œuvres de Pétrarque*
(Château de Hampton Court) ou du *Duc de Guise, Claude de
Lorraine* (Palais Pitti, Florence), ainsi que ceux d'*Henri II*
(v. 1559, Louvre), de *Jean Babou, seigneur de la Bourdaisière*
(1553), de *Claude de Beaune* (1563) et de la *Duchesse de
Roannais* (Louvre).

François Clouet, qui signait ses œuvres Franciscus Janetius,
mourut en 1572. Il avait occupé les fonctions de peintre du
roi sous quatre règnes successifs.

CLOUET, Jean (vers 1475-1540).

Il n'y a pas très longtemps que les historiens de l'art sont
parvenus à distinguer les uns des autres Jean Clouet, son fils
François Clouet et divers peintres et portraitistes du XVIe
siècle, dont la manière n'est pas sans parenté et que leurs
prédécesseurs avaient accoutumé de confondre sous le seul
nom de Jehannet Clouet. De patientes recherches ont permis
depuis peu de dégager les identités des divers artistes en question, à commencer par celle de Jean Clouet lui-même.

À vrai dire, on sait encore assez peu de choses sur sa vie.
On admet généralement qu'il vint de la Flandre occidentale en
France, durant le règne de Louis XII. Il serait le fils du peintre
Jehan Cloet de Bruxelles. Il quitta sa terre natale à l'instar de
beaucoup de portraitistes formés dans les ateliers nordiques et

soucieux de se répandre à travers l'Europe et de se mettre au
service de quelque prince.

Dès 1509, il jouit d'une réputation assez glorieuse pour être
comparé par Clément Marot, dans la préface de ses *Psaumes*
dédiés au roi, au « grand Miquel l'Ange ». On relève son surnom de Jamet sur les registres des comptes de la Maison du roi
en 1516, parmi les sous-ordres de Perréal et de Bourdichon,
peintres en titre d'office, survivants au règne de Louis XII. Il
y figurera jusqu'en 1540, année de sa mort. En 1522, son
surnom de Jamet se transforme en celui de Jehannet. Il remplace Bourdichon, mort en 1521 et reçoit 240 livres de gages.
Trois ans plus tard il semble occuper le poste prépondérant et
possède en Petit-Jean Champion un adjoint. Postérieurement à
1533, il deviendra peintre et valet de chambre du roi, sur le
même pied qu'un Clément Marot et que nombre de poètes et
d'artistes de ce temps.

Jean Clouet n'a pas séjourné constamment à la Cour. Il vécut
pendant plusieurs années à Tours, où il épousa, en 1521, Jeanne
Boucault, fille d'un orfèvre. C'est là qu'il peignit un *Saint
Jérôme* pour l'église Saint-Pierre-du-Boile. On pense qu'il se
fixa en 1529 à Paris et qu'il y demeura jusqu'à la fin de ses jours.

En dehors des miniatures des *Sept Preux de Marignan* qui
adornent le manuscrit de la *Guerre Gallique* (Bibliothèque
Nationale) au sujet desquelles il n'y aucun doute d'attribution,
la mode des costumes et l'âge des modèles permettent de voir à
coup sûr en Jean Clouet l'auteur d'une bonne partie des 333
dessins des Clouet conservés au Château de Chantilly. Toute
la Cour du Valois y défile, depuis les princes du sang, les
représentants de vingt des plus illustres familles de France et
les dames d'honneur de la reine Eléonore, jusqu'à la petite
bande du roi, aux gens d'église et aux docteurs, sans omettre
divers inconnus.

Jean Clouet est d'autre part l'auteur de sept peintures.
Entre autres : le portrait du *Dauphin François, Enfant* (Anvers)
(v. 1522), celui de *Madame Charlotte*, sa sœur (Coll. Thomson)
(v. 1520), le portrait de *François Ier* (Louvre) (v. 1524) —
parfois contesté , — et le *Portrait équestre de François Ier*
(Offices) (v. 1539), dont le Louvre possède une réplique et où
apparaît une influence italienne manifeste.

En 1540, Jean Clouet n'est plus nommé sur les états de la
Maison du roi où son fils François le remplace.

CORNEILLE DE LYON (vers 1500-vers 1575)

Son nom initial : Cornelis de La Haye indique le lieu de sa naissance qu'on pense s'être produite environ 1500. Le surnom, que la tradition lui donne, vient de ce qu'il passa la majeure partie de son existence à Lyon.

Peut-être a-t-il été élève du vieux Clouet? Un document du 7 janvier 1540 le fait appartenir à la maison du dauphin Henri. Dans un de ses rondeaux, écrit en 1544, Eustorge de Beaulieu le célèbre comme un peintre de grand talent. Il reçut en 1547 ses lettres de naturalité. Il devait obtenir sous Henri II et garder sous Charles IX le titre de peintre du roi et recevoir une pension.

Brantôme rapporte que Catherine de Médicis étant allée certain jour de 1564 voir le peintre à Lyon, s'égaya fort de voir son portrait et ceux des courtisans vêtus selon une mode qui remontait à vingt ans en arrière. À Nemours qui lui disait, raconte Brantôme : « Madame, je vous trouve là fort bien pourtraite », elle répondit : « Mon cousin, je croy qu'il vous ressouvient du temps, de l'aage et de l'habillement de ceste painture : vous pouvez juger mieux que pas un de ceste compagnie, vous qui m'avez veue ainsi, si je suis estée comme me voylà. »

En 1569, comme beaucoup de huguenots lyonnais, il abjura le protestantisme. Il eut un fils et une fille, peintres l'un et l'autre et, sous le patronyme de La Haye, on trouve trace de ses descendants jusqu'au XVIII⁰ siècle.

Au XVII⁰ siècle le célèbre collectionneur Roger de Gaignères acquit à Lyon nombre de ces portraits que Corneille y avait exécutés soit directement durant le séjour des personnages de la Cour dans cette ville, soit d'après les portraits exécutés par d'autres peintres. « À l'inverse des Clouet, a écrit Louis Réau, Corneille travaillait sans s'aider de préparations à la mine de plomb. On ne connaît de lui aucun crayon. »

Les portraits qu'on lui attribue sont en général de petites dimensions. Le modèle est représenté en buste, vu de trois-quarts. Le visage clair, traité d'un pinceau léger et les vêtements sombres, se détachent sur un fond uniforme, vert ou bleu. Tels se présentent le portrait du *Maréchal de Bonnivet* (Cleveland), celui d'un *Homme* (Coll. du capitaine E. G. Spencer Churchill, Northwick Park), en qui certains veulent retrouver les traits de Rabelais, le *Portrait présumé de Madeleine d'Écosse, Reine*

de France (Musée de Blois) et celui du *Cardinal de Châtillon*
(Musée Calvet, Avignon).

Corneille de Lyon serait mort dans cette ville, vers 1575.

COUSIN, Jean (1490-vers 1561).

Comme les Janet Clouet, il y eut deux Jean Cousin, le père
et le fils, peintres l'un et l'autre, en qui longtemps l'histoire
de l'art ne vit qu'un seul individu.

Le plus ancien naquit, en 1490, d'une famille de vignerons
peu fortunés, au village de Soucy, près de Sens, où il passa
environ les cinquante premières années de son existence.

Entré comme apprenti au service de Jacques Hympe et de
Tassin-Grasset, maîtres-verriers venus exercer leur art, de 1512
à 1515, dans la cathédrale de Sens, Jean Cousin, après ces débuts modestes ne tarda sans doute point à témoigner d'une
grande activité et à faire preuve d'aptitudes multiples puisque,
promu en 1526 aux fonctions de géomètre-expert du bailliage
de Sens, il se vit chargé, quelques années plus tard, par le
chapitre de la cathédrale, de peindre les retables des chapelles
de Saint-Eutrope et de Notre-Dame de Lorette.

Fort de son triple talent d'arpenteur, de peintre et de verrier,
sans compter celui de graveur (d'aucuns ajoutent celui de
sculpteur), il devait gagner assez de biens pour acquérir à Paris,
peu après s'y être installé, vers 1540, un vaste terrain sis à un
angle de la rue de Seine et de la rue des Marais-Saint-Germain,
où il fit édifier un vaste hôtel comprenant un atelier où il tint
école de gravure. Désigné pour travailler aux décorations de la
ville lors de la venue à Paris de Charles-Quint (1540), il reçut
semblable mission, en même temps que Jean Goujon, à l'occasion de l'entrée du roi Henri II dans sa capitale (16 juin 1549),
les comptes de la Ville conservés aux Archives en font foi.
Parmi les onze figures du décor édifié pour la circonstance, la
plus remarquable, conçue par Jean Cousin, consistait en un
portique érigé devant le Grand Châtelet et soutenu par d'al-
tières colonnes. On pouvait admirer au centre, allégorie de
Lutèce, une nymphe agenouillée, aux cheveux tressés, ouvrant
d'une main un vase antique rempli des présents accordés par
les dieux et levant en l'air l'autre main comme pour inviter le
monarque à lire ce quatrain inscrit en lettres d'or sur fond noir :

Jadis chacun des dieux fit un double présent
À la fille Vulcan qui s'en nomma Pandore

> *Mais, Sire, chacun d'eux de tous biens me décore*
> *Et, puisqu'à vous je suis, tout est vôtre à présent.*

Sur un écriteau peint au-dessus de sa tête, étaient inscrits ces mots : *Lutetia nova Pandora*.

L'*Eva prima Pandora* (Musée du Louvre), premier tableau d'un peintre français qui ait pour sujet une étude de nu dont le style précis exclut tout accent passionné sinon toute pensée morale (la présence accessoire d'une tête de mort le montre) est un peu antérieure à en croire Maurice Roy et daterait d'avant 1549.

À Jean Cousin on attribue également les cartons des huit tapisseries de la *Légende de Saint Mammès* (cathédrale de Langres), dessinés en 1543 à la demande du cardinal de Givry, évêque de Langres ; les vitraux du *Jugement dernier* à la chapelle de Vincennes ; quatre compositions pour les vitraux du chœur de Saint-Gervais à Paris (1551), dont le *Martyre de Saint Laurent* et *Saint Pierre guérissant un paralytique*.

Jean Cousin mourut à Paris, vers 1561.

Le *Jugement Dernier* (Louvre), qui lui fut longtemps attribué par erreur et dont les personnages « liliputiens, a écrit P. A. Lemoisne, se souviennent de Michel-Ange à travers les maniéristes anversois » est de son fils Jean (1522-1594). Ce tableau ornait la sacristie des Minimes du Bois de Vincennes, qui ne s'installèrent dans cet ancien couvent de Grandmont qu'en juillet 1585.

COYPEL, Antoine (1661-1722).

Né en 1661, Antoine Coypel n'avait que onze ans, quand Colbert l'envoya en Italie avec son père Noël Coypel (1628-1707) peintre alors fort réputé, qui avait collaboré à la décoration de Versailles et venait d'être nommé directeur de l'Académie de France à Rome. Le Bernin s'intéressa à cet adolescent remarquablement doué, qui devait demeurer trois ans en Italie, devenir lauréat de l'Académie Saint-Luc et rentrer en France, en 1676, après avoir visité Milan et la Lombardie.

A vingt ans, il était agréé à l'Académie. Il collabora à la décoration de l'église de l'Assomption, et peignit un pavillon à Choisy pour la Grande Mademoiselle. Monsieur, duc d'Orléans, le prit comme premier peintre ; le Régent, auquel il donna des leçons de peinture, devait rétablir en sa faveur cette charge auprès du Roi. Coypel travailla pour le Dauphin à

Meudon, décora au Palais Royal une enfilade de galeries, les
douze fenêtres de la Galerie d'Enée éclairant les compositions
consacrées par l'artiste (1702 à 1705) à la légende du fils
d'Anchise, pour laquelle les belles dames de la Cour avaient
posé les déesses. Quelques années plus tard, Coypel décora la
maison du cardinal Dubois, puis, en 1709, la voûte de la
chapelle de Versailles, où trône au centre le Père Éternel, seul
ouvrage d'ensemble qui nous reste aujourd'hui de lui.

Nommé directeur des tableaux de la Couronne, élu directeur de l'Académie en 1714, honoré du titre d'écuyer en 1717,
parvenu au faîte des honneurs, il perdit la santé aux approches
de la vieillesse et son art déclina. Antoine Coypel mourut en
1722.

Son frère Noël-Nicolas (1690-1734) plus jeune que lui de
trente ans, peintre lui aussi, semble avoir quelque peu pâti
de sa gloire. Sa timidité lui porta tort. Quand il eut été reçu
en 1720 à l'Académie, les marguilliers de l'église Saint-Sauveur
lui commandèrent de décorer une chapelle, déclarèrent l'œuvre
satisfaisante, mais négligèrent de la payer et même de rembour-
ser ses frais à l'artiste. Un procès s'ensuivit qui n'était pas
terminé quand Noël-Nicolas mourut.

D

DESPORTES, Alexandre-François (1661-1743).

Né à Champigneulles, en Champagne, fils d'un fermier,
François Desportes vint à Paris à l'âge de treize ans et fut
élève du peintre anversois Nicaise Bernard, dit Nicassius ; il
peignit avec Cl. Audran au château d'Anet, à la ménagerie de
Versailles et à des décors de théâtre. Le roi Sobieski de Pologne
l'appelle en 1695, où il peint de nombreux portraits. Rentré en
France en 1696, il est nommé peintre de la vénerie du roi, est
reçu à l'Académie en 1699, et est nommé conseiller en 1704. Il
va en Angleterre en 1712. On lui doit encore des décorations
au château de la Muette, à Chantilly, à l'hôtel Bouillon. En
1735, il travaille à renouveler les tapisseries des Indes pour les
Gobelins. Il avait épousé en 1692 une commerçante en lingerie
et dentelles. Son fils Claude-François (1695-1774) travailla
dans la manière de son père et fut académicien en 1723. Son
neveu Nicolas (1718-1787) exploita le même genre et fut portraitiste ; il fut reçu à l'Académie en 1757.

DIPRE, Nicolas (mort vers 1531-1532).

Nicolas d'Ypres (ou Dipre), — nous suivons ici M. Charles Sterling (*op. cit.*), — était originaire de Paris, où son père, le peintre Nicolas d'Amiens, dit d'Ypres, habitait la rue Quincampoix. Il apparaît en Avignon en 1495, jeune encore puisqu'il se marie seulement en 1508. En 1501, il a trois apprentis, — signe de notoriété. Il mourut vers 1531-1532 (cf. Labande et H. Chobaut). — On ne connaît de lui que le curieux fragment de retable de Carpentras, *La Rencontre à la Porte dorée*.

DOYEN, Gabriel-François (1726-1806).

Fils d'un tapissier du roi, élève de Carle Van Loo, Doyen gagne le prix de Rome en 1746, et séjourne en Italie jusqu'en 1755. Académicien en 1759, il est nommé en 1777 premier peintre du comte de Provence et du Comte d'Artois. Il peignit des tableaux religieux pour l'église Saint-Roch (1767), pour la voûte de la chapelle Saint-Grégoire, aux Invalides (1771), pour la chapelle du château de Bellevue (*Adoration des Mages*, aujourd'hui dans l'église de Mitry-en-France), pour la chapelle de l'École militaire (*Dernière Communion de Saint Louis*). Appelé par Catherine II (1789), il continua sous Paul Ier à décorer les palais impériaux russes et mourut à Saint-Pétersbourg.

DROUAIS, François-Hubert (1727-1775).

Fils d'Hubert Drouais (1699-1757), élève de François de Troy, miniaturiste et pastelliste qui fit un portrait de Mme de Pompadour, François-Hubert fut élève de son père, de Carle Van Loo, de Nonotte, de Natoire et de Boucher.

Portraitiste en vogue du règne de Louis XV, spécialisé dans les portraits d'enfants qu'il déguise en paysans de pastorale, il est agréé par l'Académie en 1755 et nommé peintre de la Cour l'année suivante, ce qui va assurer son succès définitif. Reçu académicien en 1758, peintre du Roi, de Monsieur et de Madame, il fut l'artiste préféré de Mme du Barry.

Son fils, Germain Drouais (1763-1788), fut le premier élève de David, que navra sa mort prématurée.

DUMOUSTIER, Étienne (vers 1520-1603).

La famille des Dumoustier (ou Dumontier) fournit une suite remarquable d'artistes habiles, recherchés de leurs con-

temporains depuis 1550 (jusque vers 1670) et qui ont produit
une multitude de chefs-d'œuvre, dont beaucoup nous échappent, étant rarement signés.

Étienne Dumoustier (vers 1520-1603) est le fils de Geoffroy
Dumoustier, fondateur de la dynastie. On connaît fort mal
sa biographie. M. Jean Adhémar (*Le Dessin français au XVIe
siècle*, Mermod, 1954) indique seulement que « peintre et valet
de chambre du roi Henri II, il a dû travailler sous François
Clouet pendant le règne de Henri II et occuper ensuite un poste
plus important sous ses successeurs », et il ajoute : « ses
portraits ont plus d'acuité et de force que ceux de Clouet,
…Les crayons de couleurs y jouent un grand rôle. »

DUPUIS, Pierre (1610-1682).

Dans son remarquable catalogue pour l'Exposition de la
Nature Morte (Orangerie, 1952), M. Charles Sterling nous
donne quelques précisions intéressantes sur Pierre Dupuis.
« Aujourd'hui oublié, il était un artiste réputé sous le règne de
Louis XIV. Spécialisé dans la peinture de nature morte, il
représentait ce genre à l'Académie Royale qui l'accepte en
1664. Il a pris part également au premier Salon, celui de 1673,
où il exposa un grand tableau décoratif… Bien qu'il se ressente
déjà du goût décoratif qui finira par prévaloir sous Louis XIV,
l'art de Dupuis est encore fortement apparenté à celui du règne
précédent. Dans les rares tableaux qu'on connaît de lui (trois
signés, dont deux dans des collections particulières à Paris, et
un au Musée d'Alger) le motif est modeste et la composition
simple, stable et souvent symétrique ; le coloris est fin, tamisé
de gris… »

E

ÉCOLE FRANÇAISE (vers 1377). Diptyque de Wilton House.

Les critiques discutent de la nationalité du maître du Diptyque Wilton. L'époque dont il s'agit est de plein style « gothique international ». Le « style » conduit les uns à attribuer
l'œuvre à l'école parisienne. Le sujet, — le roi Richard II
d'Angleterre étant né en 1366, et couronné à onze ans, — fait
pencher d'autres critiques pour un artiste franco-allemand
résidant en Angleterre ; MM. Tristram et Borenius, avec la

critique anglaise (et plus récemment M. Aurélien Digeon, *L'École Anglaise de peinture*, Tisné, 1955) veulent l'attribuer à un artiste anglais.

M. Charles Sterling (*Peintres du Moyen Age*, Tisné. Paris, 1942) souligne que : « Le type de la Vierge est nettement français. Elle saisit délicatement un des pieds de l'Enfant et ce geste est alors familier aux nombreuses Vierges sculptées et peintes de la Flandre française, de l'Île-de-France et des autres régions du Domaine royal. »

F

FOUQUET, Jean (1425?-1480?).

Cité au cours du siècle qui suivit sa disparition comme un des plus grands génies de la peinture. Fouquet demeura totalement dans l'oubli jusqu'au XIXe siècle, où son nom reparut.

Peu à peu, d'actives recherches ont permis d'établir certaines précisions concernant sa vie et son œuvre, dont celles que nous empruntons pour la plupart au livre de Klaus G. Perls.

Né à Tours vers 1425, Jean Fouquet fit son apprentissage à Paris entre 1440 et 1445 dans l'atelier de Haincelain de Haguenau. Avant février 1447, il peignit à Rome le portrait du pape Eugène IV et se lia avec le Filarète. À Florence il lut probablement le traité d'Alberti *Della Pittura* auquel il emprunta la *Costruzione legittima*. En 1448 Fouquet est marié et habite Tours. À partir de 1450 il travaille pour la Cour de Charles VIII, se rend à Vendôme en 1458 afin d'assister au procès du duc d'Alençon, fait un voyage à Paris en 1461 d'où, chargé de préparer l'entrée de Louis XI, il regagne Tours avant le 17 août. On le retrouve encore à Tours, où d'octobre 1469 jusqu'en 1470 il exécute d'importantes commandes pour l'Ordre de Saint-Michel que venait de fonder le roi. Deux ans plus tard, il s'entretient à Blois avec Marie de Clèves au sujet d'un Livre d'Heures et l'on garde mention du procès qu'il intenta et, croit-on gagna, contre Philippe de Commines qui refusait de lui verser une somme fixée d'avance pour l'enluminure de deux Livres d'Heures (1474). La même année, il livre un « patron » pour un monument funéraire de Louis XI. Les comptes de la Cour le mentionnent peu après comme peintre du roi et la ville de Tours l'emploiera jusqu'en 1477. Enfin, un acte daté de 1481 fait mention de sa veuve et de ses héritiers, ses deux fils, Louis et François, qui, du vivant de leur père avaient travaillé dans son atelier et continuèrent après sa mort.

Il fut convenu longtemps de n'admettre comme étant indubitablement de Fouquet que la série des onze grandes Histoires des *Antiquités Judaïques* de Flavius Josèphe, mais il existe une quantité de miniatures et de tableaux que leur style permet de lui attribuer et la plupart des historiens sont aujourd'hui d'accord sur ce point.

Il s'agit surtout des œuvres exécutées à la Cour de Charles VIII pour Étienne Chevalier, Guillaume Juvénal des Ursins et pour le roi lui-même : le *Diptyque de Melun* dont le volet droit représente *La Vierge entourée d'anges*, qui a les traits d'Agnès Sorel (Musée d'Anvers) et le volet gauche *Étienne Chevalier présenté par Saint Étienne* (Musée de Berlin) ; le *Portrait du très victorieux roi de France* (Louvre) et celui de *Juvénal des Ursins* ainsi que le *Boccace* historié par Laurens Gyrard (Munich), la miniature dans les *Statuts de l'Ordre de Saint-Michel* peinte pour Louis XI, celle d'un *Livre d'Heures de Charles de France* et quelques autres spécimens de l'art tourangeau dispersés çà et là, tel le manuscrit découvert récemment de la *Grande Pitié de Nouans*.

Jean Fouquet mort, son souvenir survécut un temps. Vasari le nomme en 1550 et Jean Brèche six ans plus tard, puis un silence total se fit autour de son nom, dont il ne sera plus question qu'au XIXe siècle.

FRAGONARD, Jean-Honoré (1732-1806).

Né, le 5 avril 1732, à Grasse, Jean-Honoré, d'humble extraction, fut conduit à vivre dès l'âge de six ans à Paris où son père parvint à s'employer dans le commerce des rubans. Au seuil de l'adolescence, l'enfant a la chance d'entrer comme saute-ruisseau chez un notaire qui, loin de lui reprocher d'enjoliver ses minutes de dessins, encourage sa vocation.

Boucher, sollicité de lui donner des leçons, l'envoie chez Chardin. Six mois plus tard, il retourne chez Boucher, qui cette fois l'accepte. Dans cet atelier, où l'on se montre peu rigoureux sur la discipline, une grande ardeur au travail est par contre exigée. On y apprend à fond : anatomie, perspective, dessin, coloris, clair-obscur, etc. On étudie Rembrandt, Rubens, Tiepolo, Solimène sur des gravures de leurs œuvres.

Dés l'année 1752, Boucher présente Fragonard au concours de Rome. Du premier coup, le jeune élève remporte le prix, avec *Jéroboam sacrifiant aux Idoles*. Faute de départ cette année-là pour Rome, notre lauréat entre le 20 mai 1753, à l'École des élèves protégés, que dirige Carle Van Loo, où lui sont assurés : vivre, couvert, leçons, avec une pension de 300 livres. Il y peignit *Psyché faisant voir à ses Sœurs les Présents qu'elle a reçus de l'Amour*, tableau qui eut l'honneur d'être montré au Roi, en mars suivant. Il reçut alors commande de la part de la Confrérie du Saint-Sacrement à Grasse, d'un *Jésus-Christ lavant les pieds de ses disciples*. Le 17 septembre 1756, le marquis de Marigny délivre à Fragonard son brevet d'élève à l'Académie de France avec ordre de se rendre sans délai habiter la Villa Médicis, dirigée à l'époque par Natoire, où il touchera une pension de 400 livres. Il devra, la moitié du temps copier des œuvres de maîtres et entreprendre l'autre moitié, les travaux qu'il lui plaira. Nous ignorons tout à fait ce qu'il fit pendant les seize premiers mois de son séjour à Rome et quelles furent ses fréquentations. Natoire demeure muet sur la question. Mais, à la date du 3 mai 1758, ce directeur écrit à Marigny : « Flagonard (*sic*) a beaucoup de talent. »

En 1759, Fragonard eut la chance d'être présenté, par Hubert Robert, croit-on, à l'abbé Claude Richard de Saint-Non (1727-1791), antiquaire et graveur, neveu des Boullongne, qui, après avoir voyagé en Angleterre et dans les Pays-Bas, visitait l'Italie. Saint-Non prit très vite Fragonard en amitié, lui promettant un appui sans réserve. Grâce à quoi son protégé obtint, pour commencer, la faveur de demeurer un an supplémentaire à la Villa Mancini. À la fin de l'été 1760, Saint-Non habite, avec Fragonard et Hubert Robert, la Villa d'Este, qui lui avait été ouverte par l'envoyé de Modène auprès du pape Clément XIII. C'est vraisemblablement de cette époque que date *Les grands Cyprès de la Villa d'Este* (Musée de Besançon). Fragonard ne manquera pas de prendre plusieurs fois l'abbé comme modèle et le représentera notamment en *Costume espagnol* vers 1769 (Coll. Fr. Cambo).

Au printemps de 1761, Fragonard part seul pour Naples. Revenu à Rome en mai suivant, il rentre en France avec Saint-Non, après avoir séjourné, en passant, à Bologne, à Ferrare, à Plaisance et à Gênes. Désireux d'obtenir le titre utile de peintre du Roi, en mars 1765, il fait porter à l'Académie *Corésus se sacrifiant pour sauver Callirhoé* (Musée d'Angers), ce qui lui vaut d'être agréé. Marigny achète la toile, l'envoie aux Gobelins, pour qu'une tapisserie soit faite d'après elle. En septembre, le tableau est exposé au Salon, où il obtient un succès unanime. Titulaire d'un logement au Louvre, Fragonard se voit imposer par l'Académie comme œuvre de réception un *Plafond* destiné à la Galerie d'Apollon.

Fragonard va-t-il se vouer uniquement à la peinture d'histoire? Le genre n'est plus guère à la mode, depuis que Boucher a mis en vogue les pastorales mythologiques et les sujets légers, qui ornent plus d'un appartement et parent maintes « folies ». Dès 1767, notre peintre choisit comme thème une anecdote tirée du *Journal de Collé* et acquiert sur le champ la réputation d'un spécialiste du tableau libertin. Les commandes affluent. Il doit au marquis de Saint-Julien celle des *Hasards heureux de l'escarpolette* (Coll. Wallace).

Deux ans plus tard, le 17 juin, il épouse, à Saint-Lambert de Vaugirard, sa maîtresse Marie-Anne Gérard, âgée de dix-sept ans. Avant la fin de décembre naît leur premier enfant, Rosalie. En 1769, également, la Dubarry lui demande de décorer une grande pièce d'un pavillon qu'elle vient de faire réparer. Il y travaillera trois ans durant. Ses toiles, finalement, n'auront pas l'heur de plaire à la favorite. Elles seront rendues au peintre, que 18.000 livres indemniseront, en plus, de sa peine.

Grâce à l'entremise de l'abbé de Saint-Non, le fermier général Bergeret de Grandcourt, amateur d'art et collectionneur, se paie le luxe d'emmener avec lui en Italie le ménage Fragonard. Ils partent en octobre 1773 par le Languedoc pour Rome où ils séjournent dix mois. Ils fréquentent la meilleure société, les artistes les plus notoires, vont à Naples et regagnent la France en passant par Bologne, Ferrare, Padoue, Venise, Vienne et Dresde. Le 7 septembre 1775, ils atteignent Paris.

Il n'est pas de jour, depuis leur départ, où Fragonard n'a exécuté quelque dessin. Pour se dédommager de ses dépenses, Bergeret, qui dans son carnet de voyage parle beaucoup de lui et fort peu du grand artiste dont il se plaît à dénoncer le manque d'érudition et la médiocre conversation, prétend garder personnellement tous les dessins faits en cours de route par son compagnon. D'où procès, que perdra l'impudent Bergeret, condamné à payer 30.000 livres les œuvres en question.

En septembre 1776, Fragonard demande et obtient de

l'Académie la permission de renoncer au projet de plafond qu'elle lui avait commandé, à la seule condition qu'il en présentera un autre, à son idée, mais conforme à ce qu'exige la tradition. En fait, il n'en soumettra aucun nouveau et ne sera jamais reçu à l'Académie. Cependant, il peint en 1776, pour le duc de Penthièvre, la grande toile intitulée *Fête de Saint-Cloud* (Banque de France). Vers cette époque, il commence une série de travaux pour la comédienne Adeline Colombe, dont il nous a laissé le *Portrait* (Coll. Louis G. Thompson).

Fragonard, assurent les Goncourt, jouit alors d'une situation aisée, possède de confortables rentes, des collections d'objets d'art, une maison des champs. La mort, à vingt ans, de sa fille aînée va lui porter un coup terrible, dont il aura grand mal à se remettre.

Sur ce, la Révolution sévit. Fragonard lui opposera assez de prudence pour en pâtir le moins possible. Le 7 septembre 1789, sur son conseil, sa femme et sa belle-sœur se joignent à une députation d'artistes et vont porter leurs bijoux à l'Assemblée Nationale. Dès janvier suivant, toute la famille part pour Grasse. On s'installe chez un cousin auquel Fragonard ne laisse pas de vendre à bas prix les panneaux laissés pour compte autrefois par la Dubarry, et quelques portraits, qui risquent de paraître compromettants.

Rentré à Paris, en février 1791, Fragonard s'empresse de placer son fils Évariste chez David et accable de flatteries ce conventionnel à la bienveillance duquel il devra d'entrer dans l'administration des Musées. Le 19 pluviôse an II, le voici nommé Président du Conservatoire du Muséum National des Arts, qu'il représentera, le 24 ventôse, à la plantation de l'Arbre de la Liberté. Après le 9 thermidor, il perdra par contre successivement tous ces beaux titres et verra supprimer, le 22 prairial an XIII, la dernière fonction officielle qu'il ait occupée, celle « d'Inspecteur des convois d'objets d'art envoyés à Versailles ».

Les artistes chassés du Louvre par décret consulaire (11 germinal an VIII), Fragonard et les siens logent désormais au Palais Royal, dans l'immeuble au rez-de-chaussée duquel est installé le restaurant Véry. Il continue d'exercer ses talents, et, entre autres, illustre les *Contes* de La Fontaine. Mais sa vogue est passée. Ses tableaux, dans les enchères publiques, atteignent péniblement 7 à 8 livres. « Qu'importe, dit-il, ce n'est

plus moi qui les vends. » Car il accepte cette fin médiocre avec
une totale résignation.

Le 21 août 1806, Fragonard s'assit devant le restaurant
Véry et demanda une glace. Peu après, une congestion le
terrassa. Il mourut le lendemain.

FROMENT, Nicolas (mort entre 1483 et 1486).

Né à Uzès, à une date non connue, il achevait à Florence le
Triptyque de la Résurrection de Lazare (Offices) en 1461. Il
habitait en Avignon en 1468. En 1472 il accepte commande
d'un vitrail pour l'église Saint-Pierre. Il exécute en 1475-76
le *Triptyque du Buisson Ardent* (cathédrale Saint-Sauveur, Aix).

Les comptes signalent aussi qu'il contribue à l'organisation
et à la décoration d'entrées et de défilés : en 1473 pour l'entrée
du Légat Charles de Bourbon, en 1477 pour une procession de
Fête-Dieu, en 1481 pour l'entrée du Légat Julien de la Rovère,
neveu de Sixte IV.

Entre-temps, il orne et dirige les travaux de décoration pour
la maison du roi René en Avignon. Il y meurt entre 1483 et 1486.

On donne à Nicolas Froment le *Triptyque de la Résurrection
de Lazare* (1461 ; Offices, Florence), le très fameux *Triptyque
du Buisson Ardent* (1476, Aix-en-Provence, cathédrale Saint-
Sauveur), le *Diptyque des Matheron* (deux portraits) vers 1475
(Louvre) et, à lui ou à son école *La Légende de Saint-Mitre*
(Aix, cathédrale Saint-Sauveur), ainsi que le *Saint Siffrein* du
Musée Calvet, à Avignon.

G

GELLÉE, Claude, dit Claude LORRAIN (1600-1682).

Né à Chamage (diocèse de Toul), en 1600. On croit qu'il
commença par être berger. Par la suite il devint apprenti
pâtissier. Ce second métier lui valut de faire le voyage de Rome.
La société italienne prenait alors volontiers à son service des
marmitons recrutés en France. L'attrait de voir un pays nouveau, la curiosité d'apprendre une langue qu'il ignorait fit
trouver avantageux à notre jeune paysan les très modestes
gages que lui offrait le peintre Augustino Tassi. Claude
s'arrangea d'ailleurs très vite pour sortir de cette humble
situation et pour se rendre indispensable. Non content de se

distinguer à la cuisine il prétendit encore servir d'aide à son
maître. Il commença par laver ses pinceaux, par broyer ses
couleurs et finit par se risquer à peindre. Il montra en l'espèce
de telles dispositions que Tassi l'enleva bientôt à ses fonctions
ancillaires pour l'attacher à son atelier.

Si Claude, emmené plus tard à Naples par le comte Baldi-
nucci, y reçut les conseils de Geoffroy Wals, il n'en demeure pas
moins que dès avant 1619 Tassi l'employa à l'exécution des
peintures que lui avait commandées le cardinal Montalte. En
fait, nulle formation ne devait développer les dons de Claude
Gellée autant que l'étude à laquelle il se livra tout seul avec
une curiosité passionnée des lois de la perspective. Il s'adonna
bien aussi quelque peu à la figure, mais sans beaucoup de
réussite. Aussi revint-il vite à ce qui l'attirait par-dessus tout.
En peu de temps, il excella à dessiner des édifices et des scènes
empruntées à la réalité. Il vendait ces dessins à vil prix.

Cela lui fournit toutefois l'occasion de mettre assez d'argent
de côté pour acquérir à vingt-cinq ans le loisir de courir la
campagne de l'aurore au crépuscule en s'exerçant à rendre non
seulement l'aspect des terrasses et des frondaisons, mais surtout les effets de lointain et ceux de la lumière, et d'étudier les
œuvres du paysagiste Paul Bril, Flamand romanisé, principal
représentant, au début du xviie siècle, de la tradition luministe.

De 1627 à 1630, Claude Gellée séjourna en Lorraine. Dès
retour à Rome, qu'il ne devait plus quitter jusqu'à la fin de ses
jours, il travailla pour le cardinal Bentivoglio, ancien nonce
près la Cour de France, qui le recommanda au pape Urbain
VIII. Dix ans encore et le paysan lorrain sera considéré comme
un maître et connaîtra gloire et fortune. Les plagiaires alors ne
lui manqueront pas. Pour se protéger contre leurs pratiques, il
imaginera de tenir un « Livre de vérité » contenant une ébauche
de chacune de ses compositions avec la date et le nom de
l'acheteur. Ce précieux document a été publié en trois volumes
par R. Earlow et J. Boydell à Londres, fin du xviiie siècle et
début du xixe.

À cette longue période d'intense activité un moment menacée
par une attaque de goutte en février 1663, au cours de laquelle,
croyant sa dernière heure proche, Claude Gellée rédigea son
testament, appartiennent *La Fête villageoise* (1639), *Ulysse
ramène Chryséis à son Père* (1646), *Le Débarquement de Cléo-
pâtre à Tarse, au soleil couchant* (1647), tous trois conservés au

Louvre, *L'Embarquement de Sainte Ursule* (Londres, National Gallery), celui de *Sainte Paule à Ostie* (Prado), *Acis et Galatée* (Musée de Dresde). Ces titres historiques, simples prétextes, désignent en réalité des paysages auxquels une scène sans intérêt essentiel, peinte généralement par quelque auxiliaire, se surajoute. Une série qui souligne l'heure choisie, élément primordial du sujet, le montre bien. C'est celle du Musée de l'Ermitage : *Le Matin, Jacob avec les Filles de Laban* (1667), *Le Midi, Repos de la Sainte famille* (1661), *Le Soir, Tobie et l'Ange* (1663), *La Nuit, Lutte de Jacob avec l'Ange* (1672).

Claude Gellée est mort à Rome, le 23 novembre 1682.

GILLOT, Claude (1673?-1722).

Né à Langres, fils d'un peintre local avec qui il travailla, Claude Gillot fut à Paris l'élève de Jean-Baptiste Corneille, mais fréquenta le théâtre de la Foire et probablement les artistes de la Maîtrise. Agréé à l'Académie en 1715, on ne le trouve guère assidu aux séances. Les circonstances de sa vie restent très obscures, même sa rupture avec Watteau. Il semble qu'il fut assez débauché ; le système de Law le ruina et il mourut pauvre à quarante-neuf ans.

GREUZE, Jean-Baptiste (1725-1805).

Fils de Jean-Louis Greuze, maître couvreur à Tournus, Jean-Baptiste naquit dans cette petite ville du Mâconnais, le 21 août 1725. Placé aux environs de sa vingtième année, à Lyon, dans l'atelier du peintre Grandon, il y subit un entraînement intensif. Venu à Paris vers 1750, il reçut l'enseignement de Natoire. Un de ses tableaux : *Le Père de Famille expliquant la Bible à ses Enfants* devait lui valoir très tôt une subite célébrité.

Agréé le 15 juin 1755 à l'Académie royale de peinture, il expose sans surseoir au Salon du Louvre quelques-unes de ces scènes de genre auxquelles, mis à part, plusieurs portraits, il demeurera fidèle durant toute sa carrière. Il voyage en Italie (septembre 1755-avril 1757), sans subir l'influence des maîtres. Rentré à Paris, il va connaître en 1761 avec *L'Accordée de Village* (Louvre), une nouvelle réussite que la *Paix du Ménage* et *Le Paralytique soigné par ses Enfants* ne feront qu'accentuer.

Cependant, il rêve d'obtenir d'autres lauriers et prétend s'élever jusqu'au rang de peintre d'histoire. Le tableau qu'il présente pour obtenir sa réception à l'Académie : *L'Empereur*

Sévère reprochant à son Fils d'avoir voulu l'assassiner (Louvre),
parvient de justesse à le faire recevoir académicien en qualité
de peintre de genre. Ulcéré, Greuze ne devait jamais plus mettre
les pieds à l'Académie et cessa, dès lors, d'exposer au Salon.

Sa popularité commence à décroître. D'autres tristesses ne
lui sont pas épargnées. Il se décidera en 1785 à mettre fin à une
vie conjugale infernale et à déposer une plainte contre sa femme,
dont les excès l'avaient à peu près ruiné. Les amateurs oublient
de plus en plus le chemin de son atelier. Il accueillit avec joie la
Révolution, afficha pour David une admiration sans bornes,
reparut au Salon en 1800 et en 1802. Ce fut en vain, ses sujets
gracieux ou larmoyants avaient cessé de plaire. Il mourut, le
21 mars 1805, avant d'avoir pu terminer le *Portrait de l'Empereur* (Château de Versailles), que sa fille devait achever.

L

LACROIX, Charles-François, dit **LACROIX DE MAR-
SEILLE** (né ?-1782).
Élève de Joseph Vernet qu'il imita toute sa vie, Lacroix
travailla à Rome en 1754 ; il exposa à partir de 1776, et connut
un assez vif succès. Il voyagea beaucoup et mourut à Berlin.

LANCRET, Nicolas (1690-1743).
Né à Paris, fils d'un cocher, petit-fils d'un paysan, Nicolas
Lancret apprit d'abord la gravure, fut élève de Pierre Dublin,
puis expulsé en 1708 des cours de l'Académie, renonça à
concourir après un premier échec pour le Prix de Rome. Devenu
élève de Gillot, il se fit imitateur de Watteau qu'il suivit chez
Audran. Sur le conseil de Watteau, Lancret, vers 1717, se met
à faire des paysages. Il devient ainsi agréé à l'Académie en 1718
et académicien en 1719. Spécialisé dans le genre des Fêtes
Galantes, il a comme clients les plus riches amateurs d'Europe,
comme Crozat, Beringhen, le marquis de Tessin, le prince de
Carignan, Frédéric II. Il exécuta aussi des décorations pour
Versailles, Fontainebleau, la Muette. Il fut nommé conseiller
de l'Académie en 1735. Son chef-d'œuvre est l'illustration en
douze sujets des « Contes » de La Fontaine.

LARGILLIERRE, Nicolas de - (1656-1746).

Il naquit le 22 octobre 1656, à Paris. Ses parents tenaient commerce de chapellerie. Ils s'installèrent trois ans plus tard à Anvers, où Nicolas devait faire son apprentissage artistique dans l'atelier du peintre Antoine Goebouw avec assez de réussite pour être reçu, en 1672, maître de la Guilde.

En 1674, il travaille à Londres, sous la direction de Peter Lely, qui lui transmettra les enseignements de Van Dyck, à restaurer les tableaux du roi Charles Ier. Peut-être Largillierre fût-il demeuré définitivement en Angleterre, si les persécutions contre les catholiques n'y avaient atteint soudain une extrême violence. En 1682, il se fixe à Paris, Protégé de Le Brun, il ne tarde pas d'acquérir une enviable réputation. Il retourne à Londres, le temps de peindre le portrait de Jacques II et de la Reine (1685). L'année suivante, il est reçu membre de l'Académie royale de peinture avec son *Portrait de Le Brun* (Louvre). Il obtient bientôt d'importantes commandes de la ville de Paris et devient le portraitiste attiré des gens en place.

En 1699, il épousa la fille de Jean-Baptiste Forest, peintre du Roi. Travailleur acharné, il a laissé une quantité d'œuvres considérable. Il mourut, à Paris, quelques mois avant d'avoir atteint l'âge de quatre-vingt-dix ans, le 20 mars 1746.

LA TOUR, Georges de - (1593-1654).

Il naquit, le 19 mars 1953, à Vic-sur-Seilles, capitale du pays saulnois dépendant de l'évêché de Metz depuis que la France avait, sous le règne d'Henri II, occupé Metz, Toul et Verdun. Catholique et Français dans une contrée où les paysans continuaient à parler allemand, ce fils de boulanger commença à peindre de fort bonne heure. Claude Dogoz, peintre obscur de la région lui apprit les rudiments et l'on admet qu'il reçut par la suite les conseils du poète Alphonse de Rambervillers, miniaturiste et amateur d'art.

En 1617, il épouse Diane Le Nerf, fille d'un noble homme, argentier du duc de Lorraine. En 1620, son activité artistique devenue importante, il s'attache pour quatre ans un jeune apprenti, Claude Baccarat. Il aura au cours de sa carrière une demi-douzaine d'élèves. Son beau-père mort, il va demeurer à Lunéville où il est bientôt inscrit sur les registres au titre de bourgeois de la ville. En 1631, la peste sévit en Lorraine. Lunéville est isolée pendant tout l'été. Quelques mois plus

tard sévit un autre fléau. Les Impériaux occupent Moyenvic,
Louis XIII pénètre en Lorraine. Le Maréchal de La Force entre,
le 17 février 1534, à Lunéville.

Don Calmet nous apprend que sur le conseil de Charles IV
duc de Lorraine, La Tour avait, aux environs des années 31-33
fait hommage à Louis XIII d'une toile représentant un *Saint-
Sébastien dans une nuit*. Le Monarque admirait cette œuvre
au point qu'il ordonna d'enlever de sa chambre tous les autres
tableaux, pour n'y placer que celui-ci.

Pensionné du roi, Georges de La Tour connut de son vivant
une grande notoriété. En janvier 1645, Lunéville offrait à son
gouverneur La Ferté une *Nativité de Notre-Seigneur*, payée à
l'artiste « par levée spéciale » 700 francs. Au cours des années
suivantes La Ferté recevra de la même source un *Saint Alexis*,
un *Saint Sébastien* et le *Reniement de Saint Pierre*.

Le 31 janvier 1652, La Tour succombait à une pleurésie.

Ce peintre, qui connut de son temps la gloire et l'opulence,
allait demeurer ignoré de la postérité pendant trois siècles et
demi. Jusqu'en 1914, on attribuera ses tableaux, aujourd'hui
identifiés, à Louis Le Nain, à Zurbaran, à Velazquez ou à
Herrera l'ancien. Que certaines de ses œuvres soient signées
n'évite point semblables erreurs. Sa signature passe alors aux
yeux de certains pour celle de Maurice-Quentin de La Tour
voire pour être celle d'un sieur Delatour, peintre inconnu du
XVIIIᵉ siècle. L'étude publiée par Hermann Voss dans *Archiv
für Kunstgeschichte* (1914-1915) commença de rétablir la
vérité. Nombre d'érudits se sont intéressés depuis à la question
et l'ont fait considérablement progresser. (cf. G. Parizet et
Paul Jamot).

LA TOUR, Maurice-Quentin de - (1704-1788).

Il est né à Saint-Quentin le 5 septembre 1704. Son père,
chantre de son état, souhaitait faire de lui un ingénieur. Mais
l'enfant avait une autre vocation et le prouva en dédiant, à
quatorze ans, au principal du collège où il accomplissait ses
études un crayon représentant une vue perspective de la ville.
Il gagna Paris en 1722 où il se présenta chez le graveur Nicolas
Tardieu, qui le conduisit successivement chez le marchand de
tableaux Delaunay et chez Vermansal. Aucun ne consentit à
l'accueillir. Il travailla chez Spoëde et chez Dupouch. Il assista
au sacre de Louis XV à Reims en octobre 1722 et aurait, à cette

occasion, travaillé au portrait de divers personnages. Deux ans plus tard, le voici à Cambrai où a lieu un congrès diplomatique. Il s'y fait remarquer au point que l'ambassadeur d'Angleterre lui offre un logement dans son hôtel à Londres. La Tour reste deux ans dans la capitale britannique et, à son retour à Paris, décidé à profiter du goût d'anglomanie, qui commence à sévir, il imagine de se faire passer pour un peintre anglais. Louis de Bollogne lui ayant dit, voyant ses portraits : « Vous ne savez ni peindre, ni dessiner ; vous possédez pourtant une âme qui peut vous mener loin. Travaillez ! », La Tour suit le conseil, s'enferme pendant deux ans, cessant de peindre, s'acharnant à dessiner tout en meublant son esprit de science et de littérature. En 1734 Lépicié fait paraître un portrait gravé de Charles de Roddes de La Morlière d'après un pastel de La Tour. L'artiste habite à Paris, chez son frère « directeur des vivres d'Italie ». Sur présentation de divers portraits au pastel, l'Académie l'agrée, le 25 mai 1737, en lui ordonnant pour sa réception de faire les portraits de François Le Moyne (1688-1737) et de Jean Restout (1692-1768). Le premier de ces peintres s'étant suicidé à quelque temps de là, La Tour se voit commander, au lieu du portrait de Le Moyne, celui de Jean-Baptiste Van Loo (1684-1745).

À partir de 1738 il expose au Salon et connaît sur-le-champ gloire et fortune. Il fait payer ses œuvres très cher. De 1738 à 1763, il ne cessera d'exposer : *Mme Boucher*, l'*Auteur riant*, *Frère Fiacre de Nazareth*, le *Président de Rieux*, *Mlle Sallé*, etc., etc. L'année où il fait le *Portrait de la Reine* (1745), où il expose au Salon celui du *Roi*, du *Dauphin* et quelques autres, il obtient un brevet de logement au Louvre. L'année suivante il présente à l'Académie son morceau de réception, le *Portrait de Restout*. Il est admis. En 1747 on expose dans les appartements de Versailles le *Portrait de la Reine Marie Leckzinska* exécuté par Carle Van Loo d'après le pastel de La Tour. La vogue de l'artiste, qui se pique de philosophie, de science et aime à traiter dans ses propos de diplomatie, ne diminue pas. Nommé conseiller de l'Académie, il fera entre tant d'autres les *Portraits de Mme de Pompadour*, de *Mlle Fel*, du *Duc de Berry*, du *Comte de Provence*, de la *Princesse Christine de Saxe*. Il s'intéresse en même temps à la technique de son art et collabore avec l'inventeur Pellechet à l'élaboration d'une formule qui permet de donner aux pastels la consistance de la peinture à

l'huile. En 1766, il se rend aux Pays-Bas. Il imagine, en son
âge mûr, de proposer à l'Académie plusieurs prix destinés à
encourager ses élèves. L'Académie accepte d'instituer quatre
prix : anatomie, perspective, tête peinte et académie. Encouragé
par ce succès, La Tour proposera à la ville de Saint-Quentin
d'établir des fondations en faveur des femmes en couches, des
artisans hors d'état de gagner leur vie et une école gratuite de
dessin. Il ne tardera pas à sombrer dans le délire. Son état
mental oblige son frère à l'emmener à Saint-Quentin sans qu'il
s'en rende compte. En proie à la folie, il prétend exister depuis
des milliers d'années et posséder autant de richesse que
l'Empereur de Chine. Sa famille dut le faire interdire. Il mourut
dans la nuit du 16 au 17 février 1788.

LE BRUN, Charles (1619-1690).

Fils d'un sculpteur, il naquit à Paris, le 24 février 1619.
Il eut pour premier maître de dessin François Perrier. Le
chancelier Séguier, intéressé par ses dons précoces, veilla sur
son éducation artistique, le fit travailler avec Vouet, puis
l'envoya se perfectionner en Italie.

Après avoir séjourné à Rome de 1642 à 1646, Le Brun revint
en France où il ne tarda pas à obtenir de multiples commandes.
La décoration qu'il fit de l'hôtel Lambert devait, les circonstances aidant, le désigner comme le successeur tout indiqué de
Vouet. La chance le sert. D'avoir été protégé par Fouquet ne
l'empêchera point d'entrer dans les bonnes grâces de Colbert,
ni même de gagner celles de Louis XIV. Fort de tels appuis, il
ne manquera pas d'exercer sur l'art de son temps une influence
considérable et d'imposer à chacun, non sans tyrannie, la
stricte observance des théories de l'Académie.

Secrétaire, puis chancelier et enfin directeur de la dite
Académie, premier peintre du Roi à partir de 1662, placé
l'année suivante à la tête de la Manufacture des Gobelins où
seront exécutés d'après ses cartons les séries de tapisseries
évoquant l'*Histoire du Roi*, celles des *Mois* et des *Maisons
royales*, il déploya une intransigeante autorité sur les travaux
de Marly et sur ceux de Versailles où l'on peut, aujourd'hui
encore, admirer ses œuvres dans la Galerie des Glaces, dans
les Salons de la Paix et de la Guerre et dans le Salon d'Hercule.

Le tableau qu'il a peint du *Chancelier Séguier à cheval*
(Louvre) entouré de pages prenant part au cortège accom-

pagnant l'entrée de Marie-Thérèse à Paris, le 22 août 1666,
apparaît comme l'expression suprême de son talent. Et l'on
ne s'étonne pas que Charles Perrault ait pu écrire dans son
Poème de la Peinture :

> *Et toi, fameux Le Brun, ornement de nos jours*
> *Favori de la Nymphe et ses tendres amours,*
> *Qui seul as mérité par ta haute science*
> *D'avoir de ses secrets l'entière confidence,*
> *D'une oreille attentive, écoute dans ces vers*
> *Les dons et les beautés de celle que tu sers.*

Infatué de soi, jaloux de son autorité, envieux de tous ceux
dont l'habileté artistique risquait de lui porter préjudice,
sévère à l'extrême pour autrui, Le Brun finit par devenir, à
son tour, victime des rivaux qu'il avait si durement malmenés.
La mort de Colbert ruina son crédit et assura le triomphe de
Mignard. Nommé surintendant des bâtiments, Louvois l'écarta
des Gobelins ainsi que de Versailles et s'efforça de ruiner sa
faveur auprès du roi.

Ainsi s'acheva le règne despotique de Le Brun, sept ans
avant qu'il ne succombât lui-même, le 12 février 1690, à Paris.

LE NAIN, les Frères-.

Fils d'Isaac Le Nain, sergent royal au bailliage du Verman-
dois, tous trois naquirent à Laon : Antoine en 1588, Louis en
1593, Mathieu en 1607. Un peintre flamand, de passage dans
leur ville, fut leur maître. Ils vinrent se fixer à Paris vers 1629,
partageant le même atelier. Ils furent admis le même jour, le
1er mars 1648, à l'Académie royale de peinture. Quelques
semaines plus tard, les deux aînés mouraient à 48 heures d'intervalle, Louis, le 23 et Antoine, le 25 mai.

Attribuer avec certitude à l'un des trois frères telle ou telle
des œuvres signées Le Nain, parut pendant longtemps un
problème insoluble. Quelques experts sont parvenus, depuis
peu, à établir dans certains cas une répartition précise, à
considérer Louis, par exemple, comme l'auteur du *Repas des
Paysans* (Louvre) ou de la *Famille de la Laitière* (Musée de
l'Ermitage, Leningrad).

Mathieu, peintre de genre et portraitiste, est mort à Paris,
le 20 avril 1677.

LÉPICIÉ, Nicolas-Bernard (1735-1784).

Fils de Bernard Lépicié père (1698-1755), graveur et auteur du catalogue des tableaux du roi (1752-1754), et de Renée-Élisabeth Marlié, également graveur, Nicolas Bernard fut élève de Carle Van Loo. En 1751 il obtient la troisième médaille au jugement des prix du quartier de l'Académie, et un deuxième prix de Rome en 1759, mais échoue l'année suivante. Agréé à l'Académie en 1764, reçu en 1769, professeur en 1777, il est chargé d'importantes commandes royales, et peint, à côté de tableaux d'histoire, des portraits et des sujets de genre qui forment le meilleur de son œuvre. Il traverse vers 1783 une grave crise religieuse et morale qui lui fait « réformer » ses tableaux. Malade de la poitrine, il meurt n'ayant pas encore atteint la cinquantaine.

LE SUEUR, Eustache (1617-1655).

Né en 1617, fils d'un sculpteur sur bois, son père le fit entrer dans l'atelier de Simon Vouet, où il se trouva avec Charles Le Brun, et reçut peut-être les conseils de Poussin.

En 1648, il est l'un des douze artistes fondateurs de l'Académie royale de peinture.

Il meurt à Paris le 30 avril 1655, âgé de moins de quarante ans.

Son œuvre fut d'abord très proche de celle de Simon Vouet, son maître. Décorateur, cartonnier pour tapisserie, il travailla pour l'Hôtel Lambert, les appartements du Louvre, des hôtels particuliers et diverses églises.

Mais l'ensemble où se marque le mieux son style personnel, d'une sensibilité à peine exprimée, d'une technique qui ne doit rien aux Italiens, est la suite de vingt-deux scènes de la *Vie de Saint Bruno* (Louvre), exécutées pour le petit cloître des Chartreux de Paris.

LIEFERINXE, Josse, dit Le MAÎTRE DE SAINT SÉBASTIEN (connu 1493-1505).

L'analyse du style et l'examen des textes ont permis à M. Charles Sterling (cf. *Les Peintres du Moyen Âge*, Tisné, Paris, 1942) de reconstituer, — si l'on ose ainsi s'exprimer, — un peintre et son œuvre.

Autour de deux tableaux du Musée Calvet à Avignon, une *Annonciation*, et son verso *Saint Michel*, l'auteur a groupé neuf tableaux (cf. *ibid.*, cat. XVe A., nos 68-72) : « Dans ce groupe la série de la *Légende de Saint Sébastien* étant l'œuvre la plus importante, nous appelons l'auteur... le Maître de Saint Sébastien. Nous donnons... les raisons de supposer qu'il pourrait s'agir du maître picard Josse Lieferinxe, établi à Aix et à Marseille entre 1493 et 1505. — La parenté entre ces neuf tableaux s'établit de proche en proche... »

Josse Lieferinxe, nous dit M. Charles Sterling, serait mort vers 1508, assez jeune, puisque quatorze ans auparavant il avait encore pour maître Mauroux (cf. aussi Labande et Chobaut).

LIMBOURG, les Frères de-(début du xve s.).

Les Limbourg étaient trois frères. Leur biographie connue est brève : Pol, mort après 1416 ; Hennequin, ou Jean, mort avant 1439 ; Hermann, mort avant 1435.

Tous trois auraient fait leur apprentissage chez un orfèvre à Paris. On les connaît d'abord travaillant à la Cour de Bourgogne pour Philippe le Hardi et Jean Sans Peur.

Vers 1405, ils sont attirés par Jean de France, duc de Berry, qui donne un vif éclat aux arts dans sa Cour, à Bourges, à Poitiers, — où nous les voyons alors mentionnés tous les trois en 1411.

Leur chef-d'œuvre est l'ensemble des *Très Riches Heures* (Chantilly) avec les célèbres scènes des saisons, mais son exécution fut interrompue en 1416 par la mort du Duc.

M

MAÎTRE DE MOULINS, Le-(connu vers 1480-1500).

L'identification, ou la non-identification du Maître de Moulins avec Jean Perréal, reste un des points discutés entre historiens de l'art français du xve siècle.

M. Pierre Francastel — qui la conteste — restitue à Perréal des œuvres que les dates et le style lui doivent faire attribuer.

Au Maître de Moulins par contre, — ainsi nommé du célèbre *Triptyque de la Vierge en Gloire* (cathédrale de Moulins, vers 1498-1500) revient un ensemble qui suffit à faire la gloire de ce maître qui semble devoir rester anonyme, désigné seulement par son chef-d'œuvre. On sait seulement de lui avec certitude qu'il travaillait dans le Bourbonnais vers 1480-1500.

On lui donne : *La Nativité du Cardinal Jean Rolin*, vers 1480 (Autun), *Le Cardinal Charles II de Bourbon en oraison* (Munich) vers 1485 ; deux volets d'un triptyque dont le centre est perdu : *Pierre II de Bourbon et Saint Pierre, Anne de Bourbon et Saint Jean l'Évangéliste ; La Vierge et l'Enfant adorés par des Anges* (Bruxelles) ; un *Portrait présumé de Marguerite d'Autriche*, vers 1490 (N.Y., Ph. Lehmann) ; *Saint Maurice et un Donateur* (Glasgow) ; une *Donatrice présentée par Sainte Marguerite*, vers 1490-1495 (Louvre), le délicat portrait d'enfant, le *Dauphin Charles-Orlant* (Louvre, coll. Beistegui), né en 1492, mort en 1495 ; ce portrait envoyé par la Reine à Charles VII fut pris à Fornoue dans les bagages royaux ; *La Rencontre à la Porte dorée* (National Gallery) ; *L'Annonciation* (Chicago, Art Institute) ; repr. Sterling, Tisné, 1942, pl. 72 ; un *Enfant en prière* (Louvre), vers 1495.

Le prisme dans l'arc-en-ciel de *La Vierge de Moulins* annonce déjà, près de cinq cents ans plus tôt, la recherche d'un Delaunay.

MARMION, Simon (1425-1489).

Simon Marmion, fréquemment désigné dans les pièces d'archives comme Simonnet Marmion, est né à Valenciennes (ou à Amiens?) vers 1425 ; Simon a travaillé à Amiens, Lille, Valenciennes, Tournai et fut maître dans cette dernière ville en 1468.

Mgr Dehaisnes, qui a dépouillé les archives concernant Simon Marmion, le dit fils de Jean Marmion, peintre, qui travailla à Amiens en 1426, 1427, 1444 et à Valenciennes en 1473. Il signale Guillaume Marmion, peintre également et frère de Simon, reçu maître à Tournai en 1469.

Simon Marmion réside surtout à Valenciennes ; en 1462, il y organise la Confrérie de Saint-Luc ; il s'y marie en 1466 et y meurt le jour de Noël 1489.

Miniaturiste fameux, il peignit des manuscrits pour Philippe le Bon, duc de Bourgogne, et les livra à Charles le Téméraire. Les livres de comptes portent mention de ces travaux.

Mais doit-on lui attribuer, comme peintre, le célèbre Retable de Saint-Omer, *Épisodes de la Vie de Saint Bertin* (deux panneaux à Londres, National Gallery ; deux panneaux à Berlin ; volets à La Haye, 1459) ou, plus contesté encore, *Le Miracle de la vraie Croix* (Louvre)? M. Charles Sterling (*op. cit.*), après

Fierens-Gevaert, accepterait pour lui les quatre panneaux de
Saint-Bertin, mais donnerait à un élève ou à sa suite *Le Miracle*,
du Louvre.

MICHEL, Georges (1763-1843).

Né à Paris, le 12 janvier 1763, de parents pauvres, il passa
son enfance dans un petit village de la Plaine Saint-Denis. Nul
horizon ne devait jamais lui sembler plus beau. Mis à douze
ans en apprentissage chez le peintre d'histoire Leduc, il s'en
échappe bientôt pour dessiner d'après nature des paysages de
la banlieu parisienne. A quinze ans, il donne lui-même des
leçons et enlève une blanchisseuse.

On perd sa trace jusqu'en 1783 où on le retrouve père de cinq
enfants. Pressé par le besoin, il quitte Paris et suit dans ses
randonnées un régiment de cavalerie, ce qui l'entraîne jusque
sur le Rhin. Revenu de cette longue excursion, avec son ami
Lazare Bruandet, carnet d'esquisses à la main, il parcourt les
bois, de Boulogne à Fontainebleau. Dans ce vaste contact avec
la nature, il puise la forme personnelle de son style. Quotidien-
nement au travail de bon matin, il gagne chaque après-midi les
environs de Paris en quête d'un motif. Les moulins de Mont-
martre, nombreux à l'époque, le séduisent par-dessus tout. Il les
reproduit sans cesse. Il tient école, peu de temps, se voit confier
au Louvre, où il a un atelier, la restauration de tableaux des
écoles hollandaise et flamande. Il pratique le même métier pour
des marchands et exécute à leur intention des copies de Ruysdael, de Hobbema, etc., que certains de ces commerçants font
passer pour des originaux.

Après la mort de sa femme et de ses enfants, en 1827, bientôt
remarié, Georges Michel poursuit la même existence. A peine
lui arrive-t-il par exception de vendre un tableau, jusqu'au jour
où un amateur, le baron d'Ivry, prétend au prix d'une maigre
pension accaparer toute sa production. Fin 1830, le goût a
évolué au point que le Louvre cherche à acquérir une toile de
Michel. Lui continue de rester à l'écart et à s'isoler dans un
oubli voulu, où la mort, le 7 juin 1843, l'enfermera longtemps.

L'article publié trois ans après par « Le Constitutionnel » et
où Thoré vantait ses mérites et saluait en Michel le précurseur
des paysagistes de Barbizon, ne suffit point à l'en tirer. C'est
tout récemment qu'on a rendu justice à son insigne talent.

MIGNARD, Pierre (1612-1695).

Il est né à Troyes, le 17 novembre 1612. Ses parents souhaitaient qu'il devînt médecin, mais au lieu d'étudier, il se contentait de dessiner ses professeurs. Ce que voyant, son père ne s'opposa plus à sa vocation et le confia, dès 1624, au peintre Jehan Boucher. Bientôt Mignard alla chercher à Fontainebleau, auprès de Martin Fréminet, chargé de continuer les décorations du Rosso et du Primatice, la leçon des Italiens. Après deux ans passés à Fontainebleau il revint à Troyes. Quelques mois plus tard, il partait pour Rome, où il arriva fin 1635. Douze ans lui seront nécessaires pour acquérir sa maîtrise. En août 1648, Poussin écrit à Chantelou : « J'avais fait faire mon portrait pour vous l'envoyer, mais il me fâche de dépenser une dizaine de pistoles pour une tête de la façon de M. Mignard, qui est celui qui fait le mieux quoiqu'elles soient fades, fardées, sans force ni vigueur. » La persévérance de Mignard en aura finalement raison et le temps n'est plus loin où le même Poussin le traitera de « Mignard le Romain ».

Il a beaucoup produit en Italie. Entre autres, les portraits de trois papes : *Urbain VIII, Innocent X* et *Alexandre VII*, ceux de l'ambassadeur de France *Hugues de Lyonne* et de sa famille, des cardinaux *Barberini, Este, Médicis*, de divers princes, sans oublier celui d'*Olympia Maïdalchini*, la courtisane à la mode. C'est à Rome, après avoir étudié à Florence, à Venise, Parme, Modène, Bologne et Mantoue les différentes écoles, qu'il aborde ses gracieuses compositions d'un style quelque peu « mignard » comme la *Vierge à la grappe* (Louvre), dont s'ornent aujourd'hui encore maintes églises transalpines.

Il y a vingt-deux ans qu'il séjourne à Rome, quand Louis XIV le mande à Paris. Le « Romain » obéit sur-le-champ. En regagnant la capitale, il s'arrête à Avignon, y rencontre Molière. Leurs relations, par la suite très intimes, datent de là. À Fontainebleau, en passant, il peint en trois heures le portrait du roi, que l'on expédie aussitôt à Madrid. Son infatigable pinceau vaudra à Mignard succès sur succès à la Cour. Anne d'Autriche le chargea de peindre la coupole du Val-de-Grâce, la plus vaste composition à fresque qu'il y ait en Europe. Il accepta moyennant 35.000 livres. Un quart du travail était exécuté quand, en octobre 1663, il tomba malade et crut sa dernière heure venue. En réalité il avait encore trente-cinq ans à vivre. Au début de 1664 la *Gloire des Bienheureux* avec ses deux

cents figures, que l'on peut admirer de nos jours encore au Val-
de-Grâce, était achevée. Ennemi déclaré de Le Brun et de
l'Académie, Mignard s'était vu, quelques mois plus tôt, signifier
par Perrault, sur ordre de Colbert, un mémoire d'exil s'il
persistait à refuser d'entrer à l'Académie. L'affaire n'eut pas de
suite.

La réputation du portraitiste était immense. Tout le siècle
a passé devant lui. Son atelier était le rendez-vous des grands,
ne demeurant fermé que lorsque le roi, la reine ou quelque
prince du sang s'y rendaient. Les femmes surtout raffolaient,
non qu'il les fit toutes belles, de l'art avec lequel il savait en-
cadrer ses figures d'accessoires aptes à souligner leur caractère.
Ainsi peignit-il la *Duchesse de Brissac* désarmant l'Amour ;
la *Duchesse de Ludres* en Madeleine, les cheveux épars ;
Mme d'Ollone en Diane chasseresse dans un costume à
effaroucher Endymion ; *Mme de Maintenon* en sainte Françoise
et *Mme de Montespan* descendue de l'Empyrée, portée par des
amours et saluée par les Grâces.

À la mort de Le Brun, Mignard se vit nommé premier
peintre du Roi et dans une même séance membre, chancelier,
recteur et directeur de cette Académie où il avait naguère refusé
d'entrer. Il ne survécut que peu de temps à son rival et mourut
dans son hôtel, Grande rue du faubourg Saint-Honoré, le
13 mai 1695.

MOREAU, Louis-Gabriel, l'Aîné (1739-1805).

Né à Paris, fils d'un perruquier, Louis Moreau fut élève de
Demachy dont il continua la manière jusqu'en 1762-1764.
Après 1774, il se montre peintre de la nature et travaille dans
les environs de Paris : Bagatelle, Madrid, Saint-James, Mon-
ceau, Meudon, Louveciennes, Versailles, Trianon, Saint-
Germain, Montmorency, Corbeil. Il se marie en 1770, est refusé
deux fois à l'Académie (1787), mais expose au Salon devenu
libre, de 1791 à 1804.

N

NATTIER, Jean-Marc (1685-1766).

Descendant de familles de peintres, Nattier fut d'abord
dessinateur pour les graveurs (*Batailles* de Le Brun, *les Rubens*

du Luxembourg). Appelé par le Tsar qu'il rejoignit à Amsterdam (1715), il peignit là plusieurs portraits et la *Bataille de Poltava* ; il s'adonna alors au genre lucratif du portrait, et surtout du portrait mythologique. En 1745, après avoir obtenu un grand succès dans l'entourage du duc d'Orléans et dans la noblesse, il devient peintre de la famille royale et fait notamment de nombreux portraits de Mesdames. Sa vie se termina cependant dans la disgrâce publique et la désaffection générale.

O

OLLIVIER, Michel-Barthélémy (1712-1784).

Né à Marseille, Ollivier travailla plusieurs années en Espagne, puis à Paris où il fut le peintre du prince de Conti, grand prieur du Temple, qui l'employa notamment à la décoration du château de l'Isle-Adam. Agréé à l'Académie en 1776, il exposa de 1764 à 1782, mais ne fut pas reçu à l'Académie.

OUDRY, Jean-Baptiste (1686-1755).

Il est né à Paris, rue de la Ferronnerie, le 17 mars 1686. Son père, Jacques Oudry, peintre et marchand de tableaux, lui enseigna les rudiments avant de l'envoyer à l'école de la maîtrise de Saint-Luc. À 18 ans, Oudry reçut les leçons de Michel Serre, peintre des galères du roi qui travaillait dans le goût des Flamands. Par la suite, il devint élève de Largillierre. Logé et nourri chez son maître, mis ainsi en contact avec nombre d'artistes français et étrangers, il acquit une expérience, qui lui vaudra d'être reçu, en 1708, à l'Académie de Saint-Luc.

Au début de sa carrière, il s'essaye à divers genres : à l'art sacré, compose une *Nativité* et un *Saint Gille ;* au portrait ; aux paysages urbains enfin, témoin certaine *Vue du pont Notre-Dame pendant l'Incendie de l'Hôtel-Dieu en 1718* (Musée Carnavalet).

Sa toile *L'Abondance avec ses Attributs* le fait admettre à l'Académie royale comme peintre d'histoire. Peu après, cependant, Oudry se spécialisera dans la peinture des paysages d'après nature avec figures et animaux. Dès 1722, sa *Chasse* au *Sanglier* obtient un succès tel qu'il reçoit commande pour le Roi de Suède du *Cerf aux Abois poursuivi et assailli par onze Chiens* (Musée de Stockholm). En 1725, il est nommé peintre de la Manufacture de Beauvais. Deux cent trente-cinq dessins de lui illustreront l'édition dite des Fermiers Généraux des *Fables* de La Fontaine. Il sera également chargé, d'exécuter dans le style unanimement admiré de sa *Fin de Chasse au Cerf dans l'Eau* (Musée de Toulouse), les cartons pour la grande tenture en onze pièces des *Chasses de Louis XV*, que les Gobelins, dont il va devenir inspecteur, réaliseront.

S'il demeura, jusqu'à la fin de sa carrière, fidèle au genre auquel il devait sa célébrité, on lui doit également maintes natures mortes et quelques œuvres décoratives.

Oudry mourut, le 3 avril 1755, à Beauvais.

P

PATER, Jean-Baptiste-François (1695-1736).

Né à Valenciennes d'un père sculpteur, J.-B. Pater fut pendant quelques mois, en 1713, élève de Watteau à Paris. Retourné à Valenciennes, puis revenu à Paris en 1718, il travaille d'abord pour des marchands, puis, introduit dans le monde bourgeois par Blondel de Gagny, il devient le peintre de cette société. Rappelé par Watteau quelque temps avant la mort de celui-ci, il reçoit les derniers conseils du peintre de *L'Enseigne de Gersaint*, à qui il doit tout ce qu'il sait. Agréé à l'Académie en 1725, reçu en 1728, il travaille pour Julienne, Glucq de Saint-Port, la comtesse de Verrue, la princesse de Garignan et devient le peintre à la mode, malgré sa technique assez faible, ses incorrections de dessin, de perspective et de goût, et l'indigence de son imagination. Accablé de travaux, il meurt à quarante et un ans.

PERRÉAL, Jean (vers 1455-vers 1530).

Célèbre de son vivant, Jean Perréal, surnommé Jean de Paris, peintre en titre et valet de chambre des rois Charles VIII, Louis XII, François Ier et de qui la renommée s'étendit à travers l'Europe entière, est demeuré durant des siècles méconnu de la postérité. Des peintures qui avaient fait sa gloire, aucune, croyait-on, ne nous était parvenue.

Vers la fin du XIXe siècle, deux historiens d'art : Bancel, d'une part et Mauldre de la Clavière de l'autre s'efforcèrent, sans y parvenir complètement, de reconstituer sa biographie. Ces derniers temps, Madeleine Huillet d'Istria s'est à son tour intéressée au même artiste et elle a notamment publié sur son cas deux importants articles en 1949 et en 1952. Nous empruntons à ces auteurs la plupart des indications qui suivent.

Il a été impossible, jusqu'ici, de fixer le lieu et la date de naissance de Jean Perréal (d'aucuns situent cette dernière vers 1455), et l'histoire de ses débuts demeure fort obscure. On le trouve en avril 1483 au service de la ville de Lyon, chargé d'apprêter le charriot, qui doit transporter François de Paule mandé par Louis XI mourant. Deux ans plus tard il organise la réception de l'archevêque Charles de Bourbon. Devenu fourrier du sire de Beaujeu, il ne collabore plus qu'au cérémonial des grandes entrées telles que celle de Charles VIII passant par Lyon pour s'en aller guerroyer en Italie. Le Roi offrit à cette occasion à la reine Anne cent médailles d'or dans une coupe supportée par un lion en or. Perréal fut chargé de dessiner sur l'avers de la médaille le portrait de la Souveraine.

L'artiste appelé à la Cour en 1497 est sur-le-champ envoyé outre Rhin avec mission de portraiturer une beauté de Cologne. Il accompagnera le Roi, quand Louis XII entrera en vainqueur à Milan (1499). À son retour d'Italie, Perréal ajoute à ses titres acquis celui de valet de chambre de la Reine, laquelle consacre une partie de son immense fortune à protéger les arts et prend Jean de Paris sous sa protection.

Grand esprit de la Renaissance, à l'instar du Vinci, Perréal, aussi curieux de science que de questions artistiques, à la fois peintre, architecte, décorateur, et féru de mathématiques, est de surcroît l'auteur de la *Complainte de Nature à l'Alchimiste errant*, tirée de l'oubli en 1949.

Chargé, en sa qualité d'architecte, par la ville de Lyon d'établir des fortifications, de bâtir des ponts, d'édifier des hôpitaux, il fait en même temps fonction d'expert, dont les avis sont docilement écoutés.

Marguerite d'Autriche lui confie le soin de construire l'église du couvent de Brou. Sur le point de mourir, il dirigeait encore la réparation d'un château royal.

Quand Louis XII, désirant convoler pour la troisième fois en justes noces, résolut d'épouser Marie d'Angleterre, il envoya Perréal à Londres, muni des prérogatives d'un ambassadeur. Jean Perréal est mort vers 1530.

En 1902, certains exégètes ont pensé pouvoir identifier Perréal

avec le Maître de Moulins. Cette hypothèse ne fut pas admise
par tous. Les experts ne se sont pas davantage mis d'accord
pour lui attribuer la fresque des *Arts libéraux* de la cathédrale
du Puy, dont nul ne conteste toutefois que Perréal ait dessiné
les « patrons ». On lui donne un *Mariage mystique* et une *Vierge
aux donateurs* (vers 1515).

Un autre souvenir nous reste de son art, témoignage indirect
d'une œuvre picturale transposée en volume par un sculpteur :
le *Tombeau de François II de Bretagne et de Marguerite de Foix*
(cathédrale de Nantes), dont Perréal peignit le modèle et que
Michel Colombe tailla dans le marbre, de 1502 à 1506.

PERRONNEAU, Jean-Baptiste (1715-1783).

Fils d'un bourgeois de Paris, élève de Natoire et de Laurent
Cars, il est d'abord graveur, puis en 1743 s'adonne au portrait
et à la technique du pastel et devient le rival provincial de La
Tour. Agréé à l'Académie en 1746, reçu en 1753, il mena une
vie vagabonde, parcourant la France, l'Italie, la Hollande ; il
séjourna particulièrement à Orléans (1765-1766), à Abbeville,
chez Van Robais (1767-1769-1770) et à Amsterdam (1771-
1772). En 1781, il se rend en Russie, et meurt à Amsterdam sur
le chemin du retour.

PESNE, Antoine (1683-1757).

Fils de Thomas Pesne (vers 1653-1727), maître-peintre
adjoint à professeur de l'Académie de Saint-Luc, petit-neveu
de Jean Pesne, le célèbre graveur de Poussin, et aussi par sa
mère de Charles de La Fosse, dont il reçut peut-être des leçons,
Antoine Pesne fut classé premier au Concours de Rome de
1703, mais le prix ne lui ayant pas été décerné, il partit pour
Venise. Appelé par Frédéric Ier à la Cour de Prusse, il y fut
nommé premier peintre en 1711 et y rencontra un succès
immédiat comme portraitiste, talent qu'il exerça aussi à Dessau
(1715), à Dresde (1718). Agréé en 1718, reçu en 1720 à l'Académie de peinture et de sculpture, il passa en 1723 et en 1724
à Paris en allant à Londres et en revenant. Le Grand Frédéric
chargea Pesne de décorer, après Rheinsberg, les monuments
qu'il édifiait ou réparait : Charlottenburg, le château de Potsdam, Sans-Souci.

PORTAIL, Jacques-André (1695-1759).

Né à Brest, Portail fut à la fois dessinateur, ingénieur et architecte. Il est constructeur de maisons et de chaussées pour le roi, en Bretagne, quand, en 1738, il est appelé à Versailles auprès du Contrôleur des Finances Orry, qui le nomme dessinateur du Roi. En 1740, il est nommé garde des tableaux du Roi et dirige l'atelier de copistes ; il est en même temps affecté à la garde des plans des Maisons royales. En 1743, il est chargé de l'inventaire général des tableaux de la Couronne. Il est nommé académicien en 1745, et en 1746 on lui confie la réduction des plans des Maisons royales. En 1750, il procède au Luxembourg et dans la Galerie d'Apollon à l'installation de deux cents tableaux des collections royales. Il fut « tapissier » du Salon de 1742 à 1753.

POUSSIN, Nicolas (1594-1665).

Il fut le fils de Jean Poussin, gentilhomme de petite noblesse, peu fortuné, qui ayant servi sous Charles IX, Henri III et sous le Béarnais, après avoir participé à la victoire d'Ivry, las de mener la rude existence des camps, quitta l'habit militaire et prit femme.

Jean Poussin épousa une dame Marie Delaisement, veuve d'un procureur, et s'installa à Villers, hameau de quelques feux dominant les Andelys, où sa femme possédait une humble demeure. Nicolas Poussin naquit, le 15 juin 1594, dans cette maison, qu'on appelle aujourd'hui le Clos Poussin. Il fut de bonne heure initié aux belles-lettres afin, disent ses biographes, qu'il ne demeurât point un paysan ignorant. Cependant Nicolas ne s'avérait guère enclin à s'intéresser aux leçons que lui dispensaient les chanoines de la cathédrale du Grand Andelys et il préférait passer son temps à couvrir ses cahiers, voire les murs du village, de dessins. Il eut beaucoup de mal à persuader son père de le laisser suivre sa vocation. Jean Poussin finit néanmoins par céder et par faire enseigner à l'enfant les rudiments de l'art du dessin. Noël Jouvenet fut chargé de ce soin. Un séjour que fit le peintre Quentin Varin (1575-1627) aux Andelys eut sur la destinée de Nicolas une influence décisive. Le néophyte, non content de se borner à regarder Varin peindre l'*Assomption de la Vierge* et le *Martyre de Saint Vincent*, prétendit l'aider. Varin, bon connaisseur, ne manqua pas de reconnaître dans les essais de l'apprenti les signes d'un génie impatient d'éclore. Lorsque Quentin Varin quitta la ville (juillet 1612), il laissait notre adolescent plein de confiance dans son avenir.

À 18 ans, Nicolas gagne Paris comme il peut, y trouve sur-le-champ le vivre et le couvert, commence par fréquenter pendant quelques semaines l'atelier du Malinois Georges Lallemand, puis durant un trimestre celui de Ferdinand Elle. L'occasion lui est alors donnée d'entrer en relations avec Alexandre Courtois, garde des Cabinets du Roi. Celui-ci lui donne accès aux collections de la Couronne. Poussin découvre ainsi Raphaël, dont il copie les œuvres avec passion. Son hôte poitevin l'emmène dans son château, que le peintre est chargé d'embellir. Traité d'une façon qui l'humilie, Poussin ne tarde pas à s'échapper et rentre au pays. Il quittera définitivement Villers un an plus tard, et n'y reviendra plus jamais. Après diverses randonnées dans on ne sait quelles provinces, il entreprend son premier départ pour l'Italie, mais faute d'argent, il ne dépasse pas Lyon, où il séjourne et travaille quelque temps. Après une seconde tentative aussi infructueuse que la précédente, pour gagner Rome, Poussin revient à Paris (1621). Installé au collège de Laon, il s'y lie d'amitié avec Philippe de Champaigne arrivé depuis peu de Bruxelles. L'occasion est fournie bientôt à Nicolas d'exécuter de menus travaux de décoration au Luxembourg, puis de peindre six panneaux à la détrempe destinés à donner du lustre aux fêtes que les jésuites projettent de célébrer la canonisation d'Ignace de Loyola, fondateur de leur ordre. À la vue de ces panneaux, le cavalier Marin, séjournant en France depuis plusieurs années, juge leur auteur digne d'illustrer son poème d'*Adonis*, qu'il se propose d'offrir à Louis XIII. Poussin vient habiter chez Marin. De natures dissemblables, ils sympathisent par suite d'un commun amour de la Mythologie. Nicolas peint la *Mort de la Vierge* pour Mgr de Gondi, des cartons de vitraux destinés au couvent des capucins de Blois et divers portraits.

Au printemps de 1624, Poussin âgé de trente ans, réalise enfin son rêve d'adolescent et s'installe à Rome, place d'Espagne, où la plupart des étrangers se fixent. Marin le recommande chaleureusement au cardinal Barberini, neveu d'Urbain VIII, grâce auquel il entre en relations avec Cassiano del Pozzo, qui deviendra son ami intime.

Malheureusement le Chevalier meurt et le Cardinal est

envoyé presque aussitôt en Espagne. Poussin fait en Italie des débuts pénibles. Il s'acclimate difficilement et ne parvient à vendre ses tableaux qu'à vil prix. Le 9 août 1630, il épouse une romaine de dix-sept ans, Anne-Marie Dughet, d'ascendance lyonnaise, fille d'un cuisinier chez lequel il avait trouvé asile et où il avait reçu des soins après qu'un garde du Pape l'eut blessé à la main. Anne-Marie devait être pour l'artiste la meilleure et la plus compréhensive des compagnes. Sur les tableaux peints par Nicolas environ cette époque, Anne-Marie est fréquemment représentée, comme le remarque Paul Jamot.

Les artistes italiens vivants ne l'attirent guère, certains lui déplaisent franchement. Il traite, par exemple, Caravage de « malfaiteur né pour la ruine de la peinture », il dédaigne la suavité du Guide, dont la jeunesse romaine est engouée, et ne montre d'estime que pour le Dominiquin, de qui la vogue est passée. Mais ce sont les exemples de Raphaël et du Titien qu'il retient.

Mythologie et Histoire lui fournissent la noblesse de ses thèmes. Sous l'influence du Titien, l'unité plastique de ses compositions se dégage. C'est le temps des *Bergers d'Arcadie* (Louvre), de l'*Empire de Flore* (Dresde), de l'*Inspiration du Poète*, l'époque immédiatement postérieure à celle qui vit naître les *Bacchanales*, commandées par Richelieu. Car la renommée de Poussin a franchi les Alpes. Louis XIII réclame son retour. L'artiste hésite, se fait prier. Il finit par céder aux instances de Chantelou, envoyé à Rome avec mission d'en ramener tous les peintres, sculpteurs et architectes susceptibles d'enrichir par leur talent les demeures du roi. Poussin fut seul à venir. Il arriva à Paris le 17 décembre 1640. Chargé d'exercer une sorte de surintendance des Beaux-Arts, il se heurte aussitôt à l'animosité des gens en place, dont sa présence menace la tranquillité : le peintre Simon Vouet, l'architecte Lemercier (1585-1654) et le paysagiste Fouquières (1596-1659). Il se lasse de devoir assumer tant de futiles besognes. Au milieu de ses déboires, une satisfaction lui est accordée : le Roi et la Reine ont loué à l'envi la *Cène*, qu'il a peinte pour leur chapelle.

Ne songeant qu'à retourner en Italie, il sollicite un congé et regagne Rome. Il n'en reviendra plus. Ses mérites y sont enfin appréciés à leur valeur. Le respect de son art, auquel il a subordonné sa vie, en impose à un haut point. Quand, le soir venu, par les pinèdes de la villa Borghèse, suivant le chemin, que

se plut à peindre Corot et que l'on nomme aujourd'hui encore
« la promenade du Poussin », il descend sur la place d'Espagne
tenir de doctes discours, maints disciples lui font cortège. Il
vécut ainsi, entouré de vénération, se refusant en dépit de sa
renommée grandissante à élever ses prix, heureux, malgré les
maux qui l'accablaient, de vivre sans luxe auprès de sa femme.
Quand elle mourut, Poussin sentit durement le poids de ses
infirmités. Il n'y résista pas. L'énergie, qui l'avait toujours
soutenu, l'abandonna d'un coup. « Il est trop tard », disait-il.

Il mourut le 15 novembre 1665.

PRIMATICE, Primatidizzio, dit Le- (1504-05-1570).

Né à Bologne en 1504 ou 1505, il étudia d'abord dans sa
ville chez Innocent d'Imola, puis avec Bagnacavallo.

Il gagne Mantoue en 1526, et travaille au Palais du Té, pour
lequel Jules Romain, chargé de l'importante décoration, recrute
des aides. Primatice y œuvre comme peintre, mais aussi comme
sculpteur et décorateur en stuc.

En 1532, François Ier ayant fait appel à Jules Romain,
celui-ci lui envoie son plus habile disciple, Le Primatice. Il s'agit
de décorer le Palais de Fontainebleau dont les bâtiments viennent d'être restaurés.

Le Primatice y trouve Le Rosso en place : l'âge de ce dernier,
la faveur que lui montre le roi, son salaire double (Rosso reçoit
1200 livres de fixe tandis que Primatice n'en obtient que 600)
suffisent à expliquer leur rivalité.

C'est pendant le voyage que Le Primatice fait en Italie en
vue de rechercher des œuvres d'art pour François Ier (il rap-
portera 125 caisses de sculptures et œuvres d'art, et fait prendre
des moulages d'antiques fameux) que Rosso meurt en 1540.

À son retour, Primatice prend la direction des travaux. Il
s'occupe en même temps des ateliers de tapisserie.

Mais dans la faveur du roi, il se heurte maintenant à Cellini.

Il n'en est pas moins valet de chambre du roi ; il reçoit
l'abbaye de Saint-Martin-ès-Aires de Troyes. Il restera Commissaire général des Bâtiments sous Henri II, François II et
Charles IX.

Ses fonctions l'absorbent à tel point qu'il se borne le plus
souvent à diriger le travail de ses élèves par des dessins. Ses
œuvres originales de peintre sont très rares. Quant à ses décorations au château de Fontainebleau, elles ont tant souffert de

démolitions et de restaurations, qu'il n'en reste guère que le souvenir.

Il meurt à Paris en 1570.

Q

QUARTON, Enguerrand (connu de 1444 à 1466).

Enguerrand Quarton, ou Charonton, est né dans le diocèse de Laon à une date inconnue. En Provence on le suit de 1444 à 1466.

On connaît de lui deux œuvres : une *Vierge de Miséricorde* (Chantilly) peinte en 1452, pour laquelle les documents signalent la collaboration de Pierre Villate, et le *Couronnement de la Vierge* de 1453-1454.

Le *Couronnement de la Vierge* est une des œuvres capitales de la peinture en France au xve siècle. Remarqué en 1835 par Prosper Mérimée à l'église de la chartreuse de Villeneuve-lès-Avignon, il fut transporté à l'Hospice de cette même ville. Ses dimensions sont remarquables : 1,83 m de hauteur sur 2,20 m de largeur.

Tous les détails de la commande et de l'exécution de l'œuvre sont connus par le contrat qu'a découvert et publié l'abbé Requin en 1889 (cf. la monographie essentielle de M. Charles Sterling, Floury, 1939).

QUESNEL, François (vers 1543-1619).

Fils aîné et, sans doute élève de Pierrer Quesnel, peintre de Jacques V d'Écosse puis de Marie Stuart, François Quesnel naquit en 1543, ou en 1544, à Edimbourg.

Il quitta l'Écosse en 1572, pour se fixer à Paris, où il devait rester jusqu'à sa mort. Bien qu'il jouît auprès d'Henri III d'un grand renom de portraitiste, bien qu'il fût considéré par tous comme le digne successeur de François Clouet, jamais il n'obtint le titre enviable de peintre du Roi.

Il exécuta un plan de Paris, gravé en douze planches par Pierre Vallet.

On possède de lui un portrait de *Mary Ann Waltham* (Coll. Earl Spencer, Althorp, Angleterre), signé des initiales F.Q. et daté : 1572, qui donne une idée accomplie de son style à l'époque exacte où il allait s'éloigner de sa terre natale pour n'y plus revenir. Sur un ensemble alterné de noirs et de gris se détache le discret éclat d'un œillet. Nulle expression ne trouble la placidité du visage.

Postérieur d'une dizaine d'années, le *Henri III* du Louvre se signale par une mise en page plus simple en même temps que par un style plus incisif. Ce portrait d'un homme vieilli avant l'âge, malade, au moral compliqué, peint par un artiste fort d'une expérience plus mûre témoigne d'un goût identique pour le procédé qui consiste à faire vibrer sur une dominante sombre une seule note claire, en l'espèce le ruban bleu pâle de l'Ordre du Saint-Esprit, institué par le royal modèle lui-même, en 1578.

Quesnel passe pour avoir dessiné les cartons des tapisseries représentant des *Fêtes à la Cour d'Henri III* (Musée des Offices, Florence).

Il mourut à Paris, en 1619.

R

RIGAUD, Hyacinthe (1659-1743).

Il est né en juillet 1659, à Perpignan, où son père exerçait le métier de tailleur. À l'âge de quatorze ans il entre, à Montpellier, dans l'atelier du peintre Pezet, lequel possédait une collection de tableaux de maîtres dont le jeune Rigaud, en les copiant, tira grand profit. Il reçut en outre à Montpellier les conseils de Verdier et de Ranc.

Après avoir passé quatre années à Lyon, le débutant arrive à Paris en 1681. Un an plus tard, il se présentait au concours de l'Académie. La façon dont il avait traité le sujet biblique de *Caïn bâtissant la ville d'Hanoch* non seulement lui valut le prix, mais attira sur lui l'attention de Le Brun, qui l'engagea à suivre les cours de l'Académie. En 1685, Rigaud remportait le Prix de Rome. Le Brun le dissuada de partir pour l'Italie. Le lauréat se laissa convaincre et n'eut pas à s'en repentir, car le portrait qu'il peignit, peu après, de *Materon*, joaillier de Monsieur, lui assura d'emblée une renommée qui n'allait pas tarder à s'affirmer.

Portraitiste recherché de la ville et de la Cour, Rigaud va peindre toutes les illustrations du siècle : *Le Brun, Mignard,* la *Grande Mademoiselle,* le *Duc Anne-Jules de Noailles, Colbert,*

Girardon, Nicolas Coustou, Mansart, etc. En 1695, riche,
couvert de gloire, il se rend dans sa ville natale où il exécute
sous trois angles différents le *Portrait de sa mère*, que Coysevox
sculptera.

Le *Bossuet* du Louvre est de deux ans postérieur. Le 2 janvier 1700, l'Académie accueille Rigaud. C'est lui que désigne
Louis XIV pour peindre le portrait du *Duc d'Anjou*, qui va
partir pour régner sur l'Espagne, et son propre portrait que
le futur Philippe V emportera pour son nouveau royaume.
Mais, le tableau achevé lui plaît au point que le Monarque ne
veut plus s'en séparer : une copie en sera seule envoyée au delà
des Pyrénées.

Rigaud ne compte plus les faveurs de toutes sortes dont il
est l'objet. Le 18 juin 1709, sa ville natale l'élève au rang de
bourgeois noble. L'année suivante, l'Académie le nomme
professeur. Trois ans plus tard, Louis XIV l'anoblit.

La Régence et le règne suivant n'auront pas pour effet d'y
mettre un terme. Les divers portraits qu'il peindra de Louis XV
en 1715, en 1722, en 1727, lui vaudront même d'être nommé
Chevalier de l'Ordre de Saint-Michel. Est-ce par reconnaissance
que Rigaud fera cadeau en 1736 à la ville de Perpignan d'un
portrait du Bien-aimé que les révolutionnaires brûleront en
1793 ?

Hyacinthe Rigaud mourut le 9 décembre 1743.

ROBERT, Hubert (1733-1808).

Né à Paris, le 22 mai 1733. Son père, d'origine lorraine, était
au service du marquis de Stainville, envoyé extraordinaire du
duc de Lorraine auprès du Roi de France. Hubert fut encouragé par les siens à entrer dans les ordres, mais il ne cacha
point qu'il éprouvait une tout autre vocation et désirait entreprendre une carrière artistique. Il y débuta en 1753 et bénéficia
aussitôt de l'appui du fils du marquis, le futur duc de Choiseul.

Nommé, l'année suivante, ambassadeur de Louis XV près
du Saint-Siège, ce comte de Stainville emmena le néophyte
avec lui et obtint même qu'il soit admis à l'Académie de France
à Rome, installée dans le Palais Mancini, qu'administrait alors
Natoire.

Aux rudiments que le sculpteur Michel-Ange Stoldtz lui
avait enseignés, l'exemple de Paolo Fannini, célèbre peintre
de ruines, ajouta une influence d'autant plus déterminante que

les fouilles de Winckelmann avaient remis à la mode ce genre, pratiqué depuis la Renaissance.

À l'époque, la Rome artiste est d'ailleurs toute férue d'archéologie. Hubert Robert sera donc, lui aussi, un peintre de ruines. Natoire l'y exhorte. À l'automne 1756, Fragonard arrive dans la Ville éternelle et nos deux jeunes gens lient amitié. Quand, en 1760, l'abbé de Saint-Non se mettra en quête de compagnons de choix pour visiter Rome, c'est eux qu'il élira et il s'installera avec eux à la Villa d'Este. Avec Saint-Non, Hubert séjournera bientôt à Naples et à Poestum. Puis il accompagnera le bailli de Vreteuil à Florence et verra, grâce à lui, le temps de sa pension prolongé.

Après être demeuré onze ans en Italie, le 23 juillet 1765, Robert rentre enfin à Paris. Il y rapportait, noté sur ses carnets ou inscrit dans sa mémoire, un innombrable répertoire de formes auquel il ne cessera d'emprunter jusqu'à la fin de sa vie, quitte à en user avec beaucoup de liberté : inversions, modifications, perspectives contrariées, etc. Dans ses tableaux d'un format inaccoutumé, Hubert Robert n'affecte point la superstition de l'archéologie. Dans un décor de ruines il lui plaît d'introduire des personnages, dont la présence y ajoute au sentiment de la vie, voire de la vie familière, comme dans l'*Intérieur d'un Parc*, l'*Escalier* (Louvre). Et il ne faut pas oublier qu'il est aussi le peintre exquis des jardins. L'Académie l'agrée et le reçoit en 1766. L'année suivante, il se marie, obtient sa première commande royale, un *Dessus-de-Porte* pour le château de Bellevue, et fait ses débuts au Salon. La critique lui réserve le meilleur accueil. Du jour au lendemain, le voici célèbre et recherché. Son protecteur de toujours, le duc de Choiseul, l'invite à Chanteloup. Il est convié aux lundis de Mme Geoffrin, qu'il évoquera plus d'une fois en diverses occupations de sa vie privée, ex. : *Le Déjeuner de Madame Geoffrin* (Coll. Arthur Veil-Picard). Lui-même reçoit fastueusement dans sa maison d'Auteuil. Il était, écrit Charles Sterling, le bon vivant, l'aimable camarade qu'a représenté Mme Vigée-Lebrun dans le portrait qu'elle a peint de lui.

Flâneur infatigable, pendant plus de quarante ans, il a parcouru Paris, notant sur son cahier de croquis les indications d'où sortiront ses peintures du *Quai de Gesvres*, des *Portes Saint-Denis* et *Saint-Martin*, de l'*École de Chirurgie*, de l'*Hôtel-Dieu*, celles de l'*Incendie de l'Opéra* en 1781 (Musée Carnavalet), des *Bains Vigier* (Banque de France) et de la *Place Louis XV* (Musée de Besançon).

Le talent que possédait Hubert Robert de marier en ses tableaux : « fabriques », ruines et frondaisons, le fit choisir par le marquis d'Angivillier pour transformer, dans le parc de Versailles, les bosquets autour du Bassin d'Apollon. Il les transforma de la façon que nous pouvons admirer aujourd'hui encore. Son nouveau titre de dessinateur des jardins du roi ne l'empêche pas de voyager dans le midi de la France où les arènes de Nîmes, le Pont du Gard et la Maison Carrée partagent son intérêt avec le vallon de Vaucluse et les rochers d'Olion. Par la suite, il mariera plus d'une fois à ses souvenirs de Tivoli ceux des gorges de Provence.

Nommé, le 22 juin 1784, garde des tableaux du Muséum, son rôle se trouvera interrompu lorsque la Révolution arrêtera tous travaux dans la grande Galerie du Louvre. D'aucuns préconisaient depuis longtemps de l'éclairer d'un jour plus favorable. Hubert Robert peignit une étude, qui a été conservée (Louvre), pour montrer l'heureux résultat qu'on obtiendrait en ouvrant des lanterneaux dans la voûte.

À la Révolution, il est suspect, ne fait partie d'aucun comité d'organisation. Arrêté, le 8 brumaire an II, il demeure huit mois à Saint-Lazare. Le 9 thermidor le délivre. Très vite, il sera nommé, avec Fragonard, Vincent et Pajou, conservateur de ce qui deviendra, en mai 1795, le Musée central des Arts.

S'il a franchi sans trop de dommage la période agitée, qui marqua le passage de l'ancien régime au suivant, ce ne fut pas sans subir les atteintes de l'âge et sa main a peu à peu perdu sa légèreté. Mais jusqu'au bout le sort lui sera bienveillant et sa mort surviendra soudainement, par apoplexie, un soir qu'à soixante-quinze ans, il s'apprêtait à partir dîner en ville.

ROSSO, Giovanni Battista DIJACOPO, dit Le- (1494-1540).

Italien, le Rosso ne devrait pas figurer dans une histoire de la peinture française, mais l'importance de son œuvre à Fontainebleau, et par elle de son influence sur la peinture française au XVIe siècle, l'y fait traditionnellement admettre.

Il est né à Florence le 8 mai 1494. Vasari, à qui nous devons les meilleurs documents sur Rosso, ne sait rien de ses débuts. En février 1516, Rosso entre dans la corporation des peintres florentins.

Comme œuvre de jeunesse, on lui donne une *Assomption* (à l'Annunziata) (1517), qu'aurait dû exécuter Andrea del Sarto.

En 1523-1524, il travaille à Rome, attiré par le prestige de Michel-Ange et de Raphaël.

Le sac de Rome (1527) le jette dans des aventures mal connues. Il travaille alors à Pérouse, à Borgo San Sepolcro. Il semble avoir dû interrompre son séjour dans cette ville à la suite d'un incident dû à ses mœurs. Ce seront celles-ci qui, après un temps de vagabondage en Italie du Nord, le font accueillir à Venise par le poète Pietro Aretino, alias L'Arétin.

C'est là qu'il reçoit en 1530 l'appel de François Ier.

Ses œuvres de chevalet sont rares et assez mal connues : pour ses débuts en France, il paraîtrait qu'ayant reçu commande d'une *Leda* pour le Roi, il se soit borné à copier celle de Michel-Ange.

Quoi qu'il en soit, peu de temps sans doute après son arrivée, Rosso est chargé de décorer la Galerie de François Ier au Palais de Fontainebleau. Là se mêlent stuc en relief et peinture. Naturellement, pour une pareille entreprise de décoration, il n'œuvrait pas seul.

À en juger par les comptes royaux, l'exécution du travail dirigé par Rosso s'étage de 1534 à 1540.

Or Le Primatice, appelé lui aussi par François Ier, et de dix ans plus jeune, est déjà arrivé en 1532. La rivalité devait durer des années.

La mort de Rosso, en 1540, est entourée de quelque ombre. Sur une suspicion de vol, il laissa supplicier et exécuter son auxiliaire, et ami privé, Francesco Pellegrin. Les circonstances sont restées incertaines. Mais de remords, ou de regret, Rosso se serait empoisonné lui-même. Il mourut le 14 novembre 1540.

T

TASSEL, Jean (vers 1608-1667).

Il se posait pour les Tassel, peintres langrois du XVIIe siècle, un problème analogue, pour l'identification des hommes et l'attribution des œuvres, à celui qui au XVIe siècle se posa pour les deux Clouet, confondus sous le nom unique de Janet, et pour les Cousin, le père et le fils.

En ce qui concerne les Tassel, la question apparaît bien éclaircie à la suite des travaux qu'a provoqués l'exposition, au printemps de 1955, d'une cinquantaine de toiles au Musée de Dijon.

Nous devons ces études à M. Pierre Quarré, à M. Charles Sterling et au Dr Henry Ronot, érudit bourguignon qui a dépouillé les archives régionales.

Il semble aujourd'hui que Richard Tassel (vers 1582-1660) ait accaparé la gloire de son fils Jean.

Il a dû, après le retour de son fils, vers 1647, lui abandonner les commandes de peinture, s'occupant surtout de la direction générale de l'atelier familial, de travaux de sculpture et d'architecture, et de ses fonctions municipales. Un seul tableau de Richard Tassel est certain, *Le Triomphe de la Vierge* du Musée de Dijon, signé de son prénom et daté de 1617.

Né vers 1608, Jean fit le voyage d'Italie en 1634. Nous ignorons la durée de son séjour, mais il était rentré à Langres avant 1647, époque de son mariage avec la fille d'un maître en chirurgie.

C'est surtout à Dijon qu'il travailla, notamment pour les Ursulines. Le *Portrait de Catherine de Montholon*, peint peu avant la mort, à l'âge de 82 ans, en 1650, de cette femme remarquable, est un de ses chefs-d'œuvre.

On sait aussi qu'à la fin novembre 1648, Jean Tassel, se rendant à la foire de Nogent-le-Roi pour vendre des peintures de petit format, fut fait prisonnier par une bande de soldats qui exigèrent de lui rançon. Ne serait-ce pas cette aventure qui aurait inspiré la toile du Musée de Langres : *Soldats maraudeurs?*

On doit surtout à Jean Tassel des sujets religieux, mais aussi des scènes de genre : *Les Scieurs de Long*, un *Maréchal-ferrant* et un *Corps de Garde* (Musée Brédius à La Haye).

L'art de Jean Tassel porte la marque du caravagisme auquel il s'initia en Italie, et notamment de Guido Reni ; il n'ignorait pas non plus l'art de Ribera, et d'autre part ses scènes de genre, ainsi que le signale M. Charles Sterling : « Relèvent directement, tant pour le sujet que pour le style général, de la formule créée par Van Laer (Le Bamboche). »

Jean Tassel mourut à Langres en 1667.

V

VALENCIENNES, Pierre-Henri (1750-1819).

Né à Toulouse où il fait son apprentissage, Valenciennes fut à Paris élève de Doyen. Il voyagea en Italie, Sicile et Grèce. Il fonda au retour une école de paysage où il s'inspira de Poussin et de David. Reçu académicien en 1787, il fit aussi partie de l'Académie de Toulouse ; il fut décoré de la Légion d'honneur. Il est aussi l'auteur d'« Éléments de Perspective pratique » et de « Réflexions sur la Peinture et le Paysage ».

VAN DER MEULEN, Adam Frans (1632-1690)

Adam Frans Van der Meulen fut baptisé à Bruxelles le 11 janvier 1632. Il fit ses études et ses débuts dans sa ville natale. Appelé à la Manufacture des Gobelins, il arrive à Paris en 1665.

Chargé des cartons de tapisserie qui doivent immortaliser la gloire du Roi, il accompagne Louis XIV dans ses voyages et ses campagnes militaires. Il a laissé une œuvre importante d'aspect militaire, mais qui garde, à travers un caractère décoratif, une fidélité précieuse dans l'ordre des escadrons, voire même documentaire dans le vêtement.

Dans sa vie privée, remarié en 1679 avec Catherine de Lobré, puis en 1681 avec Marie de By, nièce de Charles Le Brun, qui lui donna six enfants, il ne quittera plus la France, et meurt à Paris le 15 octobre 1690. Il était membre de l'Académie depuis 1673.

VAN LOO, Carle (1705-1765).

Né à Nice en 1705, Charles-André Van Loo, dit Carle, appartient à une lignée de peintres originaire des Pays-Bas. Il fut élevé par son frère aîné Jean-Baptiste, attaché au service du prince de Piémont. Ainsi fut-il amené à voyager en Italie où son éducation artistique fut complétée par le sculpteur Pierre Le Gros. Lauréat du Prix de Rome en 1724, Carle Van Loo retourna en 1727 à Rome avec son neveu Louis-Michel et Boucher. Créé chevalier par le pape Clément XII en 1731, il séjourna jusqu'en 1734 à Turin, où le Roi de Sardaigne lui fit décorer son palais et plusieurs églises.

Admis à l'Académie en 1735, nommé directeur des Élèves protégés en 1748, promu Chevalier de l'Ordre de Saint-Michel en 1750, élevé au rang de peintre du Roi en 1762, en dépit de

son manque absolu de culture, de sa sottise légendaire et de sa
vulgarité, il connut une vogue immense et les sollicitations de
l'étranger ne lui manquèrent pas.

Il travailla aux décorations du Château de Bellevue, pour
Saint-Sulpice où l'on peut encore admirer de nos jours dans
la chapelle de la Vierge ses *Annonciation, Visitation, Adoration
des Bergers* et *Présentation au Temple*, et pour Notre-Dame-
des-Victoires, dont sept tableaux peints par lui de 1746 à 1755
ornent l'abside. De ces sept tableaux, six représentent la *Vie de
Saint Augustin*, patron de l'ancien couvent des Augustins
déchaussés, appelés familièrement les « Petits Pères », sur l'em-
placement duquel fut, bâti en mémoire de la prise de La
Rochelle, le nouveau sanctuaire, tandis que le dernier montre
Louis XIII dédiant à Marie l'Église Notre-Dame des Victoires.

VERNET, Claude-Joseph (1714-1789).

Né à Avignon, fils d'Antoine, élève de son père, puis à Aix,
en 1731, de Louis-René de Vialy (1680-1770), Joseph Vernet
commença à Aix une carrière de décorateur et de peintre de
marines. Protégé par le marquis de Gaumont et le comte de
Quinson qui lui payent le voyage d'Italie (1734), il devient à
Rome l'élève de Fergioni et du Lyonnais Manglard. Il y reçoit
de nombreuses commandes. Admis à l'Académie de Saint-Luc
de Rome (1743), agréé de l'Académie de Paris (1746), il peint
de 1745 à 1750 des scènes de la vie romaine et rencontre le plus
grand succès. De 1750 à 1753, il peint des naufrages. En 1751-
1752 il va à Marseille. En 1753, il reçoit de Marigny la commande des Ports de France dont il exécutera quatorze tableaux.
Il s'installe à Paris en 1763, devient conseiller à l'Académie en
1766, travaille beaucoup pour l'étranger, surtout les Anglais.
Il laissa des « livres de raison ». Il eut beaucoup d'imitateurs,
notamment ses frères Jean-Antoine-Ignace et Antoine-François.

VIGÉE-LEBRUN, Élisabeth, (1755-1842).

Elle naquit à Paris le 10 avril 1755. À cinq ans, on la mit
au couvent. Le régime qu'elle y subit convint mal à sa frêle
santé. Il fallut l'en retirer sans tarder. C'est son père, Louis
Vigée (1727-1767), peintre et pastelliste, qui lui enseigna son
art. Encouragée par Doyen, nantie des conseils de Joseph
Vernet et de Greuze, Élisabeth devait être agréée à l'Académie
de Saint-Luc en 1774, exposer à l'hôtel Jabach et acquérir

rapidement la réputation d'une habile portraitiste. En 1776, elle épouse le marchand de tableaux Pierre Lebrun, personnage assez peu recommandable. Sa beauté comme son talent en imposent ; on l'adule, Mme Geoffrin l'honore d'une visite. Elle a pour clients tous les grands, devient peintre de la reine Marie-Antoinette. Celle-ci chante avec elle des duos de Grétry et c'est grâce à l'influence de sa Souveraine qu'elle obtient d'exposer au Salon dès 1783. La même année, elle est reçue à l'Académie. Elle mène une vie mondaine des plus brillantes. La vogue dont elle jouit n'ira pas sans déchaîner, à l'occasion, la calomnie.

Au début de la Révolution, elle part pour Rome. Pendant douze ans elle va parcourir d'abord l'Italie : Turin, Parme, Naples, Venise, puis voyager à travers l'Europe. Elle séjournera à Vienne, où on la rencontre dans les salons des émigrés, à Kœnigsberg, et arrive, en 1795, à Saint-Pétersbourg où elle était très attendue. Catherine II a beau ne pas apprécier son talent, cela n'entrave guère sa réussite et, sous le règne suivant, elle peindra le portrait de l'*Impératrice Élisabeth-Alexeievna* (Montpellier).

Divorcée en 1794, rayée de la liste des émigrés, Mme Vigée-Lebrun rentre à Paris (1802), venant de Moscou. Elle paraît au concert, obtient le meilleur accueil, reprend sa vie mondaine. Elle s'en va vivre trois ans à Londres, regagne la capitale où elle fait le portrait de *Caroline Murat*. Opposée à l'Empire, elle part pour la Suisse où elle peint *Mme de Staël en Corinne*. En 1810, elle s'installe à Louveciennes où elle mène une existence plus calme. Sous la Restauration, à Paris, elle fera figure d'oracle artistique ; Balzac, Gavarni et Vernet fréquentent assidûment ses samedis.

Elle dicte à un neveu ses souvenirs. Elle mourra à quatre-vingt-sept ans.

VIGNON, Claude (1593-1670).

Né à Tours en 1593, débute très jeune, à dix-sept ans. Au cours d'une carrière de soixante ans, il peignit « avec une merveilleuse promptitude », écrit Félibien, une quantité extraordinaire de tableaux, pour la plupart des sujets religieux. Il dessina en outre des cartons de tapisserie et illustra quantité de livres.

Il a voyagé en Espagne et en Italie. A reçu à Rome les leçons de Caravage. Sa façon est « solide jusqu'à la brutalité » (André Michel).

Admis comme membre à l'Académie royale en 1651, nommé professeur la même année. Il meurt à Paris en 1670.

VILLATE, Pierre (connu de 1451 à 1475).

L'homme est assez bien connu, l'œuvre reste mystérieuse. On lui donne, d'après les documents, un tableau unique, auquel il collabora avec Enguerrand Quarton : *La Vierge de Miséricorde* (1452), du Musée Condé à Chantilly.

Originaire de Dan-Larches, au diocèse de Limoges, Pierre Villate, dit Mallebouche, apparaît, tout jeune croit-on, à Avignon, en 1451. Or, entre 1461-1475, alors que les archives sont devenues muettes sur la vie d'Enguerrand Quarton, on l'y tient pour l'un des artistes les plus importants.

Sans en trouver de preuve concluante, M. Charles Sterling (*op. cit.*) se croit permis de suggérer que, de tous les auteurs connus possibles, Villate pourrait (peut-être) être le maître encore inconnu de la Pietà de Villeneuve (vers 1460, Louvre).

VOUET, Simon (1590-1649).

Né à Paris, en 1590, élève de son père, Laurent Vouet, Simon peignit en Angleterre dès l'âge de quatorze ans des portraits. En 1611, il accompagna l'ambassadeur de France en Turquie à Constantinople, où il fit le portrait du sultan Mustapha Ier. Après un an passé en Orient, regagnant la France, Vouet passa par l'Italie. Il y demeura quinze ans ; à Venise, d'abord, durant quelques mois, puis à Rome et à Gênes. À Rome, le cardinal Barberini s'intéressa à lui, comme firent les Doria à Gênes. Pour le prélat, devenu pape sous le nom d'Urbain VIII, il peignit le *Saint Urbain* du Palais Barberini, puis *Saint François*, *Saint Antoine de Padoue* et *Saint Jean-Chrysostome* destinés à Saint-Pierre de Rome. Parmi beaucoup d'autres tableaux, il brossa le portrait du cavalier Marin, l'*Histoire de la Vierge* (Saint-Laurent in Lucina) et *La Cène* (Lorette).

Mais Richelieu, protecteur des arts, désireux d'orner de peintures ses palais de Paris et de Rueil, réclamait le retour de ce Vouet, dont la réputation s'était répandue en deçà des monts. Louis XIII fit transmettre à l'artiste, par son ambassadeur à Rome, des offres suffisantes pour décider l'artiste à rentrer en France. Il venait d'épouser une Romaine, Virginie de Vezzo Valletri. C'était en 1627, soit dix ans après que la reine Marie de Médicis impatiente de voir décorer de peintures son Palais du Luxembourg, faute de disposer d'un maître digne de cette besogne, avait fait venir Rubens, qui accomplit à souhait la tâche dont on l'avait chargée et repartit sans avoir fait école.

Voici donc que revenait d'Italie un peintre doué d'un génie agréable, fertile en inventions gracieuses et possédant avec une science appréciable, une verve brillante et l'art de travailler promptement.

Son succès fut prodigieux. Il forma de nombreux élèves. Lesueur, Le Brun et Mignard, entre tant d'autres, sont sortis de son atelier.

Le maréchal d'Effiat lui fit décorer la galerie et la chapelle du château de Cilly de cinquante-cinq compositions, qui furent achevées en un an. Richelieu l'employa dans ses palais de Rueil et de Richelieu et lui fit orner, en même temps que Philippe de Champaigne, le Palais Cardinal, à Paris. Vouet produisit un très grand nombre d'œuvres, dont beaucoup ont été détruites au cours des siècles. Parmi celles qui restent, citons les *Victoires* peintes pour la chambre du Roi au château de Saint-Germain (Louvre et Musée de Nantes), *Le Martyre de Saint Eustache* (Nantes), *Saint Charles Borromée* et la *Tentation de Saint Antoine* (Bruxelles).

Après la mort de Louis XIII et celle de Richelieu, Anne d'Autriche ne lui montra pas une moindre faveur et continua de l'employer au Palais Cardinal, devenu Palais Royal depuis qu'elle s'y était installée, et au Palais de Fontainebleau.

Simon Vouet eut deux gendres, Dorigny et Tortebat, graveurs habiles, qui dans leurs œuvres nous ont conservé l'image de maintes peintures de lui, aujourd'hui détruites ou disparues.

Vouet mourut à 59 ans, en 1649.

W

WATTEAU, Antoine (1684-1721).

Jean-Antoine Watteau vint au monde, le 10 octobre 1684, à Valenciennes, rattachée depuis peu à la France par le traité de Nimègue. L'état de boulanger-pâtissier qu'exerçaient ses aïeux suffit, sans doute, à expliquer son patronyme de Watteau (gâteau). Son père, Jean-Philippe, pratiquait le métier de couvreur. Il connaissait une certaine aisance. Antoine n'en connut

pas moins une enfance sans joie, au milieu des disputes perpé-
tuelles de ses parents. D'où certaine tendance à se montrer
peu expansif.

Le privilège réserve par droit au fils aîné de succéder au père
dans sa profession laisse Antoine, le cadet, libre de manifester,
ce qu'il fit sans tarder, son goût inné du dessin, en reproduisant
les scènes jouées en plein air par les forains. Sa famille s'opposa
d'autant moins à sa vocation qu'à l'époque le métier de peintre
offrait une foule de débouchés, consistant à orner les carrosses
d'écussons, à embellir de motifs les panneaux des chaises à
porteurs, d'enseignes les boutiques, à brosser des tableaux pour
les églises et pour les corporations et à copier, d'après des
estampes, les portraits du Roi et de la Reine, etc., sans compter
que les artistes peintres tenaient généralement commerce de
marchand de tableaux.

Donc Antoine apprendra sur place les rudiments. Peut-être,
pour commencer, avec Julien Watteau, un vague parent. Dès
1699, en tout cas, il entre chez Jacques-Albert Gérin. Que devra
son art à ce peintre de couvent? Rien ne permet d'en décider.
Mais, on n'ignore point, par contre que le père de Watteau
se montra rétif à verser régulièrement la pension annuelle de six
livres tournois qu'exigeait Gérin. Il n'en fallut pas davantage
pour décider l'adolescent à partir « sans hardes ni argent »
vers Paris. Il emportait, du moins, un certain acquis et le souvenir précieux qu'avait laissé en lui la vue de quelques tableaux
de maîtres.

En arrivant dans la capitale, vers 1702, il entre d'abord chez
Abraham Métayer, peintre âgé et sans clientèle où, faute
d'ouvrage, il ne s'attardera point. Après quoi, il passe chez un
marchand très florissant, tenant boutique pont Notre-Dame,
centre même du commerce de peinture à l'époque, chez qui
l'on se procure des reproductions d'images pieuses et de
tableaux connus. Pour 12 livres par mois et la nourriture, voici
le jeune Watteau astreint à recopier à l'infini un *Saint Nicolas*
et certaine *Vieille* de Gérard Dow. Il se délasse de cette besogne
fastidieuse en allant, dès qu'il a un moment de libre, dessiner
sur le vif « tout ce qui lui tombe sous la main ». Ainsi inaugure-
t-il la série de ses carnets de croquis où, durant toute son existence, il ne se lassera pas de puiser.

De surcroît, il entre alors en relations avec la colonie
flamande de Paris et se lie ainsi avec J. J. Spoëde, fils d'un

sculpteur d'Anvers, élève lui-même à l'Académie de peinture, qui se montrera pour Antoine un très bon camarade. Watteau fréquente de plus les marchands d'estampes de la rue Saint-Jacques, entre autres les plus en vue, les Mariette, chez qui se donnent rendez-vous les amateurs et les artistes. Là, Watteau verra estampes et dessins des plus grands maîtres accumulés par trois générations, connaîtra des peintres et, avant tout, Claude Gillot.

De 1705 à 1708, il va habiter chez Gillot, prendre sa manière, traiter les mêmes sujets que lui et notamment ceux qui perpétuent le souvenir inoubliable de la Comédie italienne, des masques de la *Commedia dell' Arte*, partis de France depuis 1697. Watteau et Gillot pouvaient-ils persévérer dans cette émulation courtoise? Ils se séparèrent. Aussi bien Gillot, reconnaissant la supériorité de son élève n'insista pas et se consacra désormais au dessin et à l'eau-forte.

Après ce stage où son art s'est affermi de façon très sensible, Watteau entre chez Claude Audran III, conservateur du Luxembourg, qui composait des *Mois* grotesques pour le château de Meudon. Son disciple l'aida non seulement dans cette tâche mais encore à décorer le château de la Muette. Claude Audran mit à la mode les laques chinoises (d'où allait naître la vogue du vernis Martin), pour lesquelles il prendra un brevet en 1713. Watteau fut tenu au courant de ses essais. Mais le plus important, c'est que celui-ci découvrit entre temps les Rubens de la Galerie Médicis. Il allait, du coup, vouer au génie de l'illustre artiste une admiration fervente qui ne se démentira plus. S'il faut en croire le comte de Caylus, les frondaisons du Luxembourg éveillèrent à la même époque chez le Valenciennois une âme de paysagiste.

Sur ces entrefaites, il se fit admettre en qualité d'élève à l'Académie royale de peinture. Le 31 août 1709, il se présente au concours pour le Prix de Rome et n'obtient que le second. Il en est si dépité qu'il décide incontinent de retourner à Valenciennes, au moins pour quelques temps. Afin de lui en procurer les moyens, Spoëde fait acheter par le marchand Sirois, 60 livres, un tableau militaire que Watteau venait d'achever. Sirois en commande sur-le-champ un second, que l'artiste enverra de chez lui et qui lui sera payé 200 livres.

Watteau ne restera que huit mois à Valenciennes. Il y emploie son temps à brosser des sujets militaires, qui ont le don

de plaire aux amateurs. En 1710, il regagne Paris. Son « pays »,
J.-B. Pater, confié à ses soins, l'accompagne, mais ne tardera
guère à le quitter, supportant mal ses sautes d'humeur.

Le marchand de tableaux Sirois invite Watteau à s'installer
chez lui. Ainsi débute une amitié, qui durera jusqu'à la mort
de Sirois et dont héritera son gendre Gersaint.

Vers 1710 Watteau peint *L'île de Cythère*, en souvenir d'une
comédie de Dancourt, créée à Paris, l'année précédente. —
C'est le premier tableau d'une série, qui se terminera par
L'Embarquement pour Cythère, du Louvre, et par celui de Berlin.
— Watteau se présente derechef à l'Académie, qui l'agrée, le
30 juillet 1712. Sur ce, durant trois années, on perd sa trace. En
1715, le voici chez Pierre Crozat, trésorier de France, qui
possède une précieuse collection de toiles et de dessins. À
étudier chez lui Vénitiens et Flamands, Watteau enrichira
encore son style. Il ne s'attarde pas chez Crozat, se retire chez
Sirois à l'insu de tout le monde, y travaille intensément, puis va
demeurer rue du Cardinal Lemoine, où il restera jusqu'à son
départ pour l'Angleterre (1719).

Depuis la fin de 1716 il s'inquiète de peindre le tableau qui
le fera entrer à l'Académie. Après plusieurs chefs-d'œuvre, il
compose l'*Embarquement*, qui lui méritera d'être reçu, le
28 août 1717, par la Compagnie.

Deux ans plus tard, — qu'a-t-il peint durant ce délai, nous
l'ignorons — il part pour Londres. Il sera de retour à Paris
au début de 1720. Watteau est alors l'hôte de Gersaint, pour
quelques mois seulement, car il craint d'être une gêne pour celui
en faveur duquel il peint, en une semaine à peine son *Enseigne
de Gersaint* (Berlin). Après un court séjour à Paris, malade, il
éprouve le désir de revoir Nogent-sur-Marne où il était allé,
un lustre plus tôt, emmené par Crozat. Grâce à son ami,
l'abbé Haranger, il habite dans la maison de Philippe Le Fèvre,
ancien Intendant des Menus Plaisirs.

Sa fin est proche. À la requête de l'abbé Carreau, curé de
Nogent, il accepte que soient brûlés ses tableaux de nudités et
peint un *Christ en croix*, depuis perdu.

Watteau est mort, à Nogent, le 18 juillet 1721.

BIOGRAPHIE

Pierre Francastel est né le 8 juin 1900 à Paris, dans le 7e arrondissement.

Après des études littéraires classiques à la Sorbonne et à l'École Pratique des Hautes Études où il est l'élève de Paul Mazon, il se tourne vers les recherches d'archives appliquées à l'histoire de l'art. Attaché au service d'architecture du Palais de Versailles de 1925 à 1930, il y fait les enquêtes archéologiques et historiques réclamées par le programme de restauration du Château.

En 1930, il soutient sa thèse sur *La Sculpture de Versailles* et publie en même temps des documents inédits relatifs à la création du Musée historique.

Nommé professeur à l'Institut Français de Varsovie, il fait en Pologne un séjour de six ans durant lequel il visite toute l'Europe centrale et orientale et en rapporte des publications en collaboration avec les savants polonais.

Professeur à l'Université de Strasbourg en 1936, il entreprend d'une part une série de publications sur l'art moderne et d'autre part des études archéologiques et critiques sur le moyen âge. En fait, dès cette époque il se préoccupe d'introduire dans l'histoire de l'art une double approche : historique et critique lorsqu'il s'agit d'analyser les œuvres, esthétique et sociologique lorsqu'il s'agit de les juger et de les intégrer dans la culture. L'histoire de l'art devient ainsi une enquête sur les sources non écrites de l'histoire des civilisations et une réflexion dialectique sur les modalités et le rôle de l'imaginaire.

En 1948, un enseignement de Sociologie de l'Art est créé en sa faveur par Lucien Febvre à la VIe Section de l'École Pratique des Hautes Études, à la Sorbonne. Indépendamment de son enseignement il publie des livres de doctrine. Il dirige, en outre, de grandes publications collectives, sans compter de nombreux articles parus dans des revues.

Parallèlement, il conserve des attaches très fortes avec l'étranger où il remplit de nombreuses missions tant en Pologne (1945-1948) où il a renoué les relations culturelles, qu'en Italie, en Turquie et en URSS. Il organise des Colloques internationaux : *L'Art mosan* (1953), *Les Origines des Villes polonaises* (1960), *Utopies et institutions* (1963), *L'Urbanisme parisien au temps de Henri IV et de Louis XIII* (1966).

Il continue ainsi son dessein de replacer l'art dans son contexte social et humain en confrontant l'expérience vivante et la connaissance érudite du passé.

BIBLIOGRAPHIE

Ouvrages de Pierre Francastel

Girardon. Paris, Les Beaux-Arts (Collection l'Art français), 1929.

La Sculpture de Versailles. Paris, Morancé, 1930.

La création du Musée historique de Versailles et la transformation du Palais (1832-1848). D'après des documents inédits. Versailles, Mercier (Bibliothèque de l'histoire de Versailles et de Seine-et-Oise), 1930.

L'impressionnisme. Les origines de la peinture moderne de Monet à Gauguin. Paris, Les Belles Lettres (Publications de la Faculté des Lettres de Strasbourg II-XVI), 1937.

Le style empire. Paris, Larousse (Collection Arts et Techniques) 1939.

L'humanisme roman. Critique des théories sur l'art du XIe siècle en France. Paris, Les Belles Lettres (Publications de la Faculté des Lettres de Strasbourg), 1942.

L'histoire de l'art instrument de la propagande germanique. Paris, Librairie de Médicis (Centre d'Études Européennes de l'Université de Strasbourg), 1945.

Nouveau dessin nouvelle peinture. L'École de Paris. Paris, Librairie de Médicis, 1946.

Peinture et société. Naissance et destruction d'un espace plastique de la Renaissance au Cubisme. Paris-Lyon, Audin, 1951. Nouvelle édition: Gallimard, Idées / Arts n° 4, 1965.

Histoire de la Peinture française (avec la collaboration de Galienne Francastel et de Pierre Tisné pour l'illustration). Bruxelles, Elsevier, 1955.

Estève. Paris. Galanis-Flammarion, 1956.

Art et Technique aux 19e et 20e siècles. Paris, Éditions de Minuit, 1956. Nouvelle édition: Gonthier, Bibliothèque Médiations n° 16, 1964.

La réalité figurative. Éléments structurels de sociologie de l'art.
Paris, Gonthier, 1965.
La figure et le lieu: un système de signification: le Quattro-cento. Paris, Gallimard, sous presse.

Publication de documents et direction de travaux collectifs :

Le retable de Notre-Dame à Cracovie (avec une introduction et un texte traduit de T. Szydlowski). Paris, Les Belles Lettres (Collection de l'Institut Français de Varsovie III), 1935.
La peinture d'autels et de retables en Pologne au temps des Jagellons (avec une introduction et un texte traduit de M. Walicki). Paris, Les Belles Lettres (Collection de l'Institut Français de Varsovie IV), 1937.
L'Art mosan. Journées d'Études, Paris (Bibliothèque générale de l'École Pratique des Hautes Études, VIe Section), 1952 (recueil de travaux). Paris, 1953.
Les sculpteurs célèbres (avec 51 collaborateurs). Paris, Mazenod, 1955.
Les Cahiers inédits de Robert Delaunay. Paris, S.E.V.P.E.N. 1957.
Les architectes célèbres (avec 54 collaborateurs). Paris, Maze-nod, 1959.
Les origines des villes polonaises. Journées d'Études. (École Pratique des Hautes Études, VIe Section, recueil de travaux). Paris, 1960.
Utopies et Institutions. Le pragmatisme des Lumières. (École Pratique des Hautes Études, VIe Section, recueil de travaux). Paris, 1963.

TABLE DES MATIÈRES

Achevé d'imprimer en avril 1984
sur les presses de l'imprimerie Bussière
à Saint-Amand (Cher)

— Nº d'Édition : 1733. — Nº d'Impression : 845. —
Dépôt légal : avril 1984